Jürgen Kunz

Vererbung für Systementwickler

Jürgen Kunz

Vererbung für Systementwickler

Grundlagen und Anwendungen

Umschlaggestaltung: Klaus Birk, Wiesbaden

Gedruckt auf säurefreiem Papier

ISBN-13: 978-3-528-05308-6   e-ISBN-13: 978-3-322-88840-2
DOI: 10.1007/978-3-322-88840-2

Vorwort

Vor allem im Zusammenhang mit der Objektorientiertheit kommt der Vererbung in der Informatik eine stetig wachsende Bedeutung zu. Vererbung ist aber nicht nur ein zentrales Konzept in objektorientierten Programmiersprachen und Datenbanksystemen, sie spielt auch in wichtigen Bereichen der Künstlichen Intelligenz eine hervorragende Rolle und wird in Zukunft selbst die relationalen Datenbanksysteme bereichern.

Das Buch will mit dem Schwerpunkt auf der Programmierung die Grundlagen des Vererbungsgedankens darstellen und sie an repräsentativen Beispielen aus dem Bereich der Programmiersprachen, der Künstlichen Intelligenz und Datenbanksysteme illustrieren. Es richtet sich sowohl an Entwickler wie an Studierende, denen es ein umfassendes Wissen und ein Gefühl für die Zusammenhänge dieses Gebiets geben soll.

Dank

Am Entstehen dieses Buchs haben zahlreiche Personen mitgewirkt, denen ich an dieser Stelle danken will.

Besonders zu erwähnen ist Herr Prof. Dr. Guido Moerkotte, von ihm stammen wesentliche Anregungen zum Inhalt und zahlreiche Literaturhinweise. Ohne ihn hätte das Buch nicht in dieser Gestalt entstehen können.

Die Herren Carl-Martin Decker, Peter Kühn, Frank Kunz, Helmuth Riess und Roland Wagener haben den Text korrekturgelesen und viele Verbessungsvorschläge gegeben. Herr Carl-Martin Decker hat das Buchprojekt besonders intensiv begleitet und u.a. verschiedene Compiler-Tests durchgeführt. Herr Frank Kunz hat neben seiner Durchlesearbeit die Grafiken erstellt.

Mein Dank gilt weiter den Mitarbeitern des Vieweg-Verlags, die zum Werk beigetragen haben; besonders Herrn Dr. Reinald Klockenbusch, der durch sein frühes Vertrauen in die Themenstellung das Buchprojekt ermöglicht hat.

Meiner Familie danke ich schließlich dafür, daß sie während der Arbeit an dem Buch meine abwesende Anwesenheit ertragen und mich dabei sogar mit dem Lebensnotwendigen versorgt hat.

Inhaltsverzeichnis

1 Einleitung

Befaßt man sich etwas tiefer mit der Vererbung, wird man über die außerordentlich zahlreichen Veröffentlichungen zu dem Gebiet überrascht sein. In der Regel handelt es sich um Beschreibungen von Forschungsarbeiten, die jeweils eng begrenzte Ausschnitte aus dem reichhaltigen Spektrum behandeln. Inzwischen finden sich aber auch mehr und mehr Artikel für den Praktiker, die sich mit den unterschiedlichsten Aspekten beim Einsatz der Vererbung befassen.

Natürlich fällt es schwer, aus diesen Bruchstücken einen „ganzheitlichen" Blick auf die wesentlichen Punkte der Vererbung zu bekommen. Hat man beispielsweise die Beschreibung der Vererbungsregeln einer bestimmten Sprache vor sich, so erscheinen diese oft wie aus einem Guß. In der Tat ist nur ein Teil der Regeln so allgemeingültig, daß er auch in den meisten anderen Systemen verwendet wird. Ein zweiter Teil kann dagegen die Folge des gewählten Sprachansatzes sein, ein Dritter schließlich auf persönlichen Vorlieben des Sprachschöpfers beruhen.

Um mit diesen Feinheiten vertraut zu werden, ist ein umfassenderer Ansatz notwendig. Zunächst werden wir deshalb im Rahmen der Programmierung allgemein auf die wesentlichen Grundlagen der Vererbung eingehen. Dann soll die detaillierte Beschreibung der Vererbung in mehreren ausgewählten Programmiersprachen die Umsetzung dieser Grundlagen veranschaulichen. Die anfängliche Beschränkung auf Programmierung und Programmiersprachen hat den Vorzug, daß die meisten Leser in diesem Bereich der Vererbung gegenüberstehen werden und da auch einen Überblick wünschen. Vor allem aber zeigt sich die Vererbung hier am klarsten, mit vergleichsweise wenig ablenkendem Beiwerk.

Der Vererbung in den komplexen Umfeldern Künstliche Intelligenz (KI) und Datenbanksysteme wollen wir uns danach zuwenden. Objektorientierte Datenbanksysteme sollten schnell vertraut sein, da hier die Konzepte der objektorientierten Programmiersprachen wiederentdeckt werden können. Relationale Datenbanksysteme zeigen sich dagegen als recht sperrig gegenüber der Vererbung. Die Beschäftigung mit den Hindernissen wird sich aber lohnen, weil der zukünftige Standard die Vererbung in relationale Datenbanksysteme integriert.

Eine wertvolle Ergänzung stellt die Künstliche Intelligenz dar. Einmal, weil sich andere Schwerpunkte bei der Verwendung der Vererbung zeigen, wobei auf eine ähnlich lange Erfahrung wie bei den objektorientierten Programmiersprachen zurückgeblickt werden kann. Weiter verfügen KI-Systeme über die komplexesten Beschreibungsmöglichkeiten, es ist hier also besonders interessant, die Ausdrucksstärke und Grenzen der Vererbung innerhalb der Sprachmittel zu beurteilen. Diese Positionsbestimmung ist auch außerhalb der Künstliche Intelligenz von Bedeutung, da z.B. bei Datenbanksystemen ein unverkennbarer Trend besteht, die früher eher einfache Haltung der Massendaten ebenfalls durch komplexere Beschreibungsmöglichkeiten anzureichern.

1.1 Anwendungsbeispiel

Um nicht beim Anwendungsbeispiel dauernd von einer Umgebung in die nächste wechseln zu müssen, wird uns ein *automatisches Hochregallager* das ganze Buch hindurch begleiten (siehe dazu Abb. 1.1). Dabei soll kein kompletter Lösungsansatz entworfen werden. Wichtig ist vielmehr, aufgrund der wesentlichen Lagerverwaltungsaufgaben plausible Skizzen über den zweckmäßigen Einsatz der Vererbung erstellen zu können.

Um diese Lagerwelt kurz einzuführen: Unsere Ware werden wir nicht direkt einlagern, sondern erst einmal in *Packstücke* verpacken. Eine Kaffeemaschine oder eine Anzahl Schrauben in einem Karton ist jeweils ein Packstück. Ein oder mehrere dieser Packstücke werden dann auf eine *Holzpalette* gestellt oder in große, normierte *Gitterboxen* gelegt. Paletten und Gitterboxen sind *Ladehilfsmittel*. Das Ladehilfsmittel und die Packstücke bilden zusammen eine *Ladeeinheit*.

Eingelagert wird, indem die Ladeeinheit in der *Lagervorzone* mittels *Gabelstaplern* auf die *Fördertechnik* gestellt wird. Diese Fördertechnik besteht aus aneinandergereihten, fest mit dem Boden verbundenen *Stetigförderern*, die die Ladeeinheiten mittels Ketten oder Rollen weiterbewegen.

Auf dieser Strecke von aneinandergereihten Stetigförderern gelangt die Ladeeinheit in das Hochregallager. Mittels *Weichen*, das sind spezielle Stetigförderer, kann dort in eine bestimmte Lagergasse abgezweigt werden. In der Gasse befindet sich ein *Regalbediengerät* mit einer nach jeder Gassenseite ausfahrbaren *Teleskopgabel*, das die Ladeeinheit aufnimmt, die Lagergasse hindurch vor ihren Regalplatz bewegt und dort mit der Teleskopgabel wieder absetzt.

Sollen Materialien von eingelagerten Ladeeinheiten entnommen werden, um sie z. B. für Lieferungen neu zusammenzustellen, werden die Ladeeinheiten vom

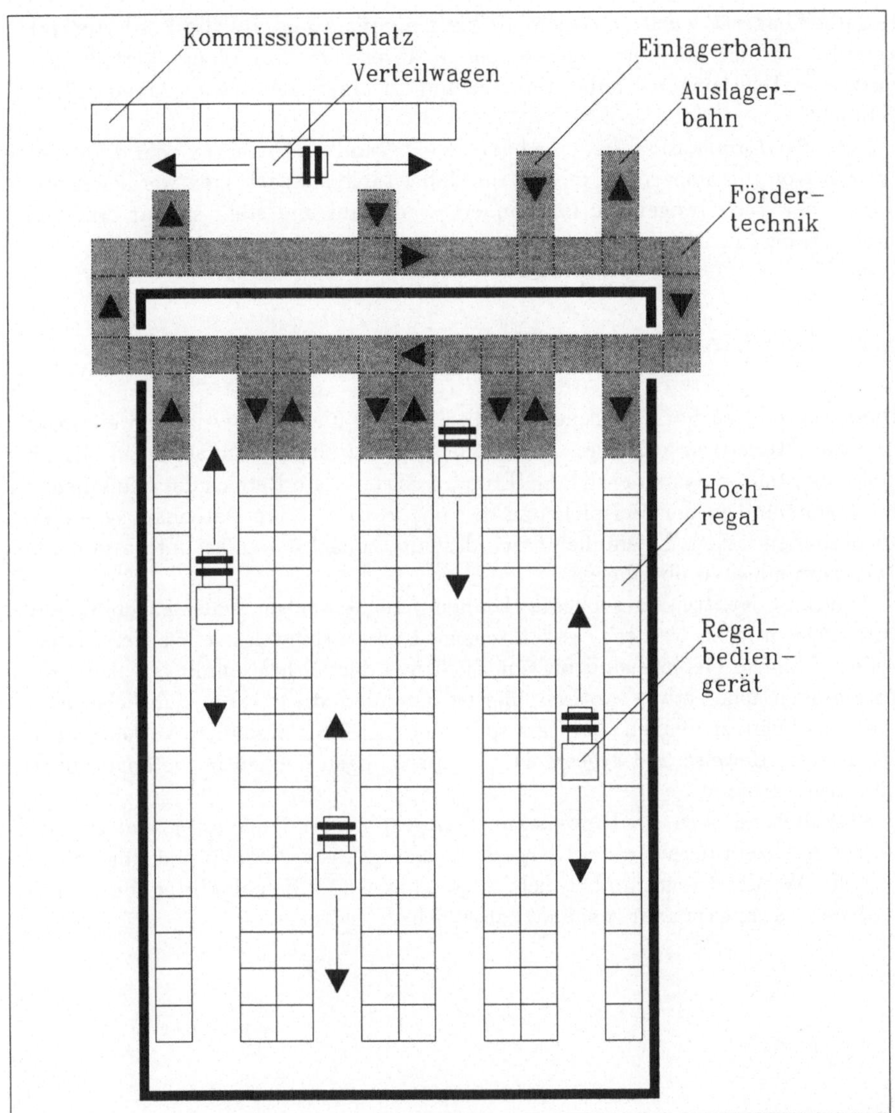

Bild 1.1 Hochregallager mit Vorzone

Regalbediengerät wieder aus dem Regal genommen und auf die Fördertechnik
gestellt, von dort aus zur Lagervorzone gefahren, dort von einem *Verteilwagen*
mit einer Teleskopgabel aufgenommen und zu einem der *Kommissionierplätze*
gebracht.

Leert der *Kommissionierer* eine Ladeeinheit, kann die Gitterbox oder die Palette vom Kommissionierplatz mit einem Gabelstapler weggetragen werden. Sonst
nimmt der Verteilwagen die Ladeeinheit wieder auf und stellt sie zur erneuten
Einlagerung auf die Fördertechnik.

1.2 Lesehinweise

Die ausgewählten Sprachbeispiele Smalltalk, Eiffel und C++ weisen jeweils eigene Charakteristiken auf, deren manchmal gegensätzlichen Auffassungen sich in
den vorgestellten Systemen KL-ONE und KEE aus dem Bereich der Künstlichen
Intelligenz und in den Beispielen zu den objektorientierten Datenbanksystemen
wiederfinden lassen. Es empfiehlt sich deshalb, zunächst weniger interessierende
Teile zumindest zu überfliegen.

Aufgrund der Breite des Themas können manche weniger zentrale Gebiete nur
kurz angesprochen werden, die zahlreichen Literaturhinweise sollen hier weiter-
helfen. Manche Gebiete sind für ein Buch mit dem Schwerpunkt auf den Programmiersprachen etwas exotisch, hier ist besonders die etwas ausführlicher dar-
gebotene Logik zu nennen. Der Text sollte dennoch ohne besondere Vorkenntnisse
lesbar sein, Beweise und größere Formelsammlungen bleiben in die angegebene
Literatur verbannt.

Abschließend noch ein Hinweis zur Typographie: Einige Wörter sind zur besonderen Akzentuierung *kursiv* dargestellt. Dies gilt vor allem für neu eingeführte
Begriffe. Werden Programmbeispiele, Algorithmen oder Befehlswörter angegeben,
sind sie in `schreibmaschinenähnlicher` Schrift gedruckt.

2 Programmierung

Das große Interesse an der *Objektorientiertheit* hat vor allem im Bereich der Programmierung zur größeren Bekanntheit der Vererbung geführt. Im Zuge objektorientierter Erweiterungen wurden zahlreiche bekannte Programmiersprachen um die Vererbung bereichert. Neben kommerziellen Angeboten entstanden zudem im universitären Bereich in rascher Folge neue objektorientierte Sprachentwürfe mit den unterschiedlichsten Variationen des Vererbungskonzepts.

Diesem großen Interesse müssen schon erhebliche Vorteile gegenüber den bislang verwendeten Sprachen gegenüberstehen. Um diese Vorteile später diskutieren zu können, ein kurzer Blick auf Ziele, die bei der Programmentwicklung allgemein verfolgt werden:

- Korrektheit:
  Das Programm soll so fehlerlos wie möglich sein. Hilfreich sind dazu eine gute Unterstützung von Tests und ein Abfangen von möglichst vielen Fehlern bei der Programmübersetzung.

- Ablaufgeschwindigkeit:
  Das Programm soll seine Aufgabe möglichst schnell erfüllen. Im kommerziellen Bereich ist das Einhalten bestimmter Antwortzeiten in der Regel eine Muß-Bedingung.

- Komplexitätsbewältigung:
  Der Aufgabenumfang erfordert oft die Einbeziehung einer größeren Gruppe von Personen über einen längeren Zeitraum hinweg. Von Vorteil ist, das Gesamtproblem in Teilaufgaben zu zerlegen und anschließend die einzelnen Arbeitsergebnisse wieder zusammenzufassen.

- Entwicklungskosten:
  In den letzten Jahren hat sich das Verhältnis von Hardware- zu Softwarekosten sehr zu Ungunsten der Software entwickelt. Dadurch gerät auch die Programmentwicklung verstärkt unter Preisdruck. Eine Lösung besteht beispielsweise in der Wiederverwendung von Programmen.

- <u>Wartbarkeit:</u>
  Aufgrund der hohen Kosten für eine Neuentwicklung besteht ein hohes Interesse an Programmen, die möglichst einfach an neue Gegebenheiten angepaßt werden können. Eine gute Lokalisierbarkeit der notwendigen Änderungen unterstützt den Investitionsschutz.

Diese Ziele fanden schon in den *imperativen* und *funktionalen* Programmiersprachen Berücksichtigung. Allerdings werden wir im ersten Abschnitt dieses Kapitels auch gewisse Defizite dieser Sprachen finden, etwa die fehlenden Sprachkonstrukte, um eigene *Datentypen* darzustellen. Zweckmäßige Beschreibungen lernen wir im zweiten Abschnitt mit den *Klassen* kennen. Sie werden zusammen mit der *Vererbung* eingeführt. Der dritte Abschnitt widmet sich der *objektorientierten Programmierung*. Er führt in die objektorientierte Begriffswelt ein und erläutert das Zusammenspiel von Objekten, Klassen und Vererbung. Dabei wird die zentrale Bedeutung der Vererbung für die objektorientierte Programmierung ersichtlich. Außerordentlich bedeutsam für dieses Zusammenspiel ist die *Subtypbeziehung*, die im vierten Abschnitt betrachtet wird. Der Grundlagenteil wird dann mit einem Blick auf weitere zentrale Themenstellungen enden.

2.1   Voraussetzungen

Ursprünglich erfolgte die Programmierung von Rechnern mittels *Maschinen-* oder *Assemblersprachen*. Heute ergeben sich nur noch selten Situationen, wo diese Sprachen direkt verwendet werden. In der Praxis ist man schon ab etwa Mitte der 50er Jahre zur Programmierung mit Hochsprachen übergegangen. Üblicherweise waren dies dann *imperative Programmiersprachen*, unter den ersten beispielsweise *Cobol*, *Fortran* und *Algol 60*, unter den moderneren *C*, *Pascal*, *Ada* und *Modula 2*.

Mit imperativen Programmiersprachen wird auch heute noch die meiste Programmierarbeit geleistet, und viele Gedanken im Zusammenhang mit diesen Sprachen sind auch in den Programmiersprachen mit Vererbung zu finden.

Neben diesen Grundlagen aus dem Bereich der imperativen Sprachen haben aber auch Konzepte der Programmiersprache *LISP* im Umfeld der Vererbung starken Einfluß gehabt, weshalb diese Sprache aus der Kategorie der *funktionalen und applikativen Programmiersprachen* am Schluß des Abschnitts ebenfalls kurz vorgestellt werden soll.

2.1.1   Prozeduren, Blöcke, Deklarationen und Speicherverwaltung

Schon in Quelltexten von frühen imperativen Programmiersprachen fällt eine Gliederung in verschiedene *Prozeduren* auf. Eine Prozedur besteht aus einem *Prozedurkopf*, der den *Bezeichner* der Prozedur und eine Liste von *Parametern* enthält, sowie dem *Prozedurrumpf*, der in der Regel einem *Block* entspricht. Ein Block wiederum ist eine Programmeinheit, die aus einer Folge von *Deklarationen* und *Anweisungen* besteht.

```
procedure teleskopgabel_ausfahren(integer geraet, integer wieweit)
begin
    /* Deklaration von Variablen */
    integer var1;
    integer var2;
    /* Anweisungen */
    ...
end;
```

Ein Prozeduraufruf kann in eine andere Prozedur als elementare Anweisung eingesetzt werden und den Befehlsumfang der Sprache beliebig erweitern. Damit bilden Prozeduren eine Möglichkeit zur *Abstraktion* von den Implementierungsdetails. Umfangreiche Programme werden dadurch beherrschbarer. Blöcke bilden Strukturierungsmöglichkeiten innerhalb der Prozedur.

Die Deklarationen legen fest, welche Bedeutung ein Bezeichner im nachfolgenden Programmtext besitzt. Normalerweise sind explizite Deklarationen für alle Bezeichner notwendig. Der Übersetzer kann so einen Abgleich mit den folgenden Programmteilen durchführen und beispielsweise unerlaubte Operationen feststellen.

Im obigen Fall wurden zwei Bezeichner als Variable mit dem *Datentyp* `integer` deklariert. Bei der Zuweisung einer Zeichenkette an eine dieser Variablen im Programmtext würde die Übersetzung bei einer *strengen Typprüfung* mit einem Fehler abgebrochen.

Ob solch eine Typprüfung besonders streng ist, sollte mehr von der Sprachdefinition als von der Qualität des Übersetzers abhängen. Pascal beispielweise ist durch eine strenge Typprüfung gekennzeichnet, während in C nur eine schwache Typprüfung durchgeführt wird.

In folgendem C-Beispiel wird eine Zeichenkette einer zu klein deklarierten Array-Variablen zugewiesen:

```
char unser_beispiel[5];
strcpy(unser_beispiel,"Hochregallager mit Vorzone");
```

Wohin der überschüssige Rest im Hauptspeicher geschrieben wird, ist durch die Sprache nicht definiert und vom jeweiligen Übersetzer abhängig. Oft reserviert er den Platz in der Reihenfolge der Variablendeklaration im Programmtext. Es bestehen deshalb gute Chancen, in diesen benachbarten Variablen die überzähligen Zeichen wiederzufinden.

Die eben erwähnte *Speicherplatzreservierung* stellt eine weitere Dienstleistung dar, die uns bei imperativen Sprachen angeboten wird: Beim Starten des Programms wird der Speicherplatz für die globalen Variablen reserviert, beim Aufruf einer Prozedur wird der Platz für die lokalen Prozedurvariablen reserviert und beim Verlassen der Prozedur wieder freigegeben. Es handelt sich hierbei um *statische* Speicheranforderungen, d.h. es ist schon zur Zeit der Übersetzung bekannt, wieviel Speicherplatz pro Prozeduraufruf notwendig ist.

Die *dynamische* Speicherverwaltung ist vom Programmierer selbst durchzuführen. Ein Beispiel wäre eine Liste der vom Regalbediengerät angefahrenen Lagerplätze wie in Abb. 2.1.

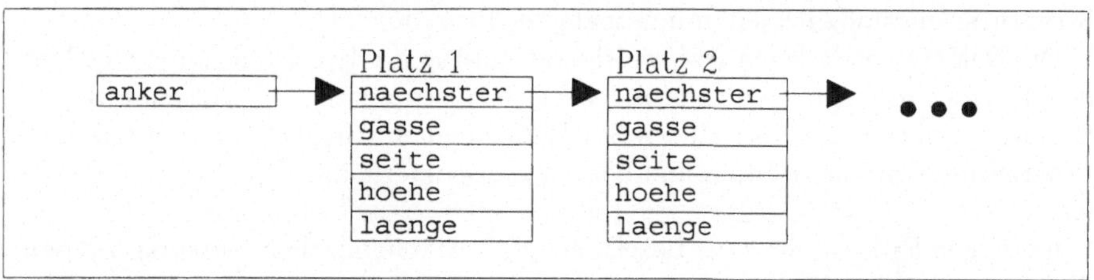

Bild 2.1   Verkettete Platzliste

Dazu ist eine *Datenstruktur* für die Daten eines Platzes zu vereinbaren, die zusätzlich eine Zeigervariable für den Verweis auf das nächste Listenelement enthält. Eine statisch deklarierte Zeigervariable dient als Ankerelement. Je nach Bedarf wird nun der Speicherplatz für eine Struktur explizit angefordert und dann das neue Element an das Listenende angefügt.

Ein weiteres C-Beispiel skizziert den Beginn dieser Abfolge von dynamischen Speicherreservierungen:

```
struct hrl_platz {
  int gasse, laenge, seite, hoehe; /* Koordinaten im Lager */
  hrl_platz *naechster_platz;
}

hrl_platz *anker; /* Statisch erzeugte Zeigervariable */

anker = malloc(sizeof(hrl_platz)); /* Speicher dynamisch anfordern
                                      und die Adresse dem Zeiger
                                      "anker" zuweisen */
```

Benötigt man die Listenelemente nicht mehr, muß man den angeforderten Speicherplatz ausdrücklich freigeben, um ihn für weitere Aufgaben wieder verfügbar zu machen. Häufig wird das vergessen. Eine automatische Speicherbereinigung mit einem *Garbage Collector* kann dieses Problem vermeiden. Dabei werden vom System selbst alle Speicherbereiche eingesammelt, die nicht mehr vom Programm angesprochen werden können. Das wäre der Fall, wenn etwa dem obigen `anker` ein Zeiger auf eine andere Struktur zugewiesen und damit die alte Adresse überdeckt würde. Ein Garbage Collector macht jedoch die durch den Rechner ausführbaren Maschinenprogramme größer und langsamer.

Imperative Programmiersprachen verfügen normalerweise über keine automatische Speicherbereinigung, so daß folgende Arbeitsteilung charakteristisch ist: Statische Speicheranforderungen werden durch das System verwaltet, für die korrekte Verwaltung der dynamischen Speicheranforderungen muß das Programm sorgen.

2.1.2 Abstrakter und konkreter Datentyp

Unter einem *Datentyp* wird die Zusammenfassung von Wertebereichen und Operationen zu einer Einheit verstanden.

Konkrete Datentypen

In imperative Sprachen eingebaut sind Datentypen wie `integer`, `real`, `boolean` oder `char`. Der Wertebereich von `integer` ist eine maschinenabhängige Untermenge der ganzen Zahlen. Operationen sind Addition, Subtraktion, Multiplikation, Division mit Abschneiden des Rests und die Modulofunktion.

Typen sind Beipiele für die *Datenabstraktion*. Eine `integer`-Zahl und ihre Operatoren sind zwar auf unterschiedlichen Prozessoren unterschiedlich realisiert; wie das geschieht, braucht der Benutzer aber nicht zu wissen, sofern das *Verhalten* der `integer`-Zahl dasselbe bleibt. Den implementierten Datentyp bezeichnet man als *konkreten Datentyp*. Die Darstellung eines konkreten Datentyps ist deshalb durch programmiersprachliche Besonderheiten belastet.

Abstrakte Datentypen

Manchmal will man sich von Implementierungsdetails lösen und den Schwerpunkt auf den Verhaltensaspekt legen, d.h. auf die Eigenschaften, welche die Operationen und Wertebereiche besitzen. Man betrachtet dann den *abstrakten Datentyp*, der durch eine *algebraische Spezifikation* beschrieben werden kann. Z.B. läßt sich ein Typ `menge` wie folgt festgelegen:

```
Datentyp menge(E):

{E sei eine beliebige Grundmenge von Elementen.
 B ist die Menge der Wahrheitswerte}

Operationen:

    Menge_Neu:          -> menge
    Menge_Einfuegen: menge x E -> menge
    Menge_Ausfuegen: menge x E -> menge
    Menge_Enthalten: menge x E -> B

Axiome: mit den Variablen m E menge, x,y E E:

    (A1) Menge_Ausfuegen(Menge_Neu,y) = fehler
    (A2) Menge_Ausfuegen(Menge_Einfuegen(m,x),y) =
```

```
             if y=x then Menge_Ausfuegen(m,y)
                    else Menge_Einfuegen(Menge_Ausfuegen(m,y),y)
    (A3) Menge_Enthalten(Menge_Neu,y) = false
    (A4) Menge_Enthalten(Menge_Einfuegen(m,x),y) =
             if y=x then true
                    else Menge_Enthalten(m,y)
```

Später wird uns häufig ein *Konstruktor* wie

```
Menge_Neu:        -> menge
```

begegnen. Mit dieser Operation können neue *Instanzen* des jeweiligen Datentyps erzeugt werden.

Weiter ist bei der obigen Darstellung zu beachten, daß bei der *Implementierung* des abstrakten Datentyps eine ganze Menge zusätzlicher Hilfsvariablen und -prozeduren notwendig werden können. Für den Benutzer des konkreten Datentyps sollten diese Hilfsvariablen und -prozeduren nicht sichtbar und auch nicht zugreifbar sein, darum werden sie auch nicht im abstrakten Datentyp beschrieben.

Datentypen selbst realisieren

Einige wenige imperative Programmiersprachen verfügen über Möglichkeiten, sogenannte *abgeleitete Typen* als Untermenge von eingebauten Datentypen zu deklarieren. Eine bekannte Möglichkeit sind Aufzählungen wie

```
Type Monat={Januar, Februar, ..., Dezember}
```

Für größere Aufgaben reichen die Sprachmittel schnell nicht mehr aus. Nehmen wir eine dem obigen Beispiel analoge Datenstruktur, mit der ein Platz im Hochregallager eindeutig beschrieben werden kann:

```
struct hrl_platz {
  int gasse, laenge, seite, hoehe;
}
```

Gut wäre es, die Variablen vor dem direkten Zugriff zu schützen. Die Wertbelegung sollte nur über eine bestimmte Prozedur möglich sein, die gleichzeitig auch komplexe Plausibilitätsprüfungen der Werte vornimmt. Das Lager hat ja nur eine bestimmte Anzahl von Gassen, jede Gasse eine bestimmte Länge, genau zwei Seiten und eine bestimmte Höhe. Aufzählungstypen könnten zwar helfen, diese Bedingungen auszudrücken, aber wie gibt man mit ihnen Abhängigkeiten zwischen Variablen an, z.B. daß Gasse 12 nur halb so lang ist wie die Gasse 5?

Es sind weitere nützliche Prozeduren denkbar. Beispielsweise lassen sich gefahrene Wege mittels Variablenbelegungen der Struktur `hrl_platz` darstellen und eine Addition der Strukturen definieren. Ideal wäre dann folgende Zusammenfassung von Prozeduren und Variablen:

```
struct hrl_platz {
  private:
  int gasse, laenge, seite, hoehe;
  public:
  werte_setzen(int egasse,int elaenge,int eseite,int ehoehe)
  {
    if ... then {       /* Ueberpruefungen durchfuehren */
      gasse = egasse;   /* Werte eintragen */
      laenge = elaenge;
      seite = eseite;
      hoehe = ehoehe;
    }
  }
  addition(hrl_platz wert1, hrl_platz wert2) {
    ...                 /* Werte addieren mit Ueberpruefungen */
  }
  ...                   /* Weitere Prozeduren */
}
```

Unsere Wunschliste zur Verbesserung der Datenabstraktion umfaßt demnach zwei Punkte:

1. Der allgemeine Zugriff auf Elemente der Datenstruktur soll verhindert werden können.

2. Zu einer Datenstruktur sollten Prozeduren hinzugefügt werden können.

Um ohne diese Möglichkeiten die Effekte der eingebauten Typen zu erreichen, müssen alle Prozeduren außerhalb der Datenstruktur erklärt und per Konvention nur noch über sie auf die Variablenwerte zugegriffen werden — ein recht umständliches und unbefriedigendes Verfahren.

In einem nachrangigen Punkt bieten einige imperative Sprachen bessere Hilfen, nämlich wenn Prozedurnamen oder Operatorzeichen mehrfach für unterschiedliche Prozeduren oder Operationen verwendet werden sollen. Ein Beispiel ist der Einsatz desselben Zeichens für die Division von `integer`- und `real`-Zahlen im Programmtext, obwohl sich die dahinterstehenden Operationen deutlich unterscheiden. Der Übersetzer erkennt jeweils anhand der beteiligten Werttypen, welche Implementierung ausgewählt werden soll.

Der Mechanismus wäre auch für uns nützlich. Den Bezeichner `werte_setzen` könnte man zusätzlich noch für andere Typen verwenden, außerdem ließe sich für die Addition der Prozedurnamen das „+"-Zeichen einsetzen. Verwirklichen kann man das, wenn die Sprache die Möglichkeit zum *Überladen (Overloading)* von Prozedur- und Operatornamen bietet. Imperative Beispiele sind die Sprachen Algol 68 und Ada. Durch

```
function "+" (i,j:hrl_platz) return integer;
```

ist es dort möglich, zwei als `hrl_platz` deklarierte Variablen mit demselben Zeichen wie zwei `integer`-Zahlen zu addieren.

2.1.3 Module

Das *Modul* ist eine Zerlegungseinheit, die aus einer zusammenhängenden Menge von Prozeduren und Daten besteht. Die Prozeduren bilden eine logische Einheit und operieren auf den Daten. Nach außen besitzt das Modul eine (möglichst schmale) *Schnittstelle*, mit deren Hilfe man unabhängig von der Umgebung die Richtigkeit des Moduls überprüfen und das Modul ohne Kenntnis seiner inneren Arbeitsweise in passende Umgebungen einbetten kann.

Mit dieser Zusammenfassung von Prozeduren und Daten ist ein Modul ähnlich einem Datentyp. Ein elementarer Unterschied besteht aber darin, daß ein Modul nicht als Muster für eine Menge gleichartiger Objekte anzusehen ist. D.h. vom Modul können normalerweise keine Instanzen gebildet werden. Ein Modul kann dagegen an Stelle einer Instanz verwendet werden, um beispielsweise genau ein Objekt vom Typ Menge zu implementieren.

Seine besondere Bedeutung zeigt das Modul aber zunächst beim Entwurf, wie aus folgender Forderung von [Parnas 72] hervorgeht: „Jedes Modul verbirgt eine wichtige Entwurfsentscheidung hinter einer wohldefinierten Schnittstelle, die sich bei einer Änderung der Entscheidungen nicht mitändert." Man hat also erst die wichtigen Entwurfsentscheidungen festzustellen, etwa wie die Steuerung eines Regalbediengeräts zu realisieren ist. Eine Schnittstelle zu diesem Modul sollte Fahrbefehle zu bestimmten Lagerkoordinaten und die Anweisungen zum Aufnehmen und Absetzen von Ladeeinheiten enthalten. Von dieser Schnittstelle ist zu erwarten, daß sie bei einer Anpassung der Implementierung an neue Regalbediengerätemodelle dieselbe bleibt.

Die möglichst schmale Schnittstelle verbirgt die wichtigen Entwurfsentscheidungen des Moduls. Durch das Einhalten dieses *Geheimnisprinzips (information hiding)* kann man das Modul ohne Kenntnis seiner inneren Arbeitsweise in passende Umgebungen einbetten und, falls erforderlich, schnell auswechseln. Die gewünschte Abgeschlossenheit der Implementierung drückt man auch durch die Forderung nach deren *Kapselung (encapsulation)* aus. Die Bedingung, das Modul unabhängig von der Umgebung testen zu können, ermöglicht die getrennte Implementierung des Moduls. Ein Modul kann so auch als Arbeitseinheit betrachtet werden, die von einer Person erstellt werden kann. Die Aufgabenstellung dieser Person muß nur in bezug auf die Schnittstelle erklärt sein, sie muß also nicht unbedingt die spätere Benutzung kennen.

Für die Formulierung eines Moduls in einer Programmiersprache ergeben sich folgende Anforderungen:

- Zusammenfassung von Programmkomponenten (Typen, Konstanten, Variablen, Prozeduren etc.), die gemeinsam entworfen und geändert werden.

- Trennung von Spezifikation und Implementierung. Benutzung nur aufgrund der Spezifikation möglich, nicht aufgrund der Implementierung.

- Separate Übersetzung von Modulen.

- Das Modul sollte ein Gedächtnis haben können (wo stand das Regalbediengerät beim letzten Modulaufruf?)

Die Unterstützung des Modulkonzeptes stellt einen letzten Höhepunkt in der Entwicklung der Sprachmittel von imperativen Programmiersprachen dar. Insofern werden diese Bedürfnisse vor allem durch die moderneren Sprachen wie *Modula 2* und *Ada* befriedigt.

In Ada können Module durch *Pakete (packages)* realisiert werden. Es besteht
eine Trennung zwischen dem Rumpf des Paketes, in dem sich die Implementierung
befindet, und der Spezifikation des Paketes, die die Schnittstelle des Paketes und
damit die Elemente beschreibt, über die das Paket ausschließlich zugreifbar ist.
Will eine Anwendung auf die Dienste eines Pakets zugreifen — sie wird dann ein
Kunde (client) dieses Pakets — muß das Paket mit der Klausel

```
with <Paketname>
```

der Anwendung verfügbar gemacht werden. Paketspezifikation, Rumpf und Paket-
anwendung sind getrennt übersetzbar. Zunächst muß die Spezifikation des Paketes
übersetzt werden, danach können Rumpf und Anwendung des Pakets unabhängig
entwickelt und übersetzt werden.

Wird ein Modul ähnlich einem Mengen-Typ zur Aufnahme eines bestimmten
Elementtyps implementiert, dann ergibt sich ein Problem, wenn ein anderer Elementtyp ebenfalls so einen Behälter benötigt. Eigentlich müßte ein weiteres Modul mit neuen Typdeklarationen erstellt werden, obwohl alle Operationen gleich
bleiben. Der Entwickler kann sich diese Arbeit durch *generische Module* sparen.
Generische Module sind Schablonen oder Muster für eine Klasse von Modulen.

Sie können formale (generische) Parameter enthalten, die man an aktuelle Werte binden muß, um ein konkretes Exemplar zu erhalten. Jedes konkrete Exemplar
besitzt einen eigenen Speicherbereich. Im Fall einer Menge bietet sich der Typ
ihrer Elemente als Parameter an. Im generischen Modul steht ein Platzhalter an
allen Stellen, an denen auf diesen Datentyp Bezug genommen wird. Bei der Erzeugung eines konkreten Moduls werden diese Platzhalter durch den übergebenen
Datentyp ersetzt. Wieder bietet Ada einen derartigen Mechanismus in Form der
generischen Pakete an.

Denkbar ist es, unseren Datentyp `hrl_platz` in der Form eines generischen Moduls zu realisieren und so mehrfach Exemplare zu erzeugen. In diesem Fall kann
sogar auf die generischen Parameter verzichtet werden, was allerdings zeigt, daß
das Konzept der generischen Pakete nicht im Sinne der eigentlichen Bestimmung
eingesetzt, sondern nur der Mechanismus der Instanziierung benötigt wurde.

2.1.4 Es geht auch anders: LISP

Wer nur imperative Programmiersprachen kennt, sieht es oft als charakteristisch
für eine Hochsprache an, daß Variablen mit Datentypen deklariert werden müssen,

Programm und Daten voneinander getrennt sind usw. Das bringt ja auch zahlreiche Vorteile. Der Übersetzer weiß schon sehr viel von dem, was das Programm später beim Ablauf zu tun haben wird, und kann so aus dem Quelltext einen relativ schnellen Maschinencode erzeugen. Für die meisten Anwendungen ist das auch am besten, nicht umsonst haben imperative Programmiersprachen bis heute eine dominante Stellung.

Gleichzeitig nimmt es aber gewisse Möglichkeiten. Man kann beispielsweise nicht programmabhängig neue Kommandosequenzen in eine Zeichenkette hineinschreiben und dann das System beauftragen, diese Kommandosequenzen auszuführen. Notwendig wäre dies für eine Anwendung, bei der das Programm *sich selbst* ändern können muß. Solche Anwendungen kommen beispielsweise häufig im Bereich der Künstlichen Intelligenz vor, weshalb KI-Sprachen wie *LISP* und *Prolog* über diese größere Flexibilität verfügen.

LISP wurde in den 50er Jahren für die Verarbeitung symbolischer Daten entwickelt, also von Zeichen und Zeichenfolgen, die zur Darstellung eines Begriffsinhalts oder Sachverhalts verwendet werden. Eine Darstellung symbolischer Daten sieht beipielsweise so aus

```
(Im Lager sind Regale)
```

Ein Programm dagegen so

```
(maximum (minimum 6 7 8) (maximum 2 3 4))
```

`maximum` und `minimum` sind *LISP-Funktionen* (*Funktionen* sind Prozeduren, die genau einen Rückgabewert liefern). Die hinter dem Funktions-Bezeichner stehenden Zahlen sind die Argumente der Funktion. Rückgabewert ist im Beispiel eine Zahl, er könnte aber auch aus einer Liste bestehen. Schnell wird aus einer Liste von Daten eine LISP-Funktion: die Liste muß nur anders interpretiert werden, wobei man ihr erstes Element als Funktionsname ansieht.

Die Flexibilität wird weiter dadurch unterstützt, daß im Gegensatz zu imperativen Programmiersprachen der Typ von Variablen nicht deklariert werden muß. Es hängt von der Verwendung der Variablen zur Laufzeit ab, ob der zugewiesene Wert den richtigen Typ hat. Mithin treten manche Fehler erst zur Laufzeit auf, die bei einer imperativen Programmiersprache mit strenger Typprüfung schon zur Übersetzungszeit gefunden worden wären.

Als Preis für die Flexibilität kann der Übersetzer nicht mehr viel vom späteren Programmverlauf vorhersehen. LISP-Systeme interpretieren deshalb die Programme, wobei die Übersetzer-Entscheidungen auf die Laufzeit verlegt werden. Verbunden mit der vom System übernommenen automatischen Speicherbereinigung kostet das aber Laufzeit und stellt höhere Speicheranforderungen.

LISP eignet sich deshalb vor allem, wenn Fehler und Laufzeitprobleme toleriert werden können, beispielsweise bei der Erstellung von Prototypen. Die Entwicklungszeit mit LISP-Systemen ist dann geringer als bei imperativen Sprachen. Es entfällt der Editier-Kompilier-Zyklus, denn mit interpretativen Systemen ist ein schnelles inkrementelles Ändern möglich.

2.2 Klassen und Vererbung

Im vorigen Abschnitt haben wir die eingebauten Datentypen als ein Mittel der Datenabstraktion kennengelernt: Objekte, die sich in der inneren Struktur und den zugehörigen Operationen gleichen, sind zu Typen zusammengefaßt. Man erhält viele Vorteile: Der Übersetzer besorgt passenden Speicherplatz, sucht abhängig vom Wert die richtigen Operationen aus und führt Typprüfungen durch. Für diese Dienstleistungen ist ein enges Korsett wie bei den imperativen Programmiersprachen nicht unbedingt notwendig; LISP hat gezeigt, daß man viele der Zuordnungsaufgaben auf die Laufzeit verlagern kann.

Ohne Schwierigkeiten kann man im eigenen Anwendungsbereich zahlreiche weitere Gruppen von gleichartigen Objekten identifizieren. Wie wir am Beispiel der Lagerplatzkoordinaten gesehen haben, bieten die imperativen Sprachen leider nur geringe Hilfsmittel, um diese Objekte ähnlich den eingebauten Datentypen zusammenzufassen. Auch die Module, die viele der Voraussetzungen erfüllen, sind eigentlich nicht für diesen Zweck gedacht.

In diesem Abschnitt werden wir mit den *Klassen* die notwendigen Beschreibungsmittel einführen. Darüber hinaus wird es sogar möglich sein, Gemeinsamkeiten zwischen Klassen — beispielsweise gemeinsam benötigte Prozeduren — nur an einem Ort zu programmieren und durch *Vererbung* an andere Klassen weiterzugeben.

2.2.1 Klassen

Mit Simula 67 wurde schon vor über 25 Jahren eine um das Klassenkonzept
und die Vererbung ergänzte imperative Programmiersprache eingeführt. Größere
Popularität konnte aber erst Smalltalk 80 erlangen, das von Simula das Klassenkonzept und von LISP den interpretativen und untypisierten Ansatz übernahm.

Die *Klasse* dient in beiden Sprachen zur Beschreibung einer Gruppe von gleichartigen Objekten. Unter *Objekten* sind bei Programmiersprachen abgeschlossene
Einheiten zu verstehen, die eine Gesamtheit struktureller und prozeduraler Information darstellen, also einen Datenspeicher mit Verhaltensrepertoire.

Beschreibung einer Klasse

Die Beschreibung einer Klasse gleicht dem Versuch in Kapitel 2.1.2, eine Datenstruktur durch Prozeduren zu ergänzen. Allerdings ist die dort ungültige Zusammenfassung jetzt erlaubt: Die Einleitung beginnt in der Regel mit dem Schlüsselwort `class` und dem Bezeichner der Klasse, gefolgt von Angaben zu den Variablen
und Prozeduren der Klasse:

```
class hrl_platz {
  private:
  int gasse, laenge, seite, hoehe;
  public:
  neue_werte_setzen(int egasse,int elaenge,int eseite,int ehoehe)
  {
    if ... then {          /* Ueberpruefungen durchfuehren */
      gasse = egasse;      /* Werte eintragen */
      laenge = elaenge;
      seite = eseite;
      hoehe = ehoehe;
    }
  }
  addition(hrl_platz wert1, hrl_platz wert2) {
    ...                    /* Werte addieren mit Ueberpruefungen */
  }
  ...                      /* Weitere Prozeduren */
}
```

Welche Angaben zu den Variablen und Prozeduren gemacht werden können, unterscheidet sich allerdings von Programmiersprache zu Programmiersprache. Das Beispiel zeigt eine typisierte Sprache, die Variablen müssen mit ihrem Datentyp deklariert werden. Ist die Sprache nicht typisiert, brauchen nur die Bezeichner aufgeführt werden. Weiter bestehen unterschiedliche Möglichkeiten, wie die Schnittstelle der Klasse beschrieben werden kann. Üblich sind Klauseln wie `private` oder `public`, mit denen der Entwickler Elemente vor der Außenwelt verstecken oder zugreifbar machen kann. Manchmal wird der Zugriff aber schon durch die Sprache vorgegeben. In Smalltalk sind beispielsweise grundsätzlich keine Variablen, dafür aber alle Prozeduren einer Klasse von außen zugreifbar.

Die von außen zugänglichen Elemente einer Klasse werden auch als *exportierte* Variablen und Prozeduren bezeichnet. Besonders bei Sprachen, in denen nur Prozeduren exportiert werden können, hat sich für diese auch die Bezeichnung *Protokoll der Klasse* etabliert. Der Anwender der Klasse wird auch als *Kunde (Client)* der Klasse bezeichnet.

Erzeugung von Instanzen und Prozeduraufruf

In typisierten Sprachen kann man eine Klasse wie einen Datentyp zur Deklaration von Variablen verwenden:

```
hrl_platz platz1;
```

Einige Probleme werden vermieden, wenn die Sprache nur die Deklaration von *Zeigervariablen* mit den selbst erstellten Klassen erlaubt. Solche Probleme können bei der automatischen Speicherverwaltung und der getrennten Übersetzung einer Klasse und ihres Kunden entstehen (Näheres dazu später bei C++).

Wir wollen davon ausgehen, daß es sich bei `platz1` um eine Zeigervariable handelt. In diesem Fall ist eine explizite Erzeugung eines Objektes notwendig, das der Zeigervariablen zugewiesen wird. Für die Erzeugung verwendet man wieder den Begriff *Instanziierung*, für das Objekt den Begriff *Instanz*. Ist die Instanz erzeugt und über den Zeiger zugreifbar gemacht worden, können im Anschluß die Variablen der Instanz durch die Prozedur `werte_setzen` belegt werden:

```
platz1 := new hrl_platz;
platz1.werte_setzen(1,1,1,1);
```

Die Werte der Instanzvariablen beschreiben den *Zustand* der Instanz. Davon getrennt ist der Begriff der *Identität* einer Instanz. Unterschiedliche Instanzen können nämlich dieselben Werte zugewiesen bekommen und damit denselben Zustand haben.

Während des Programmverlaufs kann es geschehen, daß auf eine Instanz nicht mehr zugegriffen werden kann. Den Zeigervariablen, die bisher auf die Instanz gezeigt haben, wurde beispielsweise ein Zeiger auf eine andere Instanz oder auf einen Null-Wert zugewiesen. Diese isolierten Instanzen entdeckt und beseitigt die automatische Speicherbereinigung. Ist die Sprache nicht mit dieser Möglichkeit versehen, müssen die Instanzen durch das Programm gelöscht werden — solange noch ein Zeiger auf sie vorhanden ist.

Die gemachten Aussagen zur Erzeugung und Verwendung der Instanzen gelten genauso für die nicht typisierten Sprachen. Nur, daß dort die Deklaration der Zeigervariablen mit einer Klasse entfällt. Wie im Fall von LISP werden dadurch bestimmte Fehler erst zur Laufzeit gefunden. Etwa wenn der nicht typisierten Variablen `platz1` erst ein Zeiger auf einen `integer`-Wert zugewiesen wird und dann ein Aufruf der Art `platz1.werte_setzen(1,1,1,1)` erfolgt. Das Laufzeitsystem würde die Prozedur `werte_setzen` in der Klasse der Integer-Zahlen suchen und dann vermutlich mit einer Fehlermeldung das Programm beenden.

Unterschiedliche Variablen und Prozeduren

Variable wie `gasse`, `seite` usw. sind sogenannte

- *Instanzvariablen:*
  Sie werden für jede neue Instanz immer wieder neu angelegt.

Daneben bieten einige Sprachen auch die Möglichkeit zur Deklaration von

- *Klassenvariablen:*
  Sie gibt es für jede Klasse nur ein einziges Mal. Als Beispiel wäre eine Klassenvariable `anzahl_hrl_plaetze` zum Zählen der erzeugten Instanzen denkbar.

Obwohl die Prozeduren natürlich nicht für jede Instanz neu erzeugt werden, kann man bei allen Sprachen eine ähnliche Unterscheidung zwischen den Prozeduren treffen:

- *Den einzelnen Instanzen zugeordnete Prozeduren:*
  Adressat ist eine bestimmte Instanz, etwa bei der Prozedur **werte_setzen**.

- *Der Klasse zugeordnete Prozeduren:*
  Adressat ist die Klasse.

Ein Beipiel für den zweiten Fall sind die *Konstruktoren*. Wie gezeigt, handelt es sich dabei um Programmsequenzen, die beim Erzeugen einer neuen Instanz ausgeführt werden. Adressat muß die Klasse sein, die Instanz existiert ja noch nicht. Mit dem Aufruf von **new** wird ein eingebauter Konstruktor aufgerufen, der Speicherplatz für die Instanz besorgt und die Werte der Variablen gemäß der Sprachdefinition initialisiert. Oft reicht das nicht aus, weil die neuen Instanzen beispielsweise situationsabhängig mit Werten belegt werden müssen. Deshalb wird die Möglichkeit angeboten, bestimmte selbsterstellte Prozeduren als Konstruktoren zu kennzeichnen, die dann automatisch bei der Erzeugung einer Instanz ausgeführt werden. Bei einer expliziten Löschung — das geschieht durch einen *Destruktor* — kann die Instanz ebenfalls nicht selbst der Adressat sein, da noch Arbeiten notwendig sein können, *nachdem* die Instanz bereits nicht mehr existiert.

Die Unterschiede zwischen den Kategorien von Prozeduren werden in den meisten Sprachen für den Entwickler nicht sichtbar. Bisweilen wird ein systematischerer Ansatz verfolgt. Klassen können in diesen Sprachen selbst wieder Instanzen von anderen Klassen sein. Diese Klassen, deren Instanzen selbst wieder Klassen sind, nennt man *Metaklassen*. Nun lassen sich die Klassenvariablen und die nur der Klasse vorbehaltenen Prozeduren wiederum als Instanzvariable und normale Instanzprozeduren der Metaklassen betrachten. Am Beispiel Smalltalk wird das später genauer dargestellt werden. Metaklassen haben auch einen Einfluß auf die verwendeten Begriffe: Da *Objekt* und *Instanz* aufgrund ihrer Definition synonym verwendet werden, ist eine Klasse nur dann ein Objekt, wenn sie eine Instanz einer anderen Klasse ist.

Eingebaute Datentypen werden zu eingebauten Klassen

Besonders wenn das ganze Programm aus einer Sammlung von Klassenbeschreibungen besteht, stellt sich die Frage einer harmonischen Eingliederung von eingebauten Datentypen wie **integer** oder **char**.

In der Regel werden sie als *eingebaute Klassen* angesehen, für die einige Sonderregeln gelten. Diese Sonderregeln bewirken, daß die Handhabung der eingebauten
Klassen so einfach wie diejenige der Datentypen in den imperativen Sprachen
bleibt. Beispielsweise müssen diese Werte nicht wie bei den benutzerdefinierten
Klassen eigens mit einem Aufruf der Art `new integer` erzeugt werden.

In der Compiler-Sprache Eiffel — diese Sprache behandelt Kapitel 3.4 — wird
sogar bei der syntaktisch gleichen Zuweisung in der Bedeutung der Variablen
unterschieden: bei den dort als *einfache Klassen* bezeichneten eingebauten Klassen bekommen die Variablen Werte zugewiesen, die Variablen für die zusätzlich
erstellten *komplexen Klassen* enthalten dagegen üblicherweise Zeiger.

Generische Klassen

An dem Beispiel des Datentyps Menge wurden die Vorteile von generischen Modulen dargestellt. Die dort zugrundeliegende Problematik ist in einer typisierten
Sprache auch bei einer Realisierung durch Klassen gegeben. D.h., man müßte für
jeden Typ von Elementen eine neue Klasse erstellen. Um dies zu vermeiden, gibt
es *generische Klassen*. Mit ihnen ist es analog den generischen Modulen möglich,
eine Klasse zu parametrisieren und später mit den notwendigen Argumenten die
passenden Instanzen zu erzeugen:

```
class menge(T) {
  . . .
  menge_einfuegen(T neuer_wert)
  menge_ausfuegen(T neuer_wert)
  . . .
}


menge(hrl_platz) menge1;
hrl_platz        platz1;


menge1 = new menge(hrl_platz);
platz1 = new hrl_platz;


menge1.menge_einfuegen(platz1);
```

Kandidaten für generische Klassen sind vor allem allgemein verwendbare Datenstrukturen zur Sammlung und Aufbewahrung von Elementen unterschiedlichen

Typs. Beispiele sind neben Mengen auch verschiedene Arten von Listen oder Baumstrukturen. Man nennt solche Klassen *Container-Klassen*, manchmal verwendet man auch die Bezeichnungen *Behälter-* oder *Kollektions-Klassen*.

Nicht typisierte Sprachen benötigen kein zusätzliches Sprachmittel für die Erstellung generischer Klassen. Dadurch, daß keine Typen für die Variablen und Prozedurparameter angegeben werden müssen, ist gerade die Realisierung von allgemein verwendbaren Container-Klassen dort sehr gut möglich. Bei Smalltalk schlug sich das in einer hohen Funktionalität der dort beigegebenen Container-Klassen nieder, die zum Vorbild für die Implementierungen in den typisierten Sprachen wurden.

Abbildung der Problemwelt auf die Klassen

In der Wunschliste in Kapitel 2.1.2 wurden zwei Ziele aufgeführt:

1. Der allgemeine Zugriff auf Elemente der Datenstruktur soll verhindert werden können.

2. Zu einer Datenstruktur sollten Prozeduren hinzugefügt werden können.

Beides ist erreicht. Klassen stellen die Mittel für die Datenabstraktion und zur Realisierung von Datentypen bereit.

Im Fall der Fördertechnik wird uns die Abstraktionsaufgabe zu einem Teil abgenommen, da die einzelnen Bestandteile weitgehend vom Hersteller standardisiert sind. Schon auf dem Papier kann das Zusammenfügen der Bestandteile geplant und auf der Basis ihrer Eigenschaften die Leistung des Gesamtsystems vorausgesagt werden. Es bietet sich an, auf dieser Vorarbeit aufzubauen und jeden Gerätetyp als eigene Klasse zu realisieren. Die Funktionen der einzelnen Gerätetypen drücken sich dann im Programm als Operationen der Klassen aus. Als Ergebnis erhalten wir Klassen für die Regalbediengeräte, die Verteilwagen, die normalen Stetigförderer und ihre Abarten wie Weichen und Umsetzer etc. Diese Klassen können von Lagerprojekt zu Lagerprojekt wiederverwendet werden und sparen damit Entwicklungs- und Testaufwand.

Auch zwischen verschiedenen Gerätetypen sind Gemeinsamkeiten zu entdecken. Ein Beispiel ist die Teleskopgabel, mit dem Verteilwagen und Regalbediengerät Paletten aufnehmen und absetzen. Diese geringeren Gemeinsamkeiten sollte man aber nicht dadurch ausdrücken, daß man für die Verteilwagen und Regalbediengeräte eine gemeinsame Klasse verwendet, denn viele Variablen und Prozeduren dieser Geräte sind unterschiedlich. Man müßte bei jedem Zugriff unterscheiden, um welchen Gerätetyp es sich gerade handelt, und würde gerade durch diese Abfragen die Vorteile der Klassen wieder verlieren. Hilfreich wäre vielmehr eine Art Kopieroperator, mit dem beide Klassen beibehalten und die Implementierung einer Klasse auf die andere übertragen werden kann. Genau diese Möglichkeit bietet die Vererbung.

2.2.2 Vererbung

Die *Vererbung* ermöglicht es einer Klasse, andere Klassen als *direkte Oberklassen* anzugeben und deren Variablen und Prozeduren nach festgelegten Regeln zu *erben*. Die Struktur der Oberklasse wird zu einer Teilstruktur der erbenden Klasse, weshalb man diese Art der Vererbung auch durch Begriff *strukturelle Vererbung* näher eingrenzt.

Die Angabe der direkten Oberklasse erfolgt durch eine zusätzliche Klausel in der Klassenbeschreibung:

```
class <Klassenname1> subclass_of <Klassenname2> {
    ...
}
```

Die erbende Klasse wird als *direkte Unterklasse* oder *direkte Subklasse* bezeichnet. Erbt Klasse C von Klasse B und Klasse B von Klasse A, ist C die *indirekte Unterklasse* von A und A die *indirekte Oberklasse* von C. Zyklen sind nicht erlaubt, d.h. eine Klasse darf sich selbst nicht als Oberklasse besitzen.

Multipel nur mit Konfliktauflösung

Abhängig von der jeweiligen Programmiersprache kann eine Klasse entweder höchstens eine oder mehrere direkte Oberklassen haben. Im ersten Fall realisiert die Sprache die *einfache Vererbung*, im zweiten Fall die *multiple Vererbung*.

Manche Sprachen geben eine oberste Klasse an, der jede andere Klasse untergeordnet ist. Es entsteht dann eine einzige *Klassenhierarchie*, in der alle Klassen eingebunden sind. Neue Klassen werden hinzugefügt, in dem eine bestehende Klasse als Oberklasse bezeichnet wird. Eine derartige Klassenhierarchie ähnelt einem umgedrehten Baum und wird deshalb auch als *baumartig* bezeichnet. Ein *Wald* entsteht demnach, wenn keine oberste Klasse vorgegeben ist und zahlreiche

Hierarchien bestehen können. Baum und Wald sind etwas unglückliche Begriffe, weil sich durch die multiple Vererbung derselbe Zweig gleichzeitig an mehreren Ästen bzw. Bäumen befinden kann.

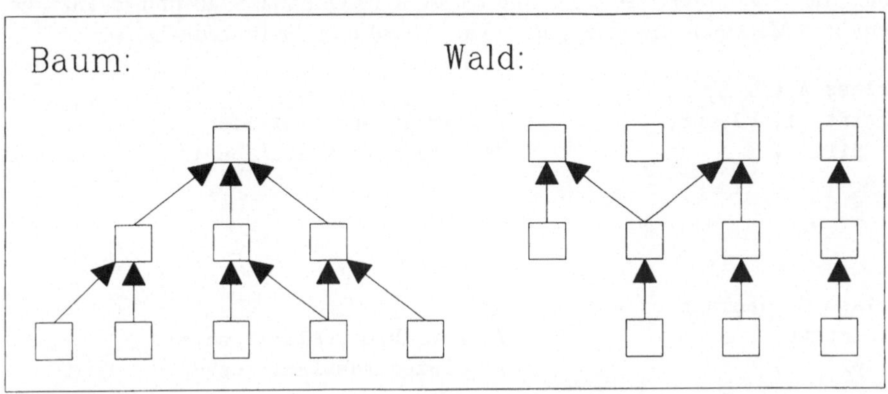

Bild 2.2 Baum und Wald bei multipler Vererbung

Die multiple Vererbung hat den Nachteil, daß Vererbungskonflikte entstehen können. Sie treten auf, wenn mehrere direkte Oberklassen denselben Variablen- oder Prozedurnamen verwenden. In diesem Fall wird ein Konfliktlösungsmechanismus notwendig, der sich von Sprache zu Sprache unterscheiden kann (die beiden letztgenannten Mechanismen werden erst im Rahmen der Künstlichen Intelligenz vorgestellt):

- Durch die Wahl durch den Kunden der Klasse (Beispiel C++).

- Durch die *Umbenennung (renaming)* strittiger Variablen oder Prozeduren (Beispiel Eiffel).

- Durch eine *gezielte Spezialisierung* bzw. *Verfeinerung (refinement)* (Beispiele KL-ONE und GOM).

- Durch eine Vorzugsreihenfolge der Eltern (Beispiel KEE).

Wie sieht eine Unterklasse genauer aus?

Angenommen, die Klasse A ist mit den Variablen v1, v2, v3 und der Prozedur p1 deklariert. Die Subklasse C gibt die Klasse A als Oberklasse an und ergänzt die ererbten Merkmale um eine weitere Variable v4 und die Prozedur p4.

```
class A {
  int v1, v2, v3;              /* Variablendeklaration */
  p1(...) {                    /* Prozedurdeklaration */
    ...
  }
}


class C subclass_of A {
  int v4;                      /* Variablendeklaration */
  p2(...) {                    /* Prozedurdeklaration */
    ...
  }
}
```

Üblicherweise wird eine Instanz der Klasse C nun die Variablen v1, v2, v3, v4 enthalten und mit den Prozeduren p1 und p2 versehen sein. Kann dagegen die Vererbung auf einen Teil der Merkmale der Oberklasse eingeschränkt werden, beispielsweise auf die Variablen v1 und v2, spricht man von *selektiver Vererbung*. Eventuelle Klauseln für die Sichtbarkeit dieser Merkmale nach außen werden auch vererbt. Die genauen Regeln sind abhängig von der Programmiersprache.

Das Beispiel zeigt einen Grundgedanken der Vererbung bei den Programmiersprachen: Die Unterklasse ist eine *Spezialisierung* der Oberklasse, d.h. sie besitzt dieselben Merkmale wie die Oberklasse und ergänzt diese um zusätzliche Prozeduren oder „mehr Zustand", d.h. mehr Variablen. Häufig wird die Spezialisierung auch mit einer *Is-a-Beziehung* gleichgesetzt.

In unserer Lagerwelt würde eine Is-a-Beziehung zwischen einer Weiche und einem normalen Stetigförderer bestehen, denn die Weiche enthält alle Merkmale des Stetigförderers und ergänzt sie um die Möglichkeit, eine Palette auch rechtwinklig in eine zweite Richtung wegfahren zu lassen. Folglich könnte man den Stetigförderer als Oberklasse der Weiche verwenden.

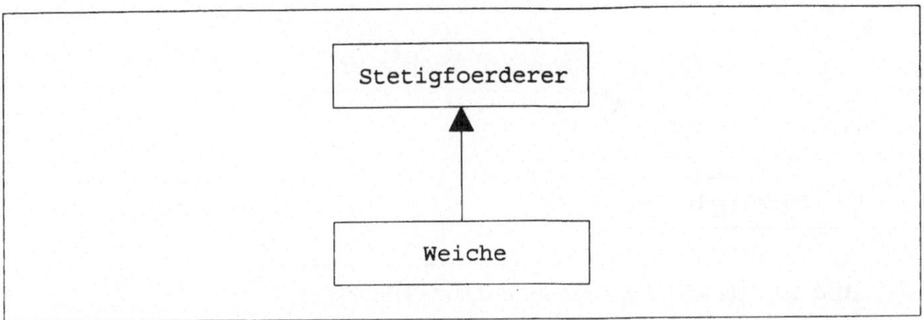

Bild 2.3   Stetigförderer als Oberklasse von Weiche

Abstrakte Klassen

Komplizierter ist der Fall bei dem Regalbediengerät und dem Verteilwagen. Beide manipulieren die Paletten mit einer Teleskopgabel und können sich auf der horizontalen Ebene bewegen. Das Regalbediengerät kann aber zusätzlich die Palette auf eine obere Regalebene heben. Intuitiv wird man sicher bezweifeln, ob Regalbediengeräte deshalb eine Spezialisierung der Verteilwagen darstellen. Zu prüfen ist in solchen Fällen, ob im Programm eine Instanz der geplanten Subklasse für die Regalbediengeräte immer auch als Verteilwagen eingesetzt werden kann. Gerade bei derart komplexen Geräten wird man dies verneinen müssen. Es wird relevante Spezifika geben, etwa die Ausstattung mit Sensoren, die ein Verteilwagen besitzt und einem Regalbediengerät fehlen.

Es gibt aber eine einfache Lösung für dieses Problem: Man definiert eine Klasse, die alle Gemeinsamkeiten der Verteilwagen und Regalbediengeräte enthält. Diese Klasse, nennen wir sie „mobiler Förderer", wird dann die Oberklasse der Verteilwagen und Regalbediengeräte.
Die Oberklasse hat nur den Zweck, alle Gemeinsamkeiten zusammenzufassen und mittels der Vererbung weiterzugeben. Von ihr sollen insbesonders *keine* eigenen Instanzen erzeugt werden, man nennt sie deshalb auch eine *abstrakte Klasse*. Eine solche Konstruktion wird in der Regel dann eingesetzt, wenn mehrere Klassen Gemeinsamkeiten haben, aber keine als Oberklasse der anderen geeignet ist.

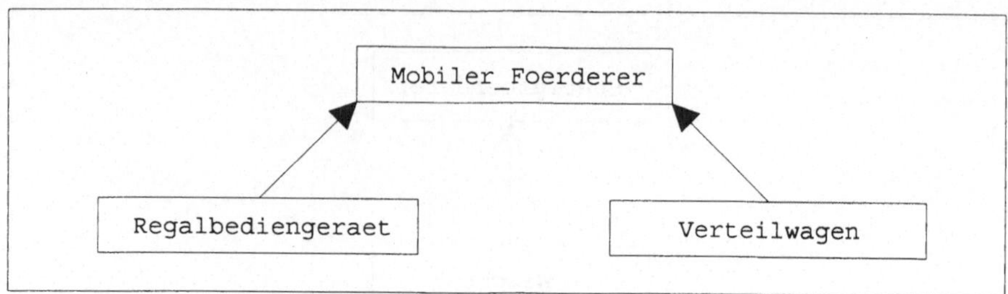

Bild 2.4 Mobiler Förderer als abstrakte Oberklasse

Neudefinition von Variablen und Prozeduren

Oft wird es notwendig, ererbte Prozeduren in der Subklasse an neue Gegebenheiten anzupassen, beispielsweise um hinzugekommene Variablen in die Berechnungen mit einzuschließen. Deshalb gibt es in allen gängigen Sprachen die Möglichkeit, Prozeduren der Oberklasse in der Unterklasse zu überschreiben und damit neu zu definieren. Dazu reicht es normalerweise, die entsprechende Prozedur einfach noch einmal in der Unterklasse aufzuführen, wie das hier mit der Prozedur p1 geschieht:

```
class C subclass_of A {
  int v4;                          /* Variablendeklaration */
  p1(...) {                        /* Prozedurdeklaration */
    ...
  }
  p2(...) {
    ...
  }
}
```

Manchmal gibt es zusätzlich eine **redefine**-Klausel, um ein irrtümliches Überschreiben zu vermeiden.

Die Redefinition von Variablen wird im allgemeinen restriktiver gehandhabt. Die Vorteile der Redefinition wiegen in diesem Fall nicht die Nachteile auf, die durch eine Verletzung der Spezialisierungsbedingung entstehen können.

Wird eine **integer**-Variable beispielsweise in der Unterklasse in eine **char**-Variable umdefiniert, kann man nicht davon sprechen, daß die Unterklasse die

Oberklasse spezialisiert. Anders wäre der Fall, wenn eine mit **stetigfoerderer**
deklarierte Variable in der Unterklasse mit einer **weiche** neu definiert wird. Dadurch werden die möglichen Zustände der Unterklasse eingeschränkt, sie also
ebenfalls gegenüber der Oberklasse spezialisiert.

Solche *Konformitätsregeln* können auch für die Argumenttypen der Prozeduren
gelten. Ist die Prozedur eine Funktion, muß dann auch der Typ des Funktionsergebnisses in diese Regelung miteinbezogen werden.

Subtypen und Polymorphismus

Wenn Sprachen für die Redefinition Verbote oder komplexe Konformitätsregeln
erstellen, muß die Spezialisierungsbedingung eine besondere Bedeutung für die
Vererbung haben. Diese Bedeutung liegt darin, daß durch die Spezialisierung
die Instanzen einer Unterklasse als Untermenge der Instanzen ihrer Oberklasse
betrachtet werden können.

Daraus folgt, daß man eine Instanz der Unterklasse auch als eine Instanz ihrer
Oberklasse ansehen kann. Somit muß man diese Instanz auch einer Variablen
zuweisen können, die mit der Oberklasse deklariert worden ist:

```
class A {
  int v1, v2, v3;          /* Variablendeklaration */
  p1(...) { ... }          /* Prozedurdeklaration */
}

class C subclass_of A {
  int v4;                  /* Variablendeklaration */
  p1(...) { ... }          /* Prozedurdeklaration */
  p2(...) { ... }
}

A  var1;           /* Variable mit Klasse A deklarieren */

var1 = new C;      /* Instanz von Klasse C deklarieren und var1
                   .   zuweisen */

var1.p1(...)       /* Prozeduraufruf der Prozedur p1 */
```

Stillschweigend wird die Subklasse C als *Subtyp* verwendet. Eine Verletzung der Spezialisierungsbedingungen könnte dazu führen, daß die Subklasse kein Subtyp mehr ist und die Instanz der Subklasse nicht mehr in die Variable der Oberklasse „paßt".

Interessant ist am obigen Beispiel auch, ob beim Aufruf von p1 die die alte oder die neudefinierte Version der Prozedur verwendet wird. Die Antwort hängt davon ab, ob der Prozeduraufruf abhängig vom Typ des Variablenwerts oder von dem Deklarationstyp der Variablen ermittelt wird. Im ersten Fall muß dies *dynamisch*, d.h. zur Laufzeit geschehen, denn dort findet erst die Wertzuweisung statt. Der Typ des Werts bestimmt den *dynamischen Typ* der Variablen. Man spricht dann von einem *dynamischen* oder *späten Binden* der Prozedur. Im zweiten Fall wird schon zum Übersetzungszeitpunkt der *statische Typ* der Variablen ermittelt. Man spricht von einem *statischen Binden* der Prozedur.

Das dynamische Binden ist eines der mächtigsten Werkzeuge im Zusammenhang mit der Vererbung. Wir werden gleich sehen, daß die dynamische Bindung für die Nutzung aller Vorteile der objektorientierten Programmierung sogar notwendig ist. Deshalb findet sie sich in allen gängigen Sprachen mit Vererbungskonzept.

Die Prüfungen für die dynamische Bindung kosten etwas zusätzliche Rechenzeit. Daher kann der Entwickler in manchen Übersetzersprachen auswählen, ob eine Prozedur dynamisch oder statisch gebunden werden soll. Man kann dann die statische Bindung in Fällen nutzen, wo man im voraus weiß, daß keine dynamische Bindung notwendig ist. Allerdings ist eine derartige Vermischung von statischer und dynamischer Bindung eine Fehlerquelle.

Weil bei der dynamischen Bindung dieselbe Syntax im Programmtext den Aufruf von unterschiedlichen Prozeduren bewirken kann, nennt man dies auch *Polymorphismus (Vielgestaltigkeit)*. Schon einmal konnten wir eine derartige „Vielgestaltigkeit" bewirken, und zwar mit dem Überladen von Prozedurnamen und Operatoren. Das Überladen nennt man auch *Ad-hoc-Polymorphismus*.

Für nicht typisierte Sprachen gilt ebenfalls die Grundidee, daß die Instanzen der Unterklasse eine Untermenge der Instanzen der Oberklasse darstellen. Durch ihren interpretativen Ansatz sind diese Sprachen sogar Ideengeber für das dynamische Binden von Prozeduren geworden. Was dort aber entfällt, sind vom System kontrollierte Konformitätsregeln. Wenn die Typen der Prozedurparameter nicht angegeben werden, kann man auch nicht überprüfen, ob die Typen zueinander passen. Trotzdem sind die Konformitätsregeln auch für die typisierten Sprachen zu beachten. Man kann dort von einer impliziten Typisierung der Variablen durch die mit ihr zusammen ausgeführten Operationen sprechen.

Beispielsweise wäre `var1` durch den Aufruf in

```
var1.p1(...)
```

implizit mit solchen Typen definiert, in denen eine Prozedur `p1` erklärt ist, das
gilt für die Klassen `C` und `A`. Ist die Prozedur `p1` in `C` und in `A` nicht konform
definiert, spezifiziert der Prozeduraufruf den impliziten Typ noch genauer, nur
von höchstens einer der beiden Klassen kann dann noch eine Instanz zur Variablenbelegung verwendet werden. Eventuelle Fehler treten wieder erst zur Laufzeit
auf.

Ein abschließendes Beispiel

Die harmonische Verbindung der dargestellten Konzepte mag ansatzweise das
folgende Beispiel zeigen, in dem sich dynamisches Binden, die Neudefinition von
Prozeduren und eine abstrakte Oberklasse harmonisch ergänzen. Verwendet wird
wieder die abstrakte Klasse `mobiler_foerderer`. In dieser Klasse werden die Gemeinsamkeiten der beiden Unterklassen `regalbediengeraet` und `verteilwagen`
implementiert, beispielsweise die Prozeduren für die Teleskopgabel.

Andere Prozeduren können erst in den Unterklassen implementiert werden.
Wenn sie demselben Zweck dienen, z.B. einen bestimmten Platz anzufahren, sollte derselbe Bezeichner verwendet und die Prozedur schon in der abstrakten Oberklasse deklariert werden — natürlich ohne diese Prozedur dort vollständig zu implementieren. Mit der klassenspezifischen Implementierung wird diese Prozedur
dann in den Unterklassen neudefiniert.

```
class mobiler_foerderer {
  bewege_teleskopgabel(...)      /* Komplette Implementierung der
  {                                 gemeinsamen Variablen und Proze-
  ...                               duren der Unterklassen */
  }
  fahre_nach(hrl_platz wohin)    /* Gemeinsame Prozedurbezeichner
  { }                               ohne Implementierung */
  ...

}
```

```
class regalbediengeraet {
  fahre_nach(hrl_platz wohin)   /* Neudefinition mit klassen-
  { ... }                          spezifischer Implementierung */
  ...
}

class verteilwagen {
  fahre_nach(hrl_platz wohin)   /* Neudefinition mit klassen-
  { ... }                          spezifischer Implementierung */
  ...
}
```

Eine Prozedur, die sowohl Regalbediengeräten als auch Verteilwagen Fahraufträge zuteilt, kann jetzt wie folgt realisiert werden:

```
aufruf_fahre_nach(hrl_platz wohin, mobiler_foerderer geraet)
{
  geraet.fahre_nach(wohin);
}
```

Zu beachten ist, daß niemals ein Objekt der Klasse `mobiler_foerderer` erzeugt werden soll. Die Prozedur `fahre_nach` wird immer mit Zeigern auf ein Regalbediengerät oder einen Verteilwagen aufgerufen. Zur Laufzeit wird dann der aktuelle Typ festgestellt und die passende Prozedur dynamisch gebunden.

`geraet.fahre_nach(wohin)` ruft man zwar nie mit einer Instanz der Klasse `mobiler_foerderer` auf, trotzdem muß in einer Übersetzersprache die Prozedur `fahre_nach` in der Klasse `mobiler_foerderer` bekannt sein. Sonst würde der Compiler mit einem Fehler abbrechen, weil er in der zur Deklaration von `geraet` verwendeten Klasse nicht die Prozedur findet, die zusammen mit `geraet` aufgerufen wird.

Ein Hinweis noch zu `hrl_platz`: Im Beispiel wird ein Vertreter der Klasse zur Zielangabe verwendet, obwohl sich der Verteilwagen entlang von Kommissionierplätzen außerhalb des Lagers bewegt. Per Konvention kann man zwar solche Sonderplätze z.B. durch die Verwendung einer Gasse 0 und einem Zahlenbereich der Variablen `laenge` auf die Variablen von `hrl_platz` abbilden. Die bessere Lösung wären aber verschiedene Platztypen, die als unterschiedliche Klassen unter einer gemeinsamen Oberklasse `allgemeiner_platz` realisiert würden.

2.3 Objektorientierte Programmierung

Der durchgängige Einsatz der im letzten Abschnitt besprochenen Sprachmittel führt zu Programmen, die ganz aus einer durch die Vererbung strukturierten Sammlung von Klassen bestehen. Die damit verbundene Art der Programmierung wird als *objektorientierte Programmierung* bezeichnet. Die den Programmen zugrundeliegende Analyse und den Entwurf nennt man *objektorientierte Analyse* und *objektorientierten Entwurf.*

2.3.1 Einbettung in ein Kommunikationsmodell

Zusammen mit der Sprache Smalltalk ist für die objektorientierte Programmierung eine eigene Terminologie entstanden. Zwar findet der imperative Entwickler dadurch viele altbekannte Dinge mit neuem Namen wieder, auf der anderen Seite unterstützen die neuen Begriffe aber eine notwendige neue Denkweise.

Die Prozeduren heißen nun *Methoden.* Der Bezeichner der Prozedur wird zu ihrem *Selektor*, der Prozeduraufruf zu einer *Nachricht.* Das objektorientierte Programm besteht zur Gänze aus *Objekten.* Klassen sind auch Objekte (*generische Objekte*).

Damit ein objektorientiertes Programm ausgeführt wird, müssen die Methoden der Objekte aktiviert werden. Dies geschieht, indem man dem Objekt eine Nachricht zusendet. Eine Nachricht besteht aus einem Selektor und einer beliebigen Anzahl von Argumenten. Der Selektor gibt an, welche Leistung das Empfängerobjekt erbringen soll.

Unter einem *Nachrichtenversendeereignis* wird das tatsächliche Senden und Empfangen einer Nachricht verstanden. Berechnungen erfolgen dadurch, daß Objekte Nachrichten, die sie erhalten, verarbeiten, wobei sie u. U. wiederum Nachrichten an andere Objekte versenden, dies nennt man dann *fortgesetztes Nachrichtenversenden.*

Der Nachrichtenversender erhält als Antwort ein Objekt. Außerdem kann durch die Nachricht der *Zustand* der angesprochenen Objekte geändert worden sein. Das vollständige Verhalten eines Objektes wird als sein *Protokoll* bezeichnet. Es setzt die Selektoren der Menge aller Nachrichten, auf die das jeweilige Objekt sinnvoll reagieren kann, d. h. ohne eine Fehlernachricht zu erzeugen, zu den Prozeduren des Objekts in Beziehung, die die gewünschte Leistung erbringen. Damit ist ein *Kommunikationsmodell* skizziert, in das die Objekte als *Kommunikationspartner* eingebunden sind. Der *Objektbegriff* und das *Versenden von Nachrichten* sind die Grundkonzepte des objektorientierten Programmierens. Die *Vererbung* wird als drittes Konzept des objektorientierten Programmierens gezählt, sie kann aber notfalls durch das Versenden von Nachrichten realisiert werden.

2.3.2 Etwas Wasser im Wein

Das Kommunikationsmodell ist sehr offen und fordert einen hohen Grad von Dynamik. Beispielsweise wird keine Restriktion hinsichtlich des Zeitpunkts ausgesprochen, wann die generischen Objekte erstellt werden müssen. Diese Freiheit ist für bestimmte Systeme wichtig, weil dort die generischen Objekte auch zur Laufzeit erzeugt werden müssen.

Beispiele finden sich im Rahmen der Künstlichen Intelligenz. Werkzeuge wie das später beschriebene KEE stellen deshalb die notwendigen Mechanismen bereit, wobei das Gedankengut der objektorientierten Programmierung in das Gesamtsystem integriert wird. Eine solche Integration wird durch die traditionell mehr objektorientierte Sichtweise der KI begünstigt. In den Jahren geringerer Popularität hat man die objektorientierte Programmierung darum vor allem im Bereich der KI weitergepflegt. Das Smalltalk-System selbst wurde manchmal als KI-System bezeichnet.

Inzwischen setzt man auch bei konventionellen Anwendungen alle Hoffnungen auf die objektorientierte Programmierung. Damit verbunden sind Anforderungen wie ein besseres Laufzeitverhalten und mehr Überprüfungen durch das System. Dadurch wird ein Rückgriff auf typisierte Sprachen notwendig, die durch einen Übersetzer in ein ablauffähiges Programm umgewandelt werden.

Man kann zwischen rein objektorientierten Sprachen und Sprachen mit objektorientierten Erweiterungen unterscheiden. Letztere basieren auf imperativen Sprachen und sind durch Klassen und Vererbung ergänzt. Beiden gemeinsam ist eine Trennung von Klassenbeschreibungen, die vor der Übersetzung vollständig vorhanden sein müssen, und den dazugehörigen Instanzen, die zur Laufzeit des Programms entstehen und gelöscht werden. D.h. das oben beschriebene Modell erlebt eine Einbuße an Offenheit und Dynamik.

Darüber hinaus ist in Sprachen mit objektorientierten Erweiterungen natürlich auch keine durchgängige Verwendung von Klassen und Objekten gegeben. Beispielsweise muß jetzt das Ergebnis einer Nachricht kein Objekt mehr sein. Ausdruck davon ist eine unheitliche Terminologie. So findet man bislang verwendete

Begriffe aus der imperativen Programmierung gemischt mit klassischer Smalltalk-Terminologie. Ergänzt wird dies durch eigene Bezeichnungen der neuen Sprachen.

2.3.3 Objektorientierte Analyse und Entwurf

Die Analysephase beantwortet die Frage, *was* zu tun ist. Sie ist objektorientiert, wenn schon in dieser Anforderungsdefinition Bezug auf Objekte und Klassen genommen wird. Der Entwurf legt fest, *wie* etwas zu tun ist. Im objektorientierten Entwurf entsteht die Struktur der Klassen und Objekte unter Einbeziehungen von Standardklassen und unter Berücksichtigung der späteren Wiederverwendbarkeit. Hier werden auch die Vererbungsbeziehungen festgelegt.

Grundsätzliche Vorteile

Es gibt keine einheitliche objektorientierte Analyse- und Entwurfsmethodik. Eher ähnelt das Bild mit verschiedenen, miteinander konkurrierenden Methoden dem eben von der Begriffswelt skizzierten Durcheinander (s. dazu [Stein 94]). Grundsätzlich sollte es aber wesentliche Vorteile gegenüber *strukturiertem Entwurf und Analyse* geben, die für die imperative Programmierung verwendet werden.

Strukturierter Entwurf und Analyse besitzen nämlich keine durchgängigen Methoden, die sowohl für den Problembereich als auch für den Lösungsbereich relevant sind. Weiter gibt es keine Konzepte, um die Systemkomplexität durch Kapselung zu verbergen. Schließlich wird auch nicht die inkrementelle Erweiterung des Systems auf der Basis der vorhandenen Programme und Spezifikationen unterstützt, d.h. es findet keine Förderung der Wiederverwendung statt.

Durch den Objektbegriff hat man den Ansatzpunkt, vom identifizierten Objekt im Problembereich bis zu der Realisierung im Lösungsbereich eine durchgängige Methode einzusetzen. Zudem faßt die Objektdefinition die Variablen und Operationen des Objekts zusammen und dient damit als Grundlage für die Kapselung. Und mit der Vererbung wird die inkrementelle Erweiterung unterstützt.

Objektorientierte Methoden kommen darüber hinaus dem menschlichen Denken näher, das ebenfalls an Objekten orientiert ist. Die Analysen, Entwürfe und Programme sind deshalb verständlicher. Auch die Kommunikation mit Programmier-Laien dürfte in jeder Entwicklungsphase erleichtert sein. Diese Vorteile führen dazu, daß Analyse und Entwurf mehr Aufgaben übernehmen können und der Aufwand für Programmierung, Änderung und Fehlerbehebung sinkt.

Problemwelt von objektorientierter Analyse und Entwurf

Die bisherige Darstellung mag nahelegen, daß die Bestimmung der Objektklassen aus der Problemwelt relativ einfach ist. Genauer betrachtet ergeben sich aber viele Fragen.

Ziel sind ja bei der Vererbung Is-a-Beziehungen. D.h. man sollte keine Teleskopgabel als Oberklasse eines Regalbediengeräts implementieren. Denn die Teleskopgabel steht mehr in einer *Part-of-Beziehung* zum Regalbediengerät. Diese Warnung vor der Mißachtung der Is-a-Bedingung ist essentiell für eine brauchbare Klassenhierarchie. Wir bewegen uns damit aber auf einer Ebene der Semantik, die das System nicht kontrollieren kann. Es würde nur sehen, daß wir eine spezialisierte Subklasse `regalbediengeraet` hinzufügen. Daß ein Regalbediengerät eigentlich keine Teleskopgabel ist, kann es nicht wissen.

Wir haben stattdessen die Teleskopgabel als Part-of des (abstrakten) mobilen Förderers implementiert und an das Regalbediengerät vererbt. Denkbar wäre es aber auch, nur eine Variable für die Teleskopgabel in der Regalbediengerät-Klasse zu deklarieren und die Teleskopgabel doch als eigene Klasse zu realisieren. Die Regalbediengerät-Klasse stände dann in einer Kundenbeziehung zur Teleskopgabel-Klasse, würde also deren Funktionen nicht erben, sondern *kaufen.*

Solch eine Kundenbeziehung hat Vorteile, wenn die Teleskopgabel ziemlich komplex ist und über eine größere Anzahl von Prozeduren angesprochen werden muß. Ein weiterer Grund wäre gegeben, wenn es verschiedene Teleskopgabelmodelle gäbe, die in einer eigenen Klassenhierarchie angeordnet werden könnten. Nachteil einer Aufspaltung in zuviele Klassen ist der zusätzliche Aufwand zur Objektinitialisierung und -verwaltung.

Vergleichbare Abwägungsprobleme — aufspalten oder zusammen in einer Klasse lassen — sind schon aus dem Datenbankentwurf bekannt. Dort etwa in Form der Frage, ob ein bestimmtes Objekt aus der Problemwelt zu einem sogenannten *Entitäts-Typ* oder zu einem *Attribut* eines solchen Typs wird. Über solche gemeinsame Probleme haben *Entity-Relationship-Modelle* aus dem Bereich der Datenmodellierung Eingang in den objektorientierten Entwurf gefunden.

2.3.4 Ein unterschiedlicher Programmablauf

Der Programmablauf eines imperativen Programms stellt sich in der Regel so dar: Die Abarbeitung startet mit einem Hauptprogramm, daraus werden die einzelnen Prozeduren aufgerufen.

Der Ablauf eines objektorientierten Programms kann dagegen entweder bei einem Interpreter interaktiv durch das Senden einer Nachricht an ein bestimmtes Objekt beginnen, oder es wird bei einem Übersetzer eine bestimmte Startklasse ausgewählt. Im zweiten Fall wird der Programmaufruf dann als Aufforderung zum Erzeugen einer Instanz der Startklasse interpretiert. Beim Erzeugen wird der vom Entwickler erstellte Konstruktor der Klasse ausgeführt, der durch das fortgesetzte Nachrichtenversenden den Programmablauf weiterführt. Ein Vorteil der frei bestimmbaren Startklassen ist, daß Teile des Programms (also der Klassen) schneller und einfacher mit einer Testumgebung versehen werden können.

Im weiteren Programmverlauf ist bei der imperativen Programmierung eine Trennung von Daten und Prozeduren sichtbar. Irgendwo wäre deshalb im Beispiel der Regalbediengeräte und Verteilwagen eine größere Datenstruktur realisiert, in der die Zustände der einzelnen Geräte abgelegt sind. Egal, ob man dann für jeden Gerätetyp ein eigenes Modul mit einem eigenen Satz von Prozeduren erstellt oder alle in einem gemeinsamen Modul zusammenfaßt: Die Trennung von den Daten führt dazu, daß immer der Identifikator für das Gerät mitgeführt und entsprechend häufig abgefragt werden muß. Dadurch „weiß" die Prozedur relativ viel. Wenn die Prozedur viel wissen muß, ist das aber ein Zeichen für viel Änderungsaufwand, wenn sich die Bedingungen der Umgebung einmal ändern.

Das objektorientierte Gegenbeispiel zeigt diese Prozedur:

```
aufruf_fahre_nach(hrl_platz wohin, mobiler_foerderer geraet)
{
  geraet.fahre_nach(wohin);
}
```

Sie weiß fast nichts, weder die später eingesetzte Version von `fahre_nach` noch den genauen Geräte- oder Platztyp. Die Prozedur muß deshalb bei der Aufnahme neuer Geräte- und Platztypen in die Hierarchie unter `mobiler_foerderer` bzw. `hrl_platz` auch nicht geändert werden. Das zugrundeliegende Schema wurde schon mit dem Übergang vom „tue dies" bei der imperativen Programmierung zum „tue dies mit diesem Objekt" bei der objektorientierten Programmierung illustriert.

Ein Nachteil objektorientierter Programme ist zu erwähnen: Man sagt ihnen eine schlechtere Ablaufgeschwindigkeit nach. Mit der dynamischen Bindung wurde schon eine mögliche Ursache angesprochen. Eine weitere Ursache kann darin bestehen, daß Klassen und Vererbung tendenziell zu kleineren Prozeduren führen, als dies bei der imperativen Programmierung der Fall ist. Das führt zu einer größeren Anzahl von Prozeduraufrufen, und Prozeduraufrufe sind an sich relativ teuer.

Als ein besonders schwerwiegender Grund für eine geringe Ablaufgeschwindigkeit wurde allerdings eine andere Ursache identifiziert: Das häufige Erzeugen und Löschen von Objekten beim Nachrichtenversenden, das manchmal sogar in häufigen und starken Schwankungen des Hauptspeicherbedarfs eines Programms nach außen sichtbar wird. Oft handelt sich um einen Anfängerfehler, beispielsweise wenn man oft benötigte Objekte nicht möglichst langlebig realisiert hat.

2.4 Subklassen und Subtypen

Die Vererbung durch Subklassenbildung haben wir bislang im Zusammenspiel mit der Subtypisierung nur von der vorteilhaften Seite kennengelernt. Tatsächlich haben diese Vorteile dazu geführt, daß in den gängigen typisierten Programmiersprachen eine Anweisung wie: „Klasse B soll von Klasse A erben" — also die Subklassenbildung — automatisch mit der Aussage gekoppelt wird: „Klasse B ist ein Subtyp von Klasse A".

Das beschreibt aber zwei unterschiedliche Sachverhalte: Durch Vererbung werden Programme von verschiedenen Klassen gemeinsam benutzt und Variablendeklarationen übernommen — Vererbung behandelt demnach die *innere Struktur*. Subtypisierung hat dagegen mit der *von außen*, vom Kunden beobachteten Spezialisierung des *Verhaltens* von Objekten zu tun, die Subtypisierung betrifft damit die Benutzung.

Die Problematik dieses Zusammenspiels wird eine Richtlinie für den richtigen Einsatz der Vererbung bilden. Wir wollen diese Problematik hier ausführlicher beleuchten und sehen, welche Hilfsmittel es gibt, um mit ihr umzugehen.

2.4.1 Problemstellung

Passen Vererbung und Subtypisierung zueinander, gibt dies ein mächtiges Instrument, wie das schon in den letzten beiden Abschnitten verwendete Beispiel zeigt:

```
aufruf_fahre_nach(hrl_platz wohin, mobiler_foerderer geraet)
{
  geraet.fahre_nach(wohin);
}
```

Allerdings lassen sich auch leicht Fälle konstruieren, in denen die Vererbung nicht mit der Subtypisierung harmonisiert: Lassen die Vererbungsregeln beispielsweise zu, daß eine Subklasse auf das Erben der Prozedur `fahre_nach` verzichtet, entstünde ein Fehler, wenn eine Instanz dieser Subklasse an `aufruf_fahre_nach` übergeben würde.

Ein ähnliches Unglück kann geschehen, wenn in der Subklasse eine von der Prozedur `fahre_nach` benötigte Variable neu und unpassend definiert wird. Der Fehler entsteht dann, wenn die Prozedur auf diese Variable genau wie von der Oberklasse gewohnt zugreifen will.

Auch Funktionsergebnisse können eine Fehlerquelle sein: Etwa wenn eine Berechnungsfunktion in einer Unterklasse redefiniert wird und jetzt statt einer Zahl eine Zeichenkette als Ergebnis liefert. Oder statt Zahlenwerten zwischen 0 und 23, die vom aufrufenden Kunden als Stunden interpretiert wurden, nun die Zahlenwerte 1 bis 100 zurückliefert.

Für typisierte Sprachen sind diese Fehler besonders fatal, weil man sich bei deren imperativen Vorgängern wenig Gedanken um die Typsicherheit machen mußte, jetzt aber mit Typfehlern konfrontiert wird, die häufig erst zur Laufzeit sichtbar werden. Bei den untypisierten Sprachen wird man die fehlende Typsicherheit nicht beklagen — dort war diese Sicherheit ja nie vorhanden. Die grundsätzliche Problematik ist aber auch dort gegeben. Auch ein Programm in einer nicht typisierten Sprache stürzt ab, wenn es von einer Berechnungsfunktion eine Zahl erwartet und stattdessen eine Zeichenkette erhält.

Die Beispiele zeigen: Eine Subklasse implementiert nicht automatisch einen Subtyp. Fazit könnte sein, daß man die Vererbung sehr restriktiv regelt. So könnte man die Redefinition von Prozeduren und Variablen sicherheitshalber ganz verbieten. Allerdings wird im folgenden noch zu sehen sein, daß selbst das einfache Hinzufügen einer neuen Prozedur in der Subklasse die Subtypeigenschaft verletzen kann.

Dennoch sind Restriktionen hilfreich, aber man ist immer in einem Interessenkonflikt: damit die Vererbung nützlich ist, sind bestimmte Freiheitsgrade notwendig. Verbietet man beispielweise die Redefinition von Prozeduren, ist auch die Verbindung mit der Subtypisierung nicht mehr so mächtig, wie die obige Prozedur `aufruf_fahre_nach` zeigt. Dieses Dilemma ist mit ein Grund für die bestehenden uneinheitlichen Vererbungsregeln.

2.4.2 Was ist eigentlich ein Subtyp?

Für die Definition eines Subtyps finden sich in der Literatur verschiedene Formen, eine „schwache" sagt ([Zdonik 89]):

- S ist ein Subtyp von T, wenn man eine Instanz von S in ein Programm einsetzen kann, das Objekte vom Typ T erwartet, und man sicher sein kann, daß das Programm nicht fehlschlägt, d.h. keine Laufzeitfehler vorkommen.

eine stärkere bezieht noch den Begriff „Verhalten" mit ein ([Liskov 87]):

- S ist ein Subtyp von T, falls es für jede Instanz x vom Typ S eine Instanz y vom Typ T gibt, so daß für alle Programme P, die Typ T benützen, das Verhalten von P durch eine Ersetzung von y durch x nicht geändert wird.

Die erste Aussage ist deshalb schwächer, weil durch den Einsatz von Instanzen falsches Verhalten entstehen kann, ohne daß ein Laufzeitfehler auftritt, z.B. wenn von einem Programm erwartet wird, daß es einen mobilen Förderer losfahren läßt. Das Programm könnte zwar mit Instanzen der Klasse `regalbediengeraet` ohne Abbruch ablaufen, sich aber strikt weigern, dieses Gerät auch wirklich in Bewegung zu setzen. Diesen Verhaltensaspekt will die zweite Definition miteinbeziehen.

Intuitiv sollte man der zweiten Definition zustimmen. Während die erste Definition aber durch den Ablauf der Programme geprüft werden kann, fehlt im zweiten Fall eine handhabbare Formulierung von „Verhalten".

Formalisierung der Subtypbeziehung

Die Formalisierung eines Typs und damit auch des Verhaltens haben wir am Beispiel der algebraischen Spezifikation eines abstrakten Datentyps in Kapitel 2.1.2 kennengelernt. Damit ist die Grundidee für die Formalisierung der Subtypbeziehung gegeben: Auf der Basis von Spezifikationen zweier Typen sind in der Spezifikationssprache Regeln anzugeben, nach denen der eine Typ ein Subtyp des anderen ist.

Die gesuchte Formalisierung betrifft zunächst die allgemeinen Spezialisierungsregeln, nach der ein Subtyp entweder

- mit mehr Operationen oder mehr „Zustand" ausgestattet ist,

- oder eine Einschränkung des Obertyps darstellt.

Diese Regeln reichen noch nicht aus. Beispiele lassen sich vor allem in Bereichen finden, wo einzelne Operationen voneinander abhängig sind. Etwa wenn eine spezielle Liste realisiert werden soll, in die nur Werte eingetragen, aber keine Werte gelöscht werden sollen. Eine Erweiterung dieses Typs um eine zusätzliche Löschoperation wäre dann kein Subtyp mehr.

Bei der algebraischen Spezifikation des Typs Liste könnte allerdings durch Axiome ausgedrückt werden, daß die Anzahl der Listenelemente niemals kleiner werden darf. Jetzt müßte nur noch zusätzlich beschrieben werden, wie man die Axiome an den Subtyp weitergibt.

[America 91] hat eine derartig umfassende Formalisierung der Subtypbeziehung erarbeitet. Im Hinblick auf die Beziehung zu Subklassenbeziehungen findet sich dort aber ein Wermutstropfen: [America 91] sieht keine direkte Möglichkeit, diese Formalisierung in eine automatische Überprüfung in einer Programmiersprache umzusetzen. Genauso wie [America 91] bleibt auch der entsprechende Vorschlag von [Liskov 93] ganz auf der Typebene.

Beide beschreiben in ihren Formalismen die Axiome der algebraischen Spezifikation durch *Zusicherungen (assertions)*. Zusicherungen können *Vorbedingungen (Preconditions)* beschreiben, unter denen ein Operator korrekt arbeitet. Oder *Nachbedingungen (Postconditions)*, die den Bereich der Werte angeben, in denen das Ergebnis eines Operators liegt, der mit Werten entsprechend den Vorbedingungen aufgerufen wird. Weiter gibt es *Invarianten*, die bei der Ausführung von einem oder mehreren Operatoren immer gleich bleiben. Hier läßt sich etwa angeben, daß das Ergebnis von X + Y in allen Fällen = 10 ist oder daß kein Listenelement durch einen Operatoraufruf entfernt werden darf.

Abgrenzung der Subtypproblematik zum schlechten Entwurf

Wenn eine Subklasse einen Subtyp ihrer Oberklasse implementiert, kann man daraus nicht folgern, daß die Subklasse in einer Is-a-Beziehung zu ihrer Oberklasse steht.

Sehen wir uns das angesprochene Beispiel für einen schlechten Entwurf an, in dem eine Teleskopgabel-Klasse als Oberklasse von Regalbediengeräten und Verteilwagen verwendet wird. Im Fall der multiplen Vererbung könnte man als Zugabe auch noch eine gemeinsame Warnlampe als Oberklasse beider Gerätetypen implementieren.

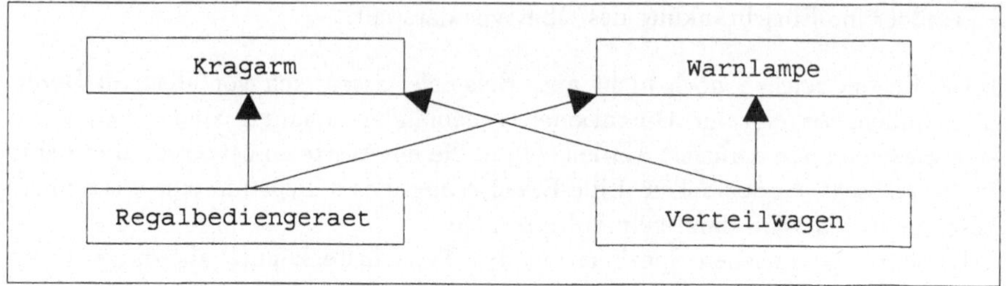

Bild 2.5 Falsche Klassenhierarchie

Solcher Unfug verhindert nicht, daß die Subklassen als korrekte Subtypen implementiert werden können. Letztlich ist das auch verständlich, denn weder die Programmiersprache noch der Formalismus zur Sicherstellung der Subtypbeziehung verfügen über Hintergrundwissen aus der Problemwelt.

Das Regalbediengerät *ist* aber keine Lampe, d.h. eine Subtyp-Beziehung muß keine Is-a-Beziehung sein. [LaLonde 91] hat einen ganzen Artikel diesem Unterschied zwischen einer Subklassen-, einer Subtyp- und einer Is-a-Beziehung gewidmet. Die Beweisführung in dem Artikel ist allerdings nicht sehr ergiebig, da [LaLonde 91] einen sehr unscharfen Typbegriff verwendet und dem eine intuitive Vorstellung von einer Is-a-Beziehung gegenüberstellt.

2.4.3 Hilfen durch die Programmiersprache

Verfügbare Subtypformalisierungen nützen dem Entwickler wenig, wenn er zum Nachweis der Subtypeigenschaft seine Klassen aus einer Programmiersprache erst noch in diesen Formalismus übertragen muß. Gesucht sind praktikable Lösungen. Also: Welche Unterstützung kann die Programmiersprache geben?

Typregeln bei Neudefinitionen

Die Subtypprobleme bei der Neudefinition von Prozeduren und Variablen sind schon lange bekannt. Häufig wird in diesem Zusammenhang auf die Arbeit von [Cardelli 84] verwiesen, der früh schon die Zusammenhänge zwischen Vererbung, Datentypen und Polymorphismus auf einer formalen Basis dargestellt hat.

Wesentliches Gegenmittel ist das Einhalten der Spezialisierungsregeln. Beispielsweise folgt aus diesen Regeln, daß der Typ des Rückgabewerts einer neudefinierten Funktion nur derselbe Typ oder ein Subtyp der ursprünglichen Prozedur sein darf. Durch diese Regel ist gesichert, daß alle Prozeduren, die den Typ des Rückgabewerts der ursprünglichen Funktion aktzeptieren konnten, dies auch bei der neudefinierten Funktion können.

Die Realisierung dieser Regeln ist in den einzelnen Programmiersprachen unterschiedlich. Smalltalk verbietet beispielsweise die Redefinition von Variablen und erlaubt diejenige der Prozeduren. Da Smalltalk nicht typisiert ist, liegt es bei den Prozeduren in der Verantwortung des Entwicklers, die Spezialisierungsregeln einzuhalten. Eiffel dagegen widmet der Typsicherheit große Aufmerksamkeit und überwacht ausgefeilte Redefinitionsregeln für Variablen und Prozeduren.

Zusicherungen

Zusicherungen wurden schon als Hilfsmittel zur formalen Darstellung einer Subtypbeziehung vorgestellt. Der Versuch liegt nahe, sie in eine Programmiersprache einzuarbeiten, um dadurch „vor Ort" den Gehalt der Axiome der algebraischen Spezifikation einzubringen.

Zusicherungen wurden tatsächlich in verschiedene Programmiersprachen aufgenommen. Überall sind aber Einbußen in der Ausdrucksmächtigkeit zu finden. In einer formalen Sprache, wie sie für die algebraische Spezifikation verwendet wird, können nämlich Ausdrücke stehen, die in einer Programmiersprache entweder nicht oder zumindest nicht in einer akzeptablen Zeit ausgewertet werden können. Ähnliches gilt für die Prüfung der Beziehungen zwischen den Zusicherungen von Klasse und Subklasse auf das Einhalten von Subtypregeln.

Das klingt schlechter als es in Wirklichkeit ist. Man muß sich vor Augen halten, daß die Hauptarbeit des Entwicklers darin besteht, die *richtigen* Zusicherungen festzustellen. Und dies bei Klassen von wesentlich größerer Komplexität, als es das Beispiel der Menge in Kapitel 2.1.2 gewesen ist. Insofern sind vereinfachte Formen von Zusicherungen durchaus akzeptabel. Die Kontrolle der Subtypbedingungen ist in diesen einfachen Formen dann der kleinste Teil der Arbeit.

Eine Beispiel für eine programmiersprachliche Zusicherung ist

```
0 < gasse < 10,
```

die sicherstellen soll, daß sich die `gasse` in der vom realen Lager gegebenen Grenze

bewegt. Ähnlich wie hier werden in Zusicherungen normalerweise keine komplizierten Berechnungen ausgeführt, sie enthalten eher einfache Ausdrücke, die durch
logische Verknüpfungen verbunden sind.

Die Unterscheidung zwischen Vorbedingungen, Nachbedingungen und Invarianten wird auch bei den programmiersprachlichen Konstrukten beibehalten. Vor-
und Nachbedingungen stehen am Anfang bzw. Ende einer Prozedur, die Überprüfungen auf ihre Einhaltung finden beim Eintritt bzw. beim Verlassen der Prozedur statt. Mit Invarianten können wieder Beziehungen zwischen Programmteilen dargestellt werden. Ihre Überprüfung findet in der Regel nach jedem Aufruf einer Prozedur der Klasse statt. Sinnvollerweise können die Prüfungen durch
Übersetzeroptionen ein- und ausgeschaltet werden. Dadurch spart man sich bei
ausgetesteten Programmen den zusätzlichen Aufwand.

Neben Vorteilen bei der Überprüfung von Subtypeigenschaften bilden Zusicherungen ein wertvolles Hilfsmittel für den Test und die Dokumentation. Im
Fall der Dokumentation wird durch die Programmeinbindung das übliche Aus-
einanderlaufen mit der Softwareentwicklung verhindert. Außerdem kann mit den
Beschreibungen eine Arbeitsteilung vereinbart werden (*Design by Contract*): Der
Kunde einer Prozedur garantiert den Aufruf mit Werten gemäß der Vorbedingung, die Prozedur gewährleistet dafür Ergebnisse gemäß der Nachbedingung.

Eiffel enthält als einzige der später behandelten Sprachen Zusicherungen im
Sprachumfang. C++ unterstützt zwar wie C durch ein Makro die Erstellung von
Zusicherungen, sie gehören aber (noch) nicht zur Sprache und es gibt daher keine
Vorgaben über ihren Sinn und ihre Verwendung bei der Vererbung.

Trennung der Vererbung von der Subtypisierung

Bei all den Problemen durch die Verknüpfung von Subklassen und Subtypen,
sollte man da nicht besser die Subtyphierarchie von der Vererbung der Implementierung trennen? Auch dieser Gedanke wurde schon in mehreren Sprachen
verfolgt. [Porter 92] etwa entwirft eine derartige Programmiersprache *(Portlan-
dia)*. In ihr können einerseits Typen beschrieben werden:

```
type hrl_platz
 signature
   neue_werte_setzen(int egasse,int elaenge,int eseite,int ehoehe)
   addition(hrl_platz wert1, hrl_platz wert2)
endType
```

Getrennt davon wird eine Implementierung erstellt, die genau einem Typ zugeordnet wird und für diesen Typ alle Prozeduren bereithält.

```
implementation PlatzImpl of hrl_platz
 fields
   int gasse, laenge, seite, hoehe;
 methods
   neue_werte_setzen(int egasse,int elaenge,int eseite,int ehoehe)
   ...
   addition(hrl_platz wert1, hrl_platz wert2)
   ...
endImplementation
```

Zum Typ können Supertypen, zu der Implementierung „Superimplementierung-
en" angegeben werden. Die Entkoppelung der Typhierarchie von der Implemen-
tierungshierarchie führt dazu, daß die Implementierung des Subtyps sich ganz
von derjenigen des Obertyps unterscheiden kann.

Der zusätzliche Freiheitsgrad erfordert zusätzliche Werkzeuge für den Entwickler, um seine Implementierungen den Typen zuordnen zu können. Außerdem wird
mehr Wissen über die Zusammenhänge zwischen Subtyp und Vererbung notwendig, als dies für die Arbeit mit gängigen Sprachen der Fall wäre, denn auch hier
bleibt dem Entwickler die Verantwortung für eine zum Subtyp passende Implementierung.

2.5 Module, verteilte Objekte und Wiederverwendung

Die Beziehung von Vererbung und Subtypen erläutert den Hintergrund zahlreicher Vererbungsregeln und bildet eine Richtschnur bei der Realisierung von Subklassen. Aus dem praktischen Einsatz der Vererbung ergeben sich weitere Regeln
und Hinweise; wir wollen diese Aspekte durch einen Vergleich mit dem Modulkonzept und einen Blick auf die Wiederverwendung kennenlernen.

Die zahlreichen Neuerungen durch die Vererbung im Vergleich zur früheren
imperativen Programmierung mögen nicht den Gedanken nahelegen, daß man
sich auf diesem frisch erworbenen Wissen ausruhen soll. Dem steht eine Dynamik
gegenüber, die mit den Problemen beim Austausch von verteilten Objekten kurz
veranschaulicht werden wird.

2.5.1　Klassen und Vererbung versus Module

Die Vorteile des Modulkonzepts sind inzwischen allgemein anerkannt. Klassen
werden deshalb oft den Modulen gleichgesetzt oder sogar als bessere Module bezeichnet, um damit auszudrücken, daß Klassen gegenüber Modulen nichts verloren, sondern nur dazugewonnen haben. Während ein Modul aber eine abgeschlossene Einheit bildet, bewirkt die Vererbung eine Verteilung des Programmtextes
über mehrere Klassen.

Eine andere Art von Lokalität

Ein Ergebnis der Verteilung ist eine andere Art von Lokalität. Tut etwa ein Modul
nicht, was es eigentlich soll, ist im eng begrenzten Bereich des Moduls die Ursache
zu suchen. Wird ein Programm geändert, kann es Modul für Modul überarbeitet
werden. Tut die Klasse dagegen nicht, was sie soll, sind auch die ererbten Teile
aus den Oberklassen zu kontrollieren. Soll im Rahmen einer Programmänderung
die Implementierung einer Klasse geändert werden, müssen eventuell auch die
Unterklassen geändert werden.

Durch die Ansammlung von Variablen und Prozeduren sind Module vergleichsweise groß, Klassen durch die Verteilung des Programmtextes eher klein. Auch bei
den Prozeduren von Modulen und Klassen besteht dieser Unterschied. Durch das
„tue dies mit diesem Objekt" verbunden mit Konzepten wie dem dynamischen
Binden sind Prozeduren von Klassen kleiner. Kleinere Prozeduren und Klassen
sind wegen der besseren Übersichtlichkeit nicht unerwünscht.

Es gilt auch für die Klassen eine Art von Lokalität, und zwar das „one fact at
one place", etwa wenn eine an vielen Stellen benötigte Variable oder Prozedur an
genau einer Stelle implementiert und dann vererbt wird.

Die unterschiedlichen Arten von Lokalität haben einen großen Einfluß auf die
notwendige *Entwicklungsumgebung*. In C beispielsweise entsprechen einem Modul
zwei Dateien. Eine davon enthält die Implementierung, die andere, die sogenannte *Header-Datei*, die Spezifikation. Eigentlich reicht zur Programmerstellung ein
Übersetzer, ein Drucker und ein einfacher Editor.

Im Fall der Klassen werden die Forderungen an die Entwicklungsumgebung
deutlich anspruchsvoller: Zu einer Klasse müssen die ererbten Merkmale inspiziert werden können. Die zahlreichen Vererbungs- und Kundenbeziehungen machen zudem während der Programmerstellung schnelle Wechsel zwischen Klassen

notwendig. Wertvolle Hilfsmittel sind weiter grafische Darstellungen der Klassenhierarchie und *Crossreferenzen*, die alle auf eine Klasse und ihre Subklassen zugreifenden Prozeduren auflisten.

Das Problem der Kapselung

Besonders vorteilhaft hat sich bei den Modulen die Kapselung und das Geheimnisprinzip erwiesen. Wie bei den Modulen kann bei den Klassen eine Schnittstelle zum Kunden beschrieben werden. Wenn nun die Implementierung der Klasse geändert wird, aber die Schnittstelle nach außen gleich bleibt, sollte die Außenwelt der Klasse, wie bei den Modulen, von der Änderung nicht betroffen sein.

Die Vererbung steht dem aber entgegen. Subklassen können nämlich, unter Umgehung der eigentlichen Klassenschnittstelle, geschützte Variablen und Prozeduren der Oberklasse verwenden. Durch die fehlende Kapselung müssen bei Änderungen alle Unterklassen auf derartige Zugriffe untersucht und eventuell überarbeitet werden.

Die Ähnlichkeit der Schnittstellenproblematik bei dem Erben wie beim Kunden sollte nicht verwundern: Es wurde schon erwähnt, daß die Vererbung auch mittels Nachrichtenversenden realisierbar ist. Das zeigt die Nähe beider Konzepte. Daraus folgt, daß die Modulschnittstelle nicht nur Vorbild für die Schnittstelle einer Klasse zum Kunden, sondern auch zu den Subklassen sein sollte.

Manchmal existieren Sprachmittel für eine derartig eingeschränkte Schnittstelle. Die Unterklasse erbt dann zwar eine private Variable, kann sie aber in neu erstellten Prozeduren nicht direkt ansprechen, sondern muß wie ein Kunde den Weg über eine festgelegte Schnittstelle gehen. In den Abschnitten über Simula und C++ werden wir derartige Möglichkeiten kennenlernen.

Speziell über den Zusammenhang zwischen Vererbung und der Möglichkeit zur Kapselung von Softwarekomponenten bietet [Snyder 87] eine ausführliche Darstellung. Da diese Schnittstellenproblematik nahe bei der Subtypdiskussion liegt, wird sie heute oft in Arbeiten aus diesem Umfeld weiter besprochen.

Das Problem mit Bezeichnern

Auch bei den Bezeichnern bewirkt die Vererbung, daß zwischen Klasse und Subklasse nicht dieselbe Unabhängigkeit wie zwischen zwei Modulen besteht. Dürfen nämlich zwei Module problemlos denselben internen Bezeichner einsetzen, kann die unabsichtliche Wiederholung eines Bezeichners der Oberklasse in einer Unterklasse fatale Auswirkungen haben. Bestenfalls führt dies zu einer Fehlermeldung des Übersetzers, im ungünstigsten Fall zu einer Neudefinition.

Ähnliche Situationen entstehen bei der multiplen Vererbung: Man stelle sich zwei unterschiedliche Funktionen mit demselben Bezeichner vor, wobei jede Funktion einer eigenen Klassenhierarchie zugeordnet ist. Durch Aufgabenüberschneidungen in den verschiedenen Klassenbibliotheken kann dieser Fall leicht eintreten (also z.B. `drucke_aus` und Konsorten). Für eine von beiden Hierarchien erbende Klasse müssen dann Konfliktlösungsmechanismen gefunden und eingesetzt werden.

2.5.2 Wiederverwendung

Vererbung gilt als *die* Schlüsseltechnik für die Wiederverwendung von Software. Die Wichtigkeit dieses Aspekts zeigt eine Umfrage der *Object Management Group (OMG)*, einer Organisation von Anbietern objektorientierter Systeme: Die Wiederverwendbarkeit wird als der Hauptvorteil der objektorientierten Programmierung angesehen.

Vererbungsregeln

Um den Vorteil möglichst weit auszunutzen, wird man zunächst versucht sein, bei der Vielgestaltigkeit der Vererbungsregeln nach der besten Regelkombination oder einfach nach der besten geeigneten objektorientierten Sprache zu fragen.

Derartige Feststellungen gibt es aber bislang noch nicht. Eine seltene Ausnahme stellen die generischen Klassen (s. Kapitel 2.2.1) dar. Deren Vorteile für die Wiederverwendung bei typisierten Sprachen sind allgemein anerkannt, nicht zuletzt deshalb, weil das bekannte C++ diese Möglichkeit in frühen Versionen nicht bot und daher umständliche „work-arounds" zur Erstellung von Container-Klassen notwendig wurden.

Anderes ist umstritten, z.B. die häufig als großes Plus für die Wiederverwendung dargestellte multiple Vererbung. Ihre Vorteile schienen durch eine zunehmende Verbreitung in der zweiten Hälfte der 80er Jahre bestätigt zu werden, beispielsweise wurde C++ in dieser Zeit von der einfachen auf die multiple Vererbung umgestellt.

Der multiplen Vererbung wird aber entgegengehalten, daß die Klassenstruktur schnell unübersichtlich wird. Im Beispiel mit der Teleskopgabel und der Lampe aus Kapitel 2.5 war zu sehen, daß die multiple Vererbung das unkritische Knüpfen neuer Vererbungsbeziehungen erleichtert. Die einfache Vererbung zwingt zu mehr Disziplin und derartige Entwurfsfehler fallen schneller auf. Außerdem gibt es nach Ansicht ihrer Vertreter kein Problem, das statt mit multipler nicht auch mit einfacher Vererbung lösbar wäre. Der gegenwärtige Erfolg der nur mit einfacher Vererbung ausgestatteten Sprache Smalltalk scheint auch diese Sicht zu bestätigen.

Statt nur vorhandene Vererbungsregeln zu bewerten, kann man aber auch nach neuen, zusätzlichen Mechanismen die Wiederverwendbarkeit fragen. [Hoelzle 93] geht diesen Weg, in dem er auf grundsätzliche Schwachpunkte der gegenwärtigen Sprachmittel in bestimmten Situationen zeigt. Ein Beispiel ist die Eingliederung oder Änderung von Klassen in einer Bibliothek, dort sollen Regeln für eine dynamischere Klassenhierarchie Typänderungen oder das Einfügen zusätzlicher Methoden an beliebiger Stelle der Hierarchie erleichtern.

Weiter läßt sich versuchen, über die Grenzen der objektorientierten Programmierung hinweg die geeigneten Möglichkeiten der Wiederverwendung herauszuarbeiten und die Vererbung in diesem Rahmen zu sehen. [Kueffmann 94] stellt eine derartige Arbeit dar.

Entwicklungsumgebung

Häufig sind zusammen mit dem Sprachübersetzer oder -interpretierer eine Entwicklungsumgebung und eine Klassenbibliothek im Lieferumfang enthalten. Idealerweise beruht zumindest der Kern der Klassenbibliothek auf einem Standard und wird damit zu einem Teil der Sprachdefinition. Dann kann relativ früh zu der für die Wiederverwendung günstigen Arbeitsweise des Verfeinerns und Modifizierens bestehender Klassen übergegangen werden, anstatt komplette Neuentwicklungen vorzunehmen.

Notwendig ist, daß der Entwickler die Möglichkeiten der vorhandenen Klassen kennt und zu nutzen weiß. Der Ausbildungsstand und die Erfahrung sind folglich hoch zu bewerten. Sprachen mit weitgehender Standardisierung verhindern, daß häufig genutzte Klassen wie etwa Listen oder Mengen sich von System zu System unterscheiden und immer wieder neu gelernt werden müssen. Reine objektorientierte Sprachen vermindern ebenfalls den Lernaufwand, da in den hybriden Sprachen wie etwa C++ neben dem objektorientierten auch der klassische imperative Teil beherrscht werden muß. Auch die psychologische Komponente ist bei Einsatz der Wiederverwendung von Belang, wie sie beispielsweise in einem gegebenen Arbeitsumfeld und unter Berücksichtigung der Entwicklererfahrung von [Rosson 93] untersucht wurde.

Administrative Maßnahmen

Sicher nicht grundlos wird häufig die Notwendigkeit einer *administrativen Unterstützung* für die Entwicklung von Klassenbibliotheken erwähnt. Solche Ziele müssen „von oben" gewollt und getragen werden.

Häufig steht nämlich nur das Projekt im Vordergrund. Eine projektübergreifende Klassenbibliothek ist zwar sinnvoll, aber oft schwer durchzusetzen. Als eine organisatorische Gegenmaßnahme ist die Benennung eines Bibliothekars für die Klassen zu empfehlen, der unternehmensweite Standards wie Namensregeln o.ä. entwickelt und überwacht. Außerdem muß frühzeitig und ausreichend budgetiert werden; es wurden sogar schon Prämien und Lizenzgebühren für die erfolgreiche Wiederverwendung vorgeschlagen, um eine entsprechende Motivation zu erreichen.

Notwendig ist auch ein Zwang zur ausführlichen und verständlichen Dokumentation der erstellten Klassen, in diesem Sinne unterstützen Sprachmittel wie die Zusicherungen die Wiederverwendung. Eine wohl etwas zu harte Forderung stammt von *Bjarne Stroustrup*, dem Entwickler von C++: Jeder, der eine Klassenbibliothek erstellt, sollte dazu verpflichtet werden, sie mindestens drei Jahre selbst zu benutzen!

Kauf von Klassenbibliotheken

Mitte der achtziger Jahre wurde ein Markt für den „Software IC" angekündigt. Die Idee war, neue Programme vorwiegend aus zusammengekauften Komponenten zu entwickeln. Überzeugende Vorteile der Komponenten sollte sein, daß sie durch häufige Verwendung sowohl preiswert als auch ausgetestet wären.

Für spezielle Probleme existiert aber ein derartiger Markt noch nicht. Ein breiteres Angebot geeigneter Klassenbibliotheken existiert bislang vorwiegend für *grafische Benutzerschnittstellen (GUI)* und *allgemeine Datenstrukturen*. Beim Kauf ist besonders auf die Kompatibilität mit den Sprachstandards zu achten.

C++ und Eiffel liefern genügend Beispiele für aktuelle Änderungen, die größere Teile einer Bibliothek veralten lassen können. Im Fall der GUI ist zudem die Kompatibilät mit den Oberflächen-Standards des betreffenden Rechner- und Betriebssystem-Umfelds relevant.

2.5.3 Verteilte Objekte

Immer mehr Firmen gehen zu verteilten Umgebungen aus miteinander vernetzten Personalcomputern und Rechnern mittlerer Größenordnung über. Dort entsteht eine Arbeitsteilung, wenn einzelne Rechner gemeinsame Aufgaben wie etwa die Verwaltung einer Datenbank übernehmen und dann in *Client/Server-Anwendungen* als *Server* Dienstleistungen für den *Client-Teil* der Anwendung erbringen.

Obwohl der Markt für Client/Server-Anwendungen blüht und Schlagworte wie der *Information Highway* große Zukunftsvisionen ausdrücken, bleibt noch vieles unausgelotet. Vor allem arbeitet man bislang ohne verbindliche Standards auf Anwendungsebene, geregelt ist nur das Protokoll, über das die Anwendungsteile kommunizieren. Die gemeinsame Ebene unterhalb der Anwendungsprogramme führt zu unterschiedlichen verteilten Systemen, die ihre Daten gegenseitig nicht verwenden können. Es liegt nahe, das objektorientierte Kommunikationsmodell auf Rechner und Anwendungen auszudehnen, um diese Manko zu beheben.

CORBA

Ein erster Schritt stellt die Spezifikation einer *Common Object Request Broker Architecture (CORBA)* durch die Object Management Group dar. Ziel ist ein Industriestandard für den Zugriff auf *Netzwerkobjekte* in verteilten Anwendungen.

Zentrales Kommunikationsinstrument in dem Objektmodell sind die *Requests*, sie bilden die Entsprechung zu den Nachrichten. Die angesprochenen Objekte verfügen wieder über Methoden, mit denen sie auf diese Nachrichten reagieren können. Ein *Object Request Broker (ORB)* stellt die Basis für diese Objektinteraktion bereit.

Der Nachrichtenaustausch soll zwischen Objekten in *heterogenen* Umgebungen sichergestellt werden, d.h. auch zwischen Anwendungsteilen, die in unterschiedlichen Sprachen programmiert worden sind. Notwendig wird deshalb eine gemeinsame Schnittstellenbeschreibung der über Requests ansprechbaren Objekte, dazu wird eine an C++ angelehnte Sprache verwendet.

Erste Implementierungen von CORBA zeigen, daß der Ansatz notwendig und praktikabel ist. Die gemeinsamen Schnittstellenbeschreibungen und heterogenen Umgebungen der Anwendungsteile lassen sich aber derzeit nur mit gewissen Einschränkungen erreichen. Ausgeklammert ist beispielsweise die Möglichkeit, ein unbekanntes Dienstleistungsobjekt, für das es im eigenen Anwendungsteil keine Klassendefinition gibt, zu übernehmen und nutzbar zu machen.

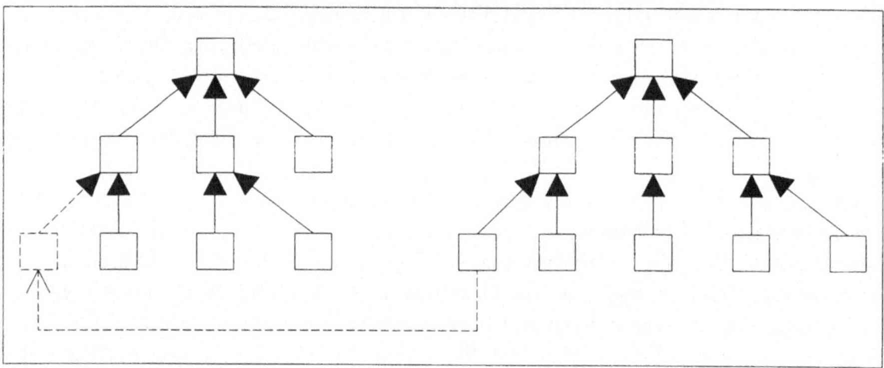

Bild 2.6 Migration von Objekten

Migration von Objekten

Die Übernahme erstreckt sich im einzelnen auf die Datenstruktur, die Daten selbst und das Verhalten. Datenstruktur und Verhalten werden durch die Klasse beschrieben, die sich wiederum über Vererbungsbeziehungen auf andere Klassen bezieht. Die Daten sind selbst wieder Objekte, auf die derselbe Prozeß angewandt werden muß.

Alles zu kopieren hat den Nachteil der Komplexität, außerdem müßten dann spätere Änderungen in allen Anwendungsteilen nachgezogen werden. D.h. entweder eine zentrale Instanz oder die Objekte selbst wissen von den Replikaten und stellen die Konsistenz sicher. Alternative zur Kopie ist die Referenz. Bei ihr werden weitere Daten und Operationen im Bedarfsfall am Ursprungsort abgeholt. Hier ist der Nachteil die Abhängigkeit von der Kommunikationsverbindung und die schlechtere Performanz.

Im Detail ergeben sich zahlreiche weitere Aspekte. Beispielsweise erleichtern gemeinsame Grundmengen von Klassen den Austausch von Objekten, da dann nur noch die Benutzerklassen zu verteilen sind. Anderseits dürfen in unterschiedlichen Anwendungen aber auch keine Klassen in unterschiedlichen Hierarchie-Anordnungen bestehen, da sonst Konflikte entstehen könnten.

[Nascimento 92] stellt die Problematik der Weitergabe eines Objekts in einer verteilten objektorientierten Umgebung ausführlicher dar. Das Themenheft der Zeitschrift *Objektspektrum* vom November/Dezember 1994 befaßt sich in mehreren Artikeln mit der Verteilung von Objekten.

2.6 Zusammenfassung

Zu Beginn des Kapitels wurde die Bedeutung der Typen und Module in der imperativen Programmierung herausgestellt. Grund war die Beziehung der Klassen zu beiden Konzepten — einerseits können jetzt eigene Typen beschrieben werden, anderseits übernehmen die Klassen die Rolle der Module.

Die Vererbung ermöglicht neuen Klassen, über Subklassenbeziehungen Variablen und Prozeduren von bestehenden Klassen zu übernehmen. Das Typ- und das Modulkonzept erfahren durch Subklassen eine Erweiterung: Subklassen sind als Subtypen verwendbar, zusammen mit dem dynamischen Binden kann nun objektorientiert programmiert werden. Gegenüber Modulen lassen sich neue Klassen schnell durch Verfeinerung und Modifizierung bestehender Klassen erstellen, das erhöht die Wiederverwendbarkeit der Software.

Den Vorteilen stehen in beiden Fällen Nachteile gegenüber: Eine Subklasse implementiert nicht automatisch einen Subtyp, deshalb können Typfehler zur Laufzeit entstehen. Gegenüber Modulen erweitern Subklassenbeziehungen die Schnittstelle einer Klasse zur Außenwelt, eigentlich müssen deshalb immer die Ober- und Unterklassen einer Klasse in die Betrachtung miteinbezogen werden.

Die Abwendung der Nachteile ist der Grund für die meisten Vererbungseinschränkungen, die sich allerdings sehr uneinheitlich in den einzelnen Sprachen niederschlagen. Dafür gibt es verschiedene Ursachen, etwa wenn ein untypisierter Sprachansatz mit einer anderen Sichtweise der Typfehlerproblematik gewählt wurde. Im Kern haben wir es aber mit einer Abwägungsproblematik zu tun: Damit die Vererbung nützlich ist, müssen ihr gewisse Freiheiten bleiben; hat sie diese Freiheiten, können durch die Regelungen auch manche Nachteile nicht ab-

gewendet werden. Ein Ergebnis ist, daß in den gängigen Sprachen mit Vererbung
Subtypprobleme entstehen können — wie wir später sehen werden, gilt das selbst
für die sehr um Typsicherheit bemühte Sprache Eiffel.

Ähnlich wie zwischen Subklassen und Subtypen konnten wir einen Unterschied
zwischen Subklassenbeziehung und Is-a-Beziehung feststellen: Die Is-a-Beziehung
muß ihre Plausibiltät in der Anwendungswelt unter Beweis stellen, die richtigen Is-
a-Beziehungen zwischen Klassen sind demnach essentiell für die Nützlichkeit und
häufige Verwendung einer Klassenbibliothek. Die Einhaltung dieser Beziehung bei
der Subklassenerstellung kann aber nicht durch den Rechner kontrolliert werden,
dafür muß der Entwickler durch den richtigen Entwurf selbst sorgen.

2.6.1 Einleitend genannte Ziele

Blicken wir zum Abschluß des Kapitels auf die einleitend genannten Ziele zurück:

Korrektheit: Die Vererbung unterstützt entscheidend die Wiederverwendung,
dadurch kann auf ausgetestete und erprobte Programme aufgesetzt werden. Mit
dem geringeren Anteil von echten Neuentwicklungen werden weniger neue Fehler
gemacht. Ein weiterer Vorteil für die Korrektheit sind die kleineren und einfacher
zu überblickende Testeinheiten, die durch die Vererbung bewirkt werden.

Nachteilig sind die möglichen Laufzeitfehler durch die Verletzung von Subtypbedingungen. Das erfordert besonders von Entwicklern mit imperativem Hintergrund ein Umdenken, da sie bislang von Typproblemen weitgehend verschont
blieben.

Ablaufgeschwindigkeit: Hinsichtlich der Ablaufgeschwindigkeit ist im Zu-
sammenhang mit der Vererbung vor allem die dynamischen Bindung im Gespräch.
Dabei handelt es sich um eine zusätzliche Indirektionsstufe, die in den meisten
Fällen nicht entscheidend sein sollte.

Ein größerer Zeitaufwand wird entstehen, wenn die Sprache Programmlösungen
mit intensiver Objekterzeugung und -löschung begünstigt. Hinzu kommen eventuell Laufzeitkosten für den Garbage Collector. Allerdings bietet auch eine solche
Sprache häufig ein befriedigendes Laufzeitverhalten, da es oft nicht auf besonders
hohen Durchsatz ankommt. Ausgiebige Optimierungsmöglichkeiten maschinenna-
her Sprachen können dagegen bei bedenkenlosem Einsatz sogar der objektorientierten Idee zuwiderlaufen und erhöhte Kosten in anderen Bereichen verursachen

(Komplexitätsbewältigung, Korrektheit, Entwicklungskosten und Wartbarkeit!).

Vorteile hinsichtlich der Ablaufgeschwindigkeit ergeben sich durch die Vererbung, wenn aufgrund der Wiederverwendung besonders effiziente Algorithmen eingesetzt werden, die man sonst nicht hätte verwenden können.

Komplexitätsbewältigung: Vererbung sorgt für eine bessere Strukturierbarkeit des Gesamtprogramms und damit für einen besseren Überblick. Die Übersichtlichkeit wird weiter dadurch gefördert, daß durch die Vererbung Klassen kleiner als die klassischen Module und die Prozeduren der Klassen kleiner als die Prozeduren der Module werden.

Entwicklungskosten: Die Wiederverwendung von Programmen senkt die Entwicklungskosten.

Wartbarkeit: In durch die Vererbung strukturierten Sammlungen von Klassen sollte idealerweise „one fact at one place" gelten. Das verbessert erheblich die Wartbarkeit, da Überarbeitungen nur an einer Stelle vorgenommen werden müssen und einfacher lokalisierbar sind.

Das wird durch die größere Übersichtlichkeit der Klassen und Prozeduren unterstützt. Ein weiterer Vorteil ergibt sich, wenn Zusicherungen verwendet wurden. Dadurch ist eine gute Dokumentation im Programmtext gegeben.

3 Programmiersprachen

Bislang wurden vorwiegend Teilaspekte der Vererbung herausgearbeitet und dabei häufig unterschiedliche Möglichkeiten von Vererbungsregeln festgestellt. Wir wollen nun einzelne Sprachen herausgreifen und die dort gewählten Lösungen im Zusammenspiel mit den anderen Konzepten betrachten. Die Sprachen sind in der Reihenfolge ihrer Entstehung geordnet. Beginnend mit *Simula*, welche als erste Sprache Klassen und Vererbung einführte, folgen dann die drei am meisten verwendeten Sprachen mit Vererbungskonzept, und zwar *Smalltalk*, *C++* und *Eiffel*.

3.1 Simula

1992 feierte das *Journal of Object-Oriented Programming* den 25ten „Geburtstag" von Simula mit einem Sonderdruck unter dem Titel *Happy 25th Anniversary Objekts!* als Beginn der objektorientierten Technologie. Wenngleich eine derartige Festlegung nicht unumstritten ist, hat Simula doch alle späteren Programmiersprachen mit Klassen- und Vererbungskonzept beeinflußt.

3.1.1 Entstehung von Simula

Die Vorgeschichte von Simula begann schon in den späten 40er und frühen 50er Jahren. Damals hatten sich *Kristen Nygaard* und *Ole-Johann Dahl* mit Aufgaben aus dem Bereich des Operation Research für den ersten norwegischen Nuklearreaktor zu beschäftigen.

Unter diesen Aufgaben waren auch von Hand durchzuführende Berechnungen für Simulationen enthalten. Nygaard und Dahl hatten aber beide den Eindruck, daß ihre Arbeit nicht der Komplexität der Aufgabe gerecht werden konnte. Es fehlte ein mächtiges und flexibles Hilfsmittel, um die Strukturen und Prozesse innerhalb des zu modellierenden Systems abzubilden.

Für Nygaard war diese Distanz zwischen den praktischen Anforderungen und der Wissenschaft ein grundsätzliches Problem. Seiner Meinung nach wurde zu sehr auf komplizierte mathematische Methoden gesetzt. Obwohl selbst Mathematiker, war er über diese Entwicklung unglücklich. Nygaard reagierte mit einem Wechsel zu dem Norwegischen Zentrum für Informatik und wurde Computerwissenschaftler. Sein Leitmotiv faßte er mit den Worten zusammen: „Programmieren heißt, zu verstehen". Das bedeutete für ihn nicht, daß Programmieren automatisch die Erleuchtung bringt, sondern, daß der Stand des Programms den Stand des Verständnisses widerspiegelt.

Dieses Verständnis soll schrittweise erlangbar sein, man muß mit seinem Computer-Modell spielen können und ein Gefühl dafür bekommen; man muß die Phänomene im Computer verstehen, um die richtigen Folgerungen für die Wirklichkeit erschließen zu können. Eine neue Programmiersprache bedeutete für Nygaard deshalb die Möglichkeit einer neuen Perspektive, einer neuen Art der Beschreibung und des Verstehens der Welt. Sein Ansatz wendete sich klar gegen eine Trennung in Analytiker, die die Problemstellung kennen und eine Lösung vorgeben, und in Programmierer, die diese Lösung realisieren.

Zu Nygaard stieß später noch *Bjørn Myhrhaug* und auch wieder Ronald Dahl. Zusammen entwickelten sie Simula, das Hilfsmittel, mit dem obige Anforderungen besser als zuvor realisierbar werden sollten.

3.1.2 Das imperative Erbe

Simula ist eine imperative Programmiersprache mit objektorientierten Erweiterungen. Zusätzlich verfügt diese Sprache noch über Erweiterungen speziell zur besseren Unterstützung von Modellerstellungen bei Simulationen, z.B. für die Beschreibung unterschiedlicher, gleichzeitig ablaufender Prozesse.

Die imperativen Teile hat Simula im wesentlichen von der Sprache Algol 60 „vererbt" bekommen. Schon bald nach Algol wurde 1962 als erste Version Simula 1 auf dem Treffen der *International Federation of Information Processing* in München vorgestellt. Allerdings noch ohne Klassen und Vererbung, die erschienen erst fünf Jahre später mit Simula 67. Mit dieser Version war dann die Sprache im wesentlichen festgelegt.

Aufgrund der imperativen Basis finden sich in Simula zunächst die in Kapitel 2.1 dargestellten Elemente wieder. Mit ihnen können gültige Programme erstellt werden, ohne die objektorientierten Erweiterungen zu verwenden. Folgendes Beispiel stellt ein Simula-Programm dar:

```
begin integer summe;
  integer procedure eingabe_integer
  begin
    outtext("Bitte geben Sie eine ganze Zahl ein: ");
    breakoutimage; inimage;
    eingabe_integer := inint;
  end;
  begin
    summe := eingabe_integer + eingabe_integer;
    outtext("Die Summe der beiden Zahlen ist ");
    outint(summe,0); outimage;
  end;
end;
```

Das Programm liest zwei ganze Zahlen von der Tastatur ein und gibt deren Summe am Bildschirm wieder aus. Es ist durch Blöcke strukturiert, die mit `begin` und `end` geklammert sind, und enthält die Prozedur `eingabe_integer`. Die Prozedur liefert einen Ergebniswert, dessen Typ im Beispiel mit `integer` angegeben wurde. Üblicherweise bezeichnet man diese Prozeduren als Funktionen, in Simula heißen sie *typisierte Prozeduren*. Die nicht typisierten Prozeduren werden wie normale Anweisungen in den Programmtext geschrieben, die typisierten Prozeduren werden wie im obigen Beispiel auf der rechten Seite von Zuweisungen eingesetzt.

3.1.3 Klassen in Simula

Eine Klasse stellt in Simula ein Muster für eine Menge gleichartiger Objekte dar. Die Klasse selbst ist *kein* Objekt. Die Klassenbeschreibung muß zum Zeitpunkt der Übersetzung vorhanden sein, die Objekte entstehen zur Laufzeit. Die Beschreibung einer Klasse erfolgt nach folgendem Schema:

```
class <Klassenname>
begin
  <Deklaration der Variablen>
  <Deklaration der Prozeduren>
  <Anweisungen>
end
```

Die deklarierten Variablen und Prozeduren beschreiben die Variablen, die für
jedes Objekt der Klasse angelegt werden, und die den Objekten zugeordneten
Prozeduren.

Aufallend ist der Anweisungsteil. Man vergleiche damit das Schema eines rein
imperativen Programms:

```
<Deklaration der globalen Variablen>
<Deklaration der Prozeduren>
<Anweisungen (Hauptprogramm)>
```

Der Anweisungsteil einer Klasse steht an der Stelle, wo sich im imperativen Pro-
gramm das Hauptprogramm befunden hat. Es handelt sich aber jetzt um einen
Konstruktor. Die Anweisungen werden immer dann ausgeführt, wenn ein neues
Klassenobjekt erzeugt wird.

Die Nähe von Konstruktor und Hauptprogramm im Erscheinungsbild geht in
den später behandelten Sprachen verloren. Dort werden die Konstruktoren durch
Prozeduren realisiert.

Erzeugung von Objekten

Variablen und Prozeduren der Objekte werden in Simula als *Attribute* bezeichnet. Die Objekte sind wieder die *Instanzen* ihrer Klasse. Die Erzeugung einer
Instanz muß — um die objektorientierte Terminologie zu verwenden — durch
eine Nachricht an die Klasse angestoßen werden:

```
new <Klassenname>
```

Daraufhin reserviert das System erst den notwendigen Speicherplatz für die Instanz. Dann werden eventuell vorhandene Befehle aus dem Anweisungsteil ausgeführt. Schließlich erhält der Nachrichtenversender noch einen Zeiger auf die neue
Instanz als Antwort. Um mit diesem Rückgabewert etwas anfangen zu können,
muß zuvor eine entsprechende Referenzvariable deklariert werden (Kommentare
werden in Simula durch ein einleitendes Ausrufezeichen markiert):

```
ref(<Klassenname>) <Variablenbezeichner>;    ! Variablendeklaration

<Variablenbezeichner> :- new <Klassenname>; ! Instanzerzeugung mit
                                             ! Referenz-Zuweisung
```

Eine Beispielklasse

Betrachten wir dies am Beispiel der Platzkoordinaten:

```
class hrl_platz
begin
  integer gasse, seite, hoehe, laenge;

  integer procedure werte_setzen(egasse, eseite, ehoehe, elaenge)
  integer egasse, eseite, ehoehe, elaenge;
  begin
    if egasse gt 10 then werte_setzen := -1;   ! Plausibilitaets-
    if ...                                      ! kontrollen

    gasse  := egasse;                           ! Zuweisungen
    seite  := eseite;
    laenge := elaenge;
    hoehe  := ehoehe;
    werte_setzen := 1;                          ! Alles o.k.
  end;

  begin
    ! Variablen initialisieren
    gasse  := 1;
    seite  := 1;
    laenge := 1;
    hoehe  := 1;
  end;
end;
```

Die Klasse enthält die Variablen zur Identifikation des Platzes und eine Prozedur
zum Setzen der Koordinatenwerte. Die Prozedur ist typisiert, um bei einer Verletzung der Plausibilätsbedingungen durch einen entsprechenden Rückgabewert den
Fehler anzeigen zu können. Im Anweisungsteil wird die neue Instanz mit einem
Standardwert belegt.

Mit der oben gezeigten Klassendeklaration kann eine Variable im Programm
deklariert, dann eine Instanz der Klasse erzeugt und schließlich die Instanz der

Variablen zugewiesen werden. Sichtbar wird wieder die unterschiedliche Syntax
für die Zuweisung von Referenzen (:-) und von Werten (:=).

```
ref(hrl_platz) platz1;                    ! Variablendeklaration

platz1 :- new(hrl_platz);                 ! Instanzerzeugung mit
                                          ! Zuweisung der Referenz
```

Durch die Zuweisung von **none** kann ausgedrückt werden, daß ein Zeiger nirgend-
wo hinweist. Ob zwei Zeiger auf dasselbe zeigen oder sich unterscheiden, kann
man mit **==** und **=/=** feststellen.

```
platz1 :- none;
if platz1 =/= none then ...
```

Der Zugriff auf eine Instanz kann im Programm verlorengehen, beispielsweise
wenn die einzige Referenz durch **none** oder einen Zeiger auf eine andere Instanz
überdeckt wird:

```
platz1 :- new(hrl_platz);
platz1 :- new(hrl_platz);
```

Um den Hauptspeicherplatz muß man sich in diesem Fall nicht sorgen. Die Auf-
räumarbeit übernimmt der Garbage Collector von Simula.

Zugriff auf die Attribute

Auf die Attribute kann vom Kunden einer Klasse auf zweierlei Weise direkt zugegriffen werden. Zum einen mit der sogenannten *Punkt-Notation* in der Form

```
<Name der Referenzvariablen>.<Attributname>
```

also z.B. durch

```
platz1.gasse := 27;
welche_seite := platz1.seite;
fehler_indikator := platz1.werte_setzen(1,2,3,4);
```

zum anderen mit dem `inspect`-Befehl, mit dem sich mehrere Zugriffe auf eine
Instanz zusammenfassen lassen:

```
inspect platz1 do
begin
  gasse := 27;
  welche_seite := seite;
  fehler_indikator := werte_setzen(1,2,3,4);
  platz2 :- this hrl_platz;
end;
```

Der im Beispiel verwendete Ausdruck `this <Klassen_Name>` weist der Variablen
`platz2` den Zeiger auf das inspizierte Objekt zu. Ein derartiger Ausdruck kann
außer in einer `inspect`-Anweisung auch innerhalb einer Klassendeklaration stehen. In diesem Fall liefert er einen Zeiger auf die gerade aktuelle Instanz der
Klasse.

Einschränkung des Zugriffs

Durch die `inspect`-Anweisung soll der Zugriff auf die Instanzen bequem und
harmonisch in das imperative Programm eingegliedert werden können. Gegenüber
der hier gezeigten Offenheit ist es in Simula aber auch möglich, Attribute vor dem
Kunden zu schützen. Hierzu müssen die Attribute in einer `protected`-Klausel am
Anfang der Klassenbeschreibung aufgeführt werden.

```
class hrl_platz
protected gasse, seite, hoehe, laenge;
begin
  ...                                   ! weiter wie oben
end;
```

Die Attribute sind jetzt für den Kunden unsichtbar, nur noch die Prozeduren und
der Anweisungsteil der Klasse `hrl_platz` selbst können diese Attribute verwenden.

Klassen mit Parametern

Um die Instanzen flexibler initialisieren zu können, können Klassen auch parametrisiert werden. Haupteinsatzgebiet ist die Belegung von Instanzvariablen oder die Dimensionierung von Reihungen wie im folgenden Beispiel:

```
class sammlung_hrl_platz(anzahl) integer anzahl;
begin
  ref(hrl_platz) array plaetze(1 : anzahl); ! Reihungsgroesse wird
                                             ! durch Parameter bestimmt
  begin                                      ! Anweisungsteil
    integer zaehler;
    for zaehler := 1 step 1 until anzahl do
    begin
      ...                                    ! Einlesen der
    end;                                     ! Platzreferenzen
  end;
end;
```

Der Typ des Parameters muß wie bei Prozeduren angegeben werden. Eine Instanz der Klasse wird dann unter Angabe eines Werts erzeugt, also etwa durch

```
new sammlung_hrl_platz(10);
```

Das zeigt den Unterschied von diesem Mechanismus gegenüber generischen Klassen: Dort können stattdessen Typen als Argumente übergeben werden.

3.1.4 Vererbung

In Simula muß eine Klasse keine Oberklasse haben. Soll eine Klasse in eine Hierarchie eingebunden werden, ist nur die Angabe einer Oberklasse möglich. Bei dieser *einfachen Vererbung* erbt die Unterklasse dann alle Attribute der Oberklasse.

```
class A;
begin
  <Deklarationen der Attribute von A>
  <Anweisungen von A>
end;
```

```
A class B;
begin
  <Deklarationen der Attribute von B>
  <Anweisungen von B>
end;
```

Das Beispiel zeigt das Schema für die Angabe der Oberklasse

```
<Oberklasse> class <Unterklasse>
```

In der Unterklasse werden dann zusätzliche Attribute definiert. Auch eine Redefinition der ererbten Attribute ist möglich. Das geschieht einfach durch die Verwendung der entsprechenden Variablen- und Prozedurnamen der Oberklasse als Bezeichner der neuen Variablen und Prozedurnamen in der Unterklasse.

Attribute verstecken

In Kapitel 2.5.1 wurde der Nutzen einer eingeschränkten Schnittstelle gegenüber der Subklasse erörtert. Eine derartige Möglichkeit bietet Simula mit der **hidden**-Klausel. Alle darin aufgeführten Attribute sind in den Unterklassen nicht direkt zugreifbar. Gilt etwa

```
class hrl_platz
hidden gasse, seite, hoehe, laenge;
begin
  ...
```

muß die Subklasse die Variablen mit der ererbten Prozedur **werte_setzen** belegen. Die mit **hidden** gekennzeichneten Attribute werden nur vor den Subklassen versteckt, vom Kunden sind sie zugreifbar. Um Attribute gleichzeitig vor beiden Zugriffsarten zu schützen, läßt sich **hidden** mit **protected** zu einer **hidden protected**-Klausel kombinieren.

Anweisungen

Die bei der Erzeugung einer neuen Instanz auszuführenden Anweisungen werden
ebenfalls an die Unterklasse vererbt. Zusätzlich können dort weitere Anweisungen angegeben werden. Die Idee ist, daß man mit den ererbten Anweisungen die
ererbten Teile initialisiert und mit den zusätzlichen Anweisungen der Unterklasse
die neu hinzugekommenen Attribute. Deshalb gilt die Regel, daß die Anweisungen hintereinander ausgeführt werden, zuerst die der Oberklasse, dann die der
Unterklasse.

Eine zweite Möglichkeit bietet sich mit dem Ausdruck **inner**. Steht er im Anweisungsteil der Oberklasse, wird der Anweisungsteil an dieser Stelle aufgespalten
und die Anweisungen der Unterklasse dazwischengefügt.

Stellt die Sequenz

```
begin
  <Anweisungen Oberklasse 1>
  inner
  <Anweisungen Oberklasse 2>
end
```

den Anweisungsblock der Oberklasse dar und

```
begin
  <Anweisungen Unterklasse>
end
```

die Anweisungen der Unterklasse, so ist die Programmablauf bei der Erzeugung
eines neuen Elementes der Unterklasse wie folgt:

```
<Anweisungen Oberklasse 1>
<Anweisungen Unterklasse>
<Anweisungen Oberklasse 2>
```

Parameter

Wenn die Attribute und Anweisungen vererbt werden, müssen natürlich auch
die Parameter einer Klasse vererbt werden. In der Unterklasse können weitere
Parameter deklariert werden.

```
class A (<Formale Parameter von A>);
<Spezifikation der formalen Parameter von A>
begin
  <Deklarationen der Attribute von A>
  <Anweisungen von A>
end;


A class B (<Formale Parameter von B>);
<Spezifikation der formalen Parameter von B>
begin
  <Deklarationen der Attribute von B>
  <Anweisungen von B>
end;
```

Bei der Erzeugung einer Instanz der Unterklasse muß dann für alle ererbten und für alle neu hinzugekommenen Parameter ein Wert übergeben werden.

```
new B(<Parameter von A>,<Parameter von B>);
```

Die Subklasse als Subtyp

Die Instanzen einer Klasse werden in Simula als Untermenge der Instanzen ihrer Oberklasse angesehen. Unter Verwendung des Beispiels aus dem Grundlagenteil

```
class mobiler_foerderer
begin
  <Deklarationen von Variablen und Prozeduren, Anweisungen>
end;


mobiler_foerderer class verteilwagen
begin <zusaetzliche Deklarationen und Anweisungen> end;


mobiler_foerderer class regalbediengeraet
begin <zusaetzliche Deklarationen und Anweisungen> end;
```

gilt demnach, daß ein Zeiger auf eine Instanz der Klasse `verteilwagen` einer als Referenz auf die Oberklasse `mobiler_foerderer` deklarierten Variablen zugewiesen werden kann:

```
ref(mobiler_foerderer) foerderer1;
foerderer1 :- new verteilwagen;
```

Dasselbe gilt auch für Prozeduren, deren Parameter als Referenz auf eine Klasse deklariert wurden; z.B. ist die

```
procedure beispiel(foerderer) ref(mobiler_foerderer) foerderer;
```

mit den beiden folgenden Aufrufen gültig:

```
beispiel(new mobiler_foerderer);
beispiel(new verteilwagen);
```

Der umgekehrte Fall, also die Deklaration mit der Klasse `verteilwagen` und die Zuweisung eines Objektes aus der Oberklasse `mobiler_foerderer`, ist selbstverständlich illegal.

Wohin gehört die Instanz?

Durch diese Zuweisungsmöglichkeiten kann man bei einer größeren Klassenhierarchie leicht die Übersicht verlieren, zu welcher Klasse die referierten Objekte eigentlich gehören. Hier helfen die folgenden Ausdrücke:

```
<Instanz-Referenz> in <Klassen-Name>
<Instanz-Referenz> is <Klassen-Name>
```

Im ersten Fall wird der Ausdruck wahr, wenn die Referenz auf eine Instanz zeigt, die entweder aus der angegebenen Klasse oder aus ihren direkten und indirekten Subklassen stammt. Mit `is` dagegen wird der Ausdruck nur wahr, wenn die Instanz genau aus der angegebenen Klasse stammt.

Außerdem kann der `inspect`-Befehl in der Form

```
inspect <Referenzausdruck>
   when <Klasse_1> do <Anweisungen_1>
   when <Klasse_2> do <Anweisungen_2>
   ...
   when <Klasse_n> do <Anweisungen_n>
   otherwise <Anweisungen_m>
```

die Arbeit erleichtern. Hierbei wird zunächst der Referenzausdruck ausgewertet; ist das Ergebnis eine Referenz auf eine Instanz oder eine Subklasse von <Klasse_1>, werden die <Anweisungen_1> ausgeführt. Jedes nicht mit protected geschützte Attribut von <Klasse_1> kann innerhalb der <Anweisungen_1> verwendet werden.

Ist das Ergebnis keine Referenz auf <Klasse_1> oder eine ihrer Subklassen, wird die Prüfung mit der <Klasse_2> fortgesetzt. Erfüllt der <Referenzausdruck> keine der Klassenklauseln, werden die Anweisungen nach otherwise ausgeführt.

3.1.5 Der Zugriff auf das richtige Attribut

Wenn einer Variablen eine Referenz auf eine Instanz der Subklasse zugewiesen wurde, stellt sich beim Zugriff auf redefinierte Attribute die Frage: Wird die ursprüngliche Version oder die Redefinition genommen?

Die statischen Grundlagen

Ohne weitere Angaben erfolgt eine statische Bindung bei der Übersetzung des Programms. Sei etwa die Prozedur fahre_nach in der Klasse mobiler_foerderer definiert und in den Klassen regalbediengeraet und verteilwagen entsprechend den spezifischen Anforderungen redefiniert worden, dann wird durch

```
ref(mobiler_foerderer) foerderer1;
foerderer1 :- new verteilwagen;
foerderer1.fahre_nach(mein_platz);
```

nicht fahre_nach aus der Klasse verteilwagen aufgerufen, sondern die Version der Klasse mobiler_foerderer. Wegen der statischen Bindung ist es deshalb auch notwendig, daß eine Prozedur fahre_nach in der Klasse mobiler_foerderer vorhanden ist, sonst beendet die obige Programmsequenz die Übersetzung mit einem Fehler. Ergänzen wir beispielsweise die Klasse verteilwagen durch eine Integer-Variable knk, um darin die Anzahl der Palettenbewegungen von Kommissionierplatz zu Kommissionierplatz festzuhalten, so hat die statische Bindung zur Folge, daß

```
ref(mobiler_foerderer) foerderer1;
...
foerderer1 :- new verteilwagen;
...
if foerderer1 is verteilwagen
  then outint(foerderer1.knk);
...
```

nicht übersetzt wird.

Daß im Programmtext eine Eingrenzung auf Instanzen von **verteilwagen** erfolgt, die ja alle mit der erforderlichen Variablen ausgestattet sind, ist völlig irrelevant. Denn es wird grundsätzlich nur die Referenzvariable betrachtet. Und diese Variable kann mit zwei Klassen verbunden sein:

- Der Klasse, die in der Deklaration der Variablen angegeben ist. Sie wird in Simula die sichtbare oder *statische Klasse* der Variablen genannt. Im Beispiel ist dies **mobiler_foerderer**, und diese Klasse enthält keine Variable **knk**.

- Der Klasse derjenigen Instanz, auf die der Inhalt der Variablen gerade zeigt. Sie wird die aktuelle oder *dynamische* Klasse der Variablen genannt. Diese zweite Klasse ist entweder gleich der statischen Klasse oder eine Unterklasse von ihr.

Diese beiden Klassen und damit die verbundenen Deklarationsmengen von Attributen stellen die Möglichkeiten dar, die Simula von sich aus dem Benutzer zur Verfügung stellen kann. Ohne weitere Anweisung wird die statische Variante verwendet.

Steuerung der statischen Bindung

Es gibt allerdings eine Form der statischen Bindung, bei der auch über eine Variable der Oberklasse auf Attribute der Unterklasse zugegriffen werden kann, die dort zusätzlich definiert oder überschrieben wurden. Zu diesem Zweck muß im Programm eine *qualifizierte Referenz* verwendet werden. Dies geschieht, indem man den Zugriff durch die Ergänzung

```
qua <Klassenname.Attributname>
```

genauer spezifiziert. Das obige Beispiel läßt sich so wie folgt berichtigen:

```
if foerderer1 is verteilwagen
  then outint(foerderer1.knk qua verteilwagen.knk);
```

Der Programmierer muß sicherstellen, daß die referierte Instanz zu der mit qua zitierten Klasse gehört. Ruft er irrtümlich mit qua zu einer Instanz der Oberklasse eine erst in der Unterklasse deklarierte Prozedur auf, erzeugt dies einen Fehler zur Laufzeit des Programms.

Die dynamische Lösung

Bislang basierten alle Lösungen auf der statischen Bindung. Zwar kann sich dadurch ein kleiner Zeitvorteil beim Programmablauf ergeben, aber gerade für die objektorientierte Programmierung wäre eine Lösung mittels is und qua extrem aufwendig und unhandlich.

Stattdessen kann man die Bindung an die dynamische Klasse vom System vornehmen lassen. Dazu muß man die Prozeduren auswählen, die dynamisch gebunden werden sollen, und sie in ihrer ursprünglichen Klasse als virtual erklären. Das geschieht in einer Klausel am Beginn einer Klassendeklaration:

```
class mobiler_foerderer
virtual: procedure fahr_nach;

begin
  <Deklarationen von Variablen und Prozeduren, Anweisungen>
end;
```

Durch die Deklaration weiß der Übersetzer, daß die Prozedur fahre_nach in Unterklassen der Klasse mobiler_foerderer redefiniert worden sein kann, und daß, wann immer fahre_nach mit einer Referenz aufgerufen wird, die Version aus der aktuellen Klasse verwendet werden muß.

Nun können wir zwei Variablen mit Zeigern auf ein Regalbediengerät und einen Verteilwagen belegen und dann die Prozedur fahre_nach aufrufen:

```
ref(mobiler_foerderer) foerderer1, foerderer2;

foerderer1 := new verteilwagen;
foerderer2 := new regalbediengeraet;

foerderer1.fahre_nach;
foerderer2.fahre_nach;
```

Polymorphismus ist jetzt realisiert: Im ersten Fall wird die Prozedur `fahre_nach` aus der Klasse `verteilwagen` und im zweiten Fall die Version aus der Klasse `regalbediengeraet` aufgerufen.

Es bleibt anzumerken, daß die Prozedur `fahre_nach` nicht unbedingt in der Klasse `mobiler_foerderer` vollständig beschrieben werden muß. Man braucht sie dort nur als `virtual` zu deklarieren, die jeweiligen unterschiedlichen Programmtexte können in den Klassen `verteilwagen` und `regalbediengeraet` realisiert werden. Das reicht in unserem Fall aus, da `mobiler_foerderer` eine *abstrakte Klasse* darstellen soll. Ein Aufruf der Prozedur mit einer Instanz der Klasse `mobiler_foerderer` würde sonst natürlich zu einem Laufzeitfehler führen. Allerdings ist es nicht möglich, die Klasse derart als abstrakt zu kennzeichnen, daß eine Instanzerzeugung vom System verhindert wird.

Nur der Entwickler garantiert die Subtypeigenschaft

In Kapitel 2.4 wurde schon dargestellt, wie Polymorphismus verbunden mit toleranten Überschreibungsregeln für die Attribute der Subklassen die Subtypeigenschaft kompromittieren kann. Die Voraussetzungen für derartige Verletzungen sind in Simula hinreichend vorhanden. Da auch keinerlei weitere Hilfsmittel wie Zusicherungen vorhanden sind, wird dem Entwickler mit der Sorge für die Subtypeigenschaft eine nicht geringe Last auferlegt.

Erschwert wird diese Aufgabe durch die Alternative zwischen statischer und dynamischer Bindung. Das bildet eine weitere Fehlerquelle. Außerdem muß die Entscheidung über die Art der Bindung schon früh in den Oberklassen fallen. Dieser Vorgriff auf die Unterklassen erschwert die Nutzung und die Erweiterung bestehender Klassenbibliotheken.

3.1.6   Entwicklungsumgebung

Als Simula 67 entstand, erfolgte die übliche Kommunikation mit dem Rechner
noch auf der Basis von Lochkarten und Druckausgabe. Wie das Kapitel 2.5.1
zeigte, sind derart eingeschränkte Möglichkeiten für den effektiven Einsatz von
Klassen und Vererbung besonders nachteilig. Weil damals eine angemessene Entwicklungsumgebung gefehlt hat, wird manchmal sogar angezweifelt, ob man mit
Simula 67 schon den Beginn der objektorientierten Programmierung sehen kann.

Simula-Übersetzer sind auch heute noch erhältlich, inzwischen sogar für Perso-
nal Computer und UNIX-Rechner. Die an die aktuellen Bedürfnisse angepaßten
Systeme sollten mit einer entsprechend modernen Entwicklungsumgebung ausgestattet sein.

Lob haben die früh mitgelieferten Klassen gefunden, die zusammen mit den
Sprachmitteln von Simula eine gute Grundlage für die Simulation liefern. Ein
weiterer Vorteil der Klassen ist ihre getrennte Übersetzbarkeit. Ein Beispiel wäre
eine Sammlung von allgemeinen Hilfsprogrammen:

```
class tool_box
begin
   integer procedure tool_1
     ...
   real procedure tool_2
     ...
end;
```

Im eigentlichen Programm kann diese Sammlung wie folgt bekanntgemacht und
dann wie eine normal deklarierte Klasse verwendet werden:

```
external class tool_box;
```

3.1.7   Bedeutung von Simula

Simula wurde seit seiner Entstehung immer nur von einer relativ geringen Zahl
von Entwicklern benutzt. Nygaard begründet dies mit einer schlechten Vermarktung durch die norwegische Forschungsbürokratie. Die frühen Implementierungen
auf UNIVAC- und IBM-Rechnern überforderten das Budget seiner Institution;
man versuchte deshalb die hohen Kosten durch hohe Preise für Simula-Compiler

wieder hereinzuholen. Auf der anderen Seite ist diese Programmiersprache damals von ihren Autoren gezielt für Simulationen entwickelt worden. Und sie wirkte in ihrer Beschreibung auch so, wie *Alan Kay*, ein Mitentwickler von Smalltalk, feststellte. Er fand die Dokumentation aufgrund der an Simulationen orientierten Ausdrucksweise schlicht unverständlich.

Obwohl die Anwendung von Simula immer relativ eingeschränkt geblieben ist, hat die Sprache einen sehr großen Einfluß gehabt. Wahrscheinlich sind alle objektorientierten Programmiersprachen in gewissem Sinne Abkömmlinge von Simula. Alan Kay hat trotz seiner Schwierigkeiten mit der Dokumentation von Simula schon recht früh diese Sprache kennengelernt und wurde von ihren Konzepten bei der Entwicklung von Smalltalk beeinflußt. Für *Bjarne Stroustroup*, den Schöpfer von C++, war eines der wichtigsten Ziele, die von Simula entwickelten Entwurfsideen in den von C dominierten Anwendungsgebieten verfügbar zu machen. *Bertrand Meyer* schließlich, der Eiffel entworfen hat, war zuvor im Vorstand der Simula-Benutzervereinigung. Eiffel war von ihm gedacht als eine Art Simula 85, gereinigt von unnötigem und erweitert um die Erkenntnisse von etwa zehn Jahren Arbeit mit Simula.

Überraschend ist, daß dem Klassenkonzept von Simula neben der Bedeutung für die objektorientierten Programmiersprachen ein großer Einfluß auf das Modulkonzept zugesprochen wird. Statt Klassen und Vererbung als „konsequente Weiterentwicklung" von Modulen zu bezeichnen, muß man zwei unterschiedlichen Entwicklungslinien nach Simula 67 feststellen:

- Die erste Linie übernimmt vom Klassenkonzept die Gedanken von abgeschlossenen Einheiten und getrennter Übersetzbarkeit, verzichtet dagegen auf Aspekte wie Vererbung und Instanziierung. Diese Linie setzt sich mit [Parnas 72] und Sprachen wie Ada und Modula fort.

- Die zweite Linie setzt ganz auf die objektorientierten Erweiterungen von Simula. Sinn und Zweck der Objektorientiertheit werden gedanklich durchdrungen und das Ergebnis in den Sprachmitteln niedergelegt. Das nächste Beispiel Smalltalk wird diesen Schritt belegen.

Wer sich mehr mit der damaligen Sichtweise beschäftigen will, der findet in [Birtwistle 73] einen Klassiker mit vielen Beispielen. Aktuellere Einführungen in die Sprache stellen [Kirkerud 89] und [Lamprecht 88] dar.

3.2 Smalltalk

Der Mythos von Smalltalk und die Gestalt gegenwärtiger Smalltalk-Systeme wurde im wesentlichen durch *Smalltalk-80* festgelegt, das 1980 nach fast zehnjähriger Entwicklung mit den Zwischenschritten Smalltalk-72, -74, -76 und -78 am *Xerox PARC (Palo-Alto-Research-Center)* entstand. Die hauptsächlichen Beiträge zu dieser Arbeit werden *Alan Kay*, *Adele Goldberg* und *Daniel Ingalls* zugesprochen.

Das 1981 in einem Sonderheft des *Byte-Magazine* ([Goldberg 81]) vorgestellte Smalltalk-80 wartete gleich mit mehreren revolutionären Neuerungen auf:

- Smalltalk stellte nicht nur eine Sprache, sondern ein ganzes Entwicklungssystem dar. Die Benutzerschnittstelle dieses Entwicklungssystems war aufsehenerregend für eine Zeit, die immer noch durch Lochkarten und Stapelverarbeitung bestimmt war: Mehrfache Fenster, die Verwendung einer Maus als Zeige-Instrument, Grafik-Symbole (*icons*) und die Integration von Grafik und Text.

- Der objektorientierte Ansatz von Simula wurde auf die gesamte Programmiersprache und auch die Entwicklungsumgebung ausgedehnt: Jede Systemkomponente ist ein Objekt, Zahlen oder Fenster genauso wie der Editor.

Das erforderte eine hohe Flexibilität; deshalb wurde das Klassenkonzept von Simula mit dem interpretativen und untypisierten Ansatz von Lisp verbunden. Durch die fehlende Typisierung verfolgt Smalltalk einen ausschließlich dynamischen Ansatz — ein wahlweises statisches Binden ist hier kein Thema.

3.2.1 Der objektorientierte Ansatz zur Beherrschung des Systems

Man sollte denken, daß die Einbeziehung der Entwicklungsumgebung zu einem schwerer erlernbaren Gesamtsystem führt. Es kommen ja sogar noch zusätzliche Aufgaben hinzu, da jetzt Systemkomponenten den persönlichen Bedürfnissen angepaßt werden können, die in vergleichbaren Systemen unveränderbar sind. Durch wenige und einheitliche objektorientierte Konzepte werden die umfangreichen Möglichkeiten aber handhabbar gemacht. Die Objektorientiertheit hat in Smalltalk deshalb neben den Vorteilen für die Programmentwicklung den Effekt, daß ihre durchgängige Verwendung die Beherrschung des Gesamtsystems vereinfacht.

In dem integrierenden Zusammenhang ist die in Kapitel 2.3 erwähnte neue Terminologie zu sehen, etwa die Bezeichnung einer Prozedur als *Methode* oder eines Prozeduraufrufs als *Nachricht.* Die Smalltalk-Begriffe bekommen nämlich jetzt eine andere Qualität, die Beibehaltung ihrer Äquivalente aus den imperativen Programmiersprachen würde eher zu Mißverständnissen führen: eine Nachricht kann eben nicht nur als Prozeduraufruf im Programmtext stehen, sondern auch interaktiv mit der Tastatur eingegeben werden und zu einem neuen Fenster auf dem Bildschirm führen.

Nachrichten an Objekte

Das ganze System wird durch das Objekt-Nachrichten-Schema verbunden. Mit der Nachricht kann das angesprochene Objekt angeregt werden, seinen Zustand zu ändern oder selbst weitere Nachrichten zu versenden. Der Absender der Nachricht erhält ein Objekt als Rückgabewert. Eine Antwort wird in jedem Fall zurückgesandt, auch wenn beim angesprochenen Objekt gar keine der Nachricht entsprechende Methode bekannt ist: Ergebnis ist in diesem Fall eine Fehlermeldung.

Man kann einem Objekt drei Arten von Nachrichten schicken, und zwar

- unäre Nachrichten,

- binäre Nachrichten,

- und Schlüsselwort-Nachrichten.

Eine unäre Nachrichten ist z.B.

```
platz1 initialisieren
```

bei der dem Objekt `platz1` die Nachricht `initialisieren` geschickt wird, also eine Nachricht ohne Parameter. (Die deutschen Bezeichner werden zur besseren Verständlichkeit in den Beispielen weiterverwendet, zur Erleichterung der internationalen Kommunikation sollten diese nach Smalltalk-Konvention eigentlich englisch gehalten sein.)

Binäre Nachrichten sind Nachrichten mit bestimmten festgelegten Zeichen oder Zeichenkombinationen aus zwei bestimmten Zeichen, z.B. +, -, * oder ==. Mit einer binären Nachricht lassen sich Additionen wie 5 + 5 in der gewohnten Weise ausdrücken.

Es können auch mehrere Nachrichten gleichzeitig abgeschickt werden, wobei
der Rückgabewert der zuerst abgearbeiteten Nachricht in die nächste Nachricht
eingetragen wird, z.B.

```
5 + 5 * 7
```

die Abarbeitungsregel ist übrigens nicht „Punkt vor Strich", sondern „von links
nach rechts".

Schlüsselwort-Nachrichten setzen sich aus einem oder mehreren Worten zusammen, die jeweils mit einem Doppelpunkt abschließen. Der Doppelpunkt zeigt an,
daß als nächstes ein Objekt als Parameter folgt. Ein Beispiel ist:

```
regalbediengeraet1 fahrNach: naechstemPlatz
```

Wenn die drei Nachrichtenarten gemischt gesendet werden, haben unäre Nachrichten die höchste und Schlüsselwort-Nachrichten die niederste Priorität.

```
1 + 2 squared
```

addiert demnach 1 zu dem Quadrat von 2. Durch Klammerung kann man diese
Vorrangregel aufheben.

Beschreibung der Objekte durch Klassen

Klassen legen die Variablen fest, mit denen der Zustand eines Objekts ausgedrückt werden kann, und beschreiben die Methoden, mit denen das Objekt auf
eine bestimmte Nachricht reagieren kann. Gleichartige Objekte sind wieder durch
dieselben Variablen und Methoden gekennzeichnet und gehören deshalb auch zu
derselben Klasse.

Mit dem Smalltalk-System erhält man je nach Version und Hersteller zwischen
220 und 650 solcher Klassen ausgeliefert. Alle Klassen sind in einer einzigen Hierarchie angeordnet. Die oberste Klasse der Hierarchie heißt Object; sie ist die
einzige Klasse, die keine Oberklasse hat. Für alle anderen Klassen ist die Angabe
von genau einer Oberklasse obligatorisch.

Die Programmentwicklung geschieht durch die Nutzung und Anpassung bestehender Klassen und die Erweiterung der Hierarchie durch das Hinzufügen neuer
Klassen. Verbunden mit den einfachen Sprachkonzepten wird Smalltalk damit
zu einem Paradebeispiel für die in Kapitel 2.5.2 angesprochene Verlagerung des
notwendigen Lernaufwands von der Sprache im engeren Sinn auf die Klassenbibliothek.

Verschiedenartige Variablen

Sehen wir uns eine Klasse anhand einer Implementation von `HrlPlatz` an.

```
Object subclass:#HrlPlatz
instanceVariableNames 'gasse seite laenge hoehe'
classVariableNames ''
poolDictionaries '' !


! HrlPlatz class methods! !


! HrlPlatz methods !


werteSetzen: aGasse seite: aSeite hoehe: aHoehe laenge: aLaenge
"Hier steht ein Kommentar zum Zweck der Methode werteSetzen"
  aGasse > 10 ifTrue:[^-1].
  ...
  gasse := aGasse.
  seite := aSeite.
  hoehe := aHoehe.
  laenge := aLange.
  ^1. !
```

Erkennbar sind Abschnitte für drei unterschiedliche Arten von Variablen. Die
Instanzvariablen werden für jede erzeugte Instanz neu angelegt, die Klassenvariablen nur einmal für alle Instanzen der Klasse gemeinsam.

Auf die Klassen- und Instanzvariablen kann von außerhalb der Klasse nur über
die Methoden der Klasse zugegriffen werden, ihr Gültigkeitsbereich beschränkt
sich demnach auch auf die Klasse bzw. die Instanz. Sollen Variablen über Klassen-
grenzen hinweg verfügbar gemacht werden, ist deshalb eine weitere Art notwendig,
nämlich die *Poolvariablen*.

Inhalt der Variablen ist in der Regel ein Zeiger auf ein Objekt; eine Ausnahme
bilden Objekte der Klasse `SmallInteger`, die direkt zugewiesen werden können.
Die Variablen sind nicht typisiert, sie können also während ihrer Existenz Zeiger
auf Objekte der unterschiedlichsten Klassen enthalten. Ein besonderer Mechanismus für die Realisierung von generischen Klassen ist deshalb in Smalltalk nicht
notwendig.

Besonders gut kommt der Vorteil der untypisierten Variablen bei den im Lieferumfang von Smalltalk enthaltenen *Container-Klassen* zur Geltung. Sie haben ja ihren Namen daher, daß sie Objekte von anderen Klassen beinhalten. Beispiele sind Listen oder Bäume, also häufig benötigte Datenstrukturen.

Verschiedenartige Methoden

Ähnlich wie bei den Variablen wird zwischen Methoden unterschieden, mit denen die Instanzen auf Botschaften reagieren können, und denjenigen, die den Nachrichten an die Klasse zugeordnet sind.

Bislang haben wir den Aufruf von Konstruktoren zum Erzeugen neuer Instanzen als Nachrichten an die Klasse kennengelernt. In Smalltalk heißt die dafür vordefinierte Methode **new**. Zusätzlich zur Instanzerzeugung werden die Klassenmethoden vor allem für die Manipulation der Klassenvariablen benötigt. Außerdem stehen ererbte Klassenmethoden aus den Systemklassen zur Verfügung, durch die jede Klasse Botschaften wie **allSuperclasses** oder **allSubclasses** versteht, mit denen ihre Ober- und Unterklassen festgestellt werden können. Eine Destruktor-Methode zum Löschen von Objekten ist wie in Simula nicht notwendig, da auch Smalltalk über eine automatische Speicherbereinigung verfügt.

Mit den Klassenmethoden kann nicht auf die Variablen der Instanzen zugegriffen werden, umgekehrt haben die Instanzmethoden aber ungehinderten Zugang zu den Klassenvariablen. Während die Manipulation der Variablen immer indirekt über die Methoden erfolgen muß, können die Methoden selbst nicht vor einem Zugriff geschützt werden. Methoden, die lediglich für den internen Gebrauch bestimmt sind, lassen sich lediglich mit einem Kommentar kennzeichnen.

Auffällig ist auch die Schreibweise von Klassen, Variablen und Methoden. Die Groß- bzw. Kleinschreibung der Anfangsbuchstaben ist durch die Sprache vorgegeben: Klassennamen und Klassenvariablen werden großgeschrieben, Instanzvariablen und Methoden klein. Die im obigen Beispiel dargestellte Verwendung von großen Buchstaben innerhalb der Bezeichner ist eine Smalltalk-Konvention.

Einfache Vererbungsregeln

Die Vererbungsregeln sind recht einfach: Eine Klasse erbt von ihrer Oberklasse alle Variablen und Methoden. Die Methoden dürfen in der Unterklasse redefiniert werden. Alle neuen Methoden der Unterklasse haben ungehinderten Zugang zu den ererbten Methoden und Variablen. Es besteht also kein Zugriffsschutz gegenüber der Subklasse.

Eine neue Klasse wird immer als Subklasse einer bestehenden Klasse in das System eingefügt. Abgesehen von der Klasse `Object` hat dann jede Klasse genau eine Oberklasse. Wie in Simula ist keine mehrfache Vererbung möglich, deshalb sind auch keine Konfliktlösungsmechanismen notwendig.

Erhält ein Objekt eine Nachricht, wird die zu der Botschaft gehörende Methode zunächst in der Klasse des Objekts gesucht. Wird sie hier nicht gefunden, werden ihre Oberklassen bis hin zur Wurzelklasse `Object` danach inspiziert. Ist die Methode auch in `Object` nicht vorhanden, erfolgt eine Fehlermeldung.

Mit `self` kann innerhalb einer Methode auf den Adressaten der Nachricht verwiesen werden. Das Beispiel zeigt den Einsatz von `self` anhand einer Methode zur Berechnung der Fakultät innerhalb einer Integer-Klasse:

```
fakultaet
    ...
    self < 0 ifTrue:[^self error:'Falscher Wert'].
    ...
```

Das angesprochene Objekt wird zunächst geprüft, ob es kleiner als Null ist. Trifft dies zu, wird mit Hilfe der von der obersten Klasse `Objekt` geerbten Botschaft `error:` eine Fehlermeldung generiert und dem Sender der Botschaft als Antwort geschickt. ^ ist der Rückgabeoperator.

Wird eine Nachricht über `self` an ein Objekt gerichtet, wird wie üblich die Suche nach der zur Nachricht gehörenden Methode bei der Klasse dieses Objekts begonnen, im Beispiel also bei der Klasse der Integer-Zahlen. Dagegen ist es mit der Pseudovariablen `super` möglich, auf vorherige Implementationen einer neudefinierten Methode zuzugreifen: `super` zeigt zwar ebenfalls auf den Empfänger der Nachricht, die Suche nach der Methode beginnt aber erst in der Oberklasse der Klasse, in der die auszuführende Methode gefunden wurde. Zu einem späteren Zeitpunkt wird der sinnvolle Einsatz an einem Beispiel demonstriert werden.

Abstrakte Klassen

Abstrakte Klassen können in Smalltalk durch das Schlüsselwort `abstract` gekennzeichnet werdcn. In der mitgelieferten Klassenbibliothek wird von diesem Konzept reger Gebrauch gemacht, zahlreiche dieser Systemklassen sind abstrakte

Klassen. Erstellt werden abstrakte Klassen aufgrund Erfordernissen aus der Anwendungswelt. Die Erfordernisse sind Ursache dafür, daß von abstrakten Klassen keine Instanzen erzeugt werden und die Implementierung unvollständig bleiben kann. Umgekehrt folgt aus einer unvollständigen Implementierung aber noch keine abstrakte Klasse.

Der Unterschied zeigt sich bei Smalltalk durch Kennzeichnungskonventionen für noch nicht vollständig implementierte Methoden. Die Motivation für die Konventionen ergibt sich daraus, daß man von Beginn interaktiv mit einem lauffähigen System arbeitet, bei dem man nach einfachen und schrittweisen Überarbeitungen und Ergänzungen schnell wieder zu Ergebnissen gelangen soll, die selbst wieder lauffähig sind.

Nach diesen Konventionen müßte eine Methode, die zwar in einer abstrakten Klasse definiert wird, deren eigentlicher Programmtext aber erst in den Unterklassen implementiert werden soll, folgenden Aufruf enthalten:

```
self subclassResponsibility
```

Ein Beispiel wäre die Methode `fahreNach` in der Klasse `MobilerFoerderer`. Wird dann an eine Instanz der Unterklasse `Verteilwagen` eine entsprechende Nachricht geschickt, folgt eine Fehlermeldung, wenn die Methode dort nicht redefiniert wurde.

Zuweilen soll eine solche Methode aktuell noch nicht in den Unterklassen implementiert werden. Man drückt dies aus durch

```
self shouldNotImplement
```

Auf eine Nachricht wird dann wieder eine Fehlermeldung mit der entsprechenden Meldung erzeugt. `subclassResponsibility` und `shouldNotImplement` sind selbst wieder Methoden und werden in der Klasse `Object` bereitgehalten.

3.2.2   Metaklassen

In Smalltalk gilt, daß jedes Objekt Instanz einer Klasse ist. Da Klassen in Smalltalk Objekte sind, müssen sie gleichfalls Instanz einer Klasse sein. Diese Klasse von Klassen wird als *Metaklasse* bezeichnet.

Auch unsere Beispielklasse `HrlPlatz` steht demnach in einer *Instanzbeziehung* zu einer Metaklasse. Diese Metaklasse hat wie die Metaklassen der anderen Klassen keinen eigenen Namen. Man kann aber auf die Metaklasse mittels der Nachricht `class` an ihre Instanz zugreifen. Hier bezeichnet

HrlPlatz class

die Metaklasse der Klasse **HrlPlatz**.

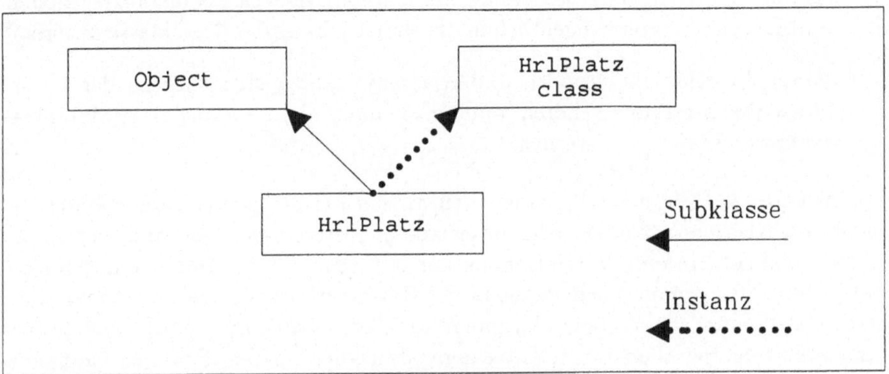

Bild 3.1   HrlPlatz ist Subklasse und Instanz

Die *Instanzbeziehung* einer Klasse zu ihrer Metaklasse darf man nicht mit der *Subklassenbeziehung* zu ihrer Oberklasse verwechseln. Im Beispiel ist weiterhin **HrlPlatz** Subklasse der Klasse **Object**. Wie alle anderen Klassen steht auch **Object** in einer Instanzbeziehung zu einer Metaklasse. Dagegen endet mit **Object** die Klassenhierarchie, **Object** steht demnach in keiner Subklassenbeziehung zu einer anderen Klasse.

Klassenvariablen sind Instanzvariablen der Metaklassen

Wenn die Methoden und Variablen einer Instanz durch deren Klasse beschrieben werden, sollten die den Klassen vorbehaltenen Klassenmethoden und Klassenvariablen in deren Klasse beschrieben werden. Systematisch betrachtet ist es tatsächlich so: Eine Klassenmethode ist eine Instanzmethode, eine Klassenvariable eine Instanzvariable der Metaklasse der zugehörigen Klasse.

Daraus ergeben sich zwei Fragen:

1. Warum kann man wie im obigen Beispiel Klassenmethoden und Klassenvariablen in die Klassenbeschreibung aufnehmen, wenn sie als Instanzmethoden und Instanzvariablen eigentlich in die Beschreibung der Metaklasse gehören?

2. Wenn die Klassenmethoden und Klassenvariablen eigentlich zu der Metaklassenbeschreibung gehören, müßten sie dann nicht entlang einer Metaklassenhierarchie vererbt werden?

Die Antwort auf die erste Frage ist, daß es sich bei der gemeinsamen Beschreibung von Klassenmethoden, Klassenvariablen, Instanzmethoden und Instanzvariablen schlicht um eine Vereinfachung handelt. Auch in der Entwicklungsumgebung bleibt der genaue Sachverhalt in der Regel verborgen: bearbeitet man dort eine Klasse, sind wieder beide Gruppen von Methoden und Variablen sichtbar, man muß nur zwischen ihnen mit einem Mausklick an den Schalter `instance` oder `class` wechseln (siehe dazu auch Abbildung 3.5 auf Seite 89). Möglich ist diese Vereinfachung, weil eine Klasse immer die *einzige* Instanz ihrer Metaklasse ist. Erstellt ein Entwickler eine Klasse, wird automatisch auch die zugehörige Metaklasse erzeugt. Hätte diese Metaklasse mehrere Klassen als Instanzen, würden die in jeder Klasse möglicherweise anders beschriebenen Klassenmethoden und -variablen miteinander in Konflikt geraten.

In frühen Versionen vor Smalltalk-80 war es übrigens wirklich so, daß nicht jede Klasse ihre eigene Metaklasse hatte. Stattdessen stand für alle Klassen nur eine einzige Metaklasse zur Verfügung, das war die Klasse `Class`. Dadurch mußten alle Klassenmethoden an einem einzigen Ort beschrieben werden. Demzufolge hatten alle Klassen dieselben Konstruktoren, wodurch keine Variableninitialisierung entsprechend den spezifischen Bedürfnissen der jeweiligen Klasse möglich war.

Vererbungsweg der Klassenmethoden

Beantworten wir nun die zweite Frage anhand der Klassenmethode `new`. Im Fall der entsprechenden Nachricht an eine Klasse erzeugt diese Methode ein neues Element und gibt es dem Nachrichtenversender als Antwort zurück:

```
platz1 := HrlPlatz new.
```

Wir wissen, daß bei der Nachricht an eine Instanz die passende Instanzmethode in deren Klasse gesucht wird. Wird man dort nicht fündig, wird in der direkten Oberklasse weitergesucht usw. Folglich sollte bei einer Nachricht an die *Klasse* die passende Methode in deren *Metaklasse* gesucht werden. Ist die Methode dort nicht zu finden, muß in der *Oberklasse* der Metaklasse weitergesucht werden. Tatsächlich wird dieser Weg auch gegangen.

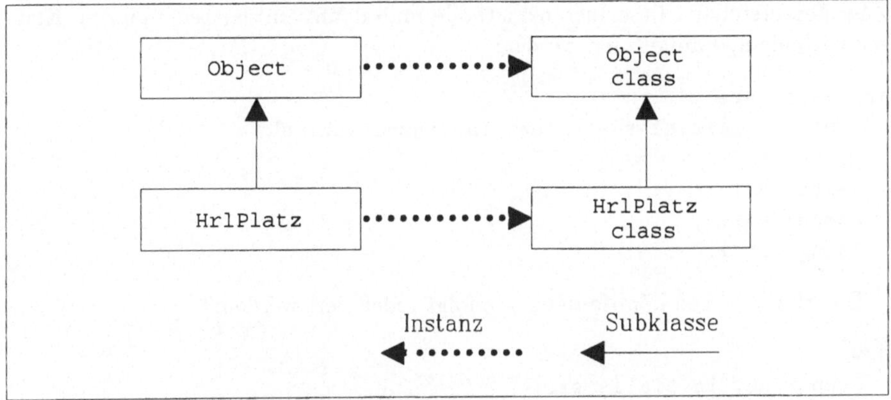

Bild 3.2 Klassen und Metaklassen

Dennoch sind für eine Klasse die Klassenmethoden und Klassenvariablen ihrer Oberklasse verfügbar. Die Lösung dieses Rätsels und Antwort auf die zweite Frage lautet: Genau genommen werden die Klassenmethoden und Klassenvariablen zwar als Instanzmethoden und Instanzvariablen von Metaklassen entlang der Metaklassenhierarchie vererbt. Die Metaklassenhierarchie verläuft aber *parallel* zu der Klassenhierarchie. D.h. wenn `Object` die Oberklasse von `HrlPlatz` ist, ist die Metaklasse `Object class` die Oberklasse von `HrlPlatz class`.

Es reicht deshalb in den meisten Fällen aus, wenn man sich die Vererbung von Klassenmethoden und -variablen genauso entlang der normalen Klassenhierarchie vorstellt wie bei den Instanzmethoden und -variablen. Nur in Ausnahmen wird ein tieferes Eingehen auf die Metaebene nötig sein, wir werden darauf weiter unten zurückkommen.

Ein Beispiel mit Klassen- und Instanzmethode

Zwischendurch stellen wir uns aber erst die Aufgabe, alle Variablen einer Instanz
von **HrlPlatz** bei der Erzeugung mit einem Wert zu initialisieren. Eigentlich
ist das eine Aufgabe für den Konstruktor, hier wäre also **new** zu redefinieren.
Allerdings darf **new** als Klassenmethode nicht direkt auf die Instanzvariablen zugreifen. Wir müssen deshalb erst eine Instanzmethode **initialisiere** mit diesen
Zugriffen erstellen, diese Instanzmethode muß dann von der redefinierten Klassenmethode **new** aufgerufen werden:

```
initialisiere
"Dient zum Initialisieren der Instanzvariablen"
  gasse := 1.
  seite := 1.
  hoehe := 1.
  laenge := 1.
```

Die Methode **new** könnte dann wie folgt redefiniert werden:

```
new
  ^super new initialisiere.
```

Die Nachricht **new** an die Klasse bewirkt jetzt, daß die Klasse sich selbst noch
einmal die Nachricht mit der Vorgabe schickt, die Suche nach dieser Methode erst
in der Oberklasse zu beginnen. Die redefinierte Methode **new** ruft damit zuerst
die ursprüngliche Version von **new** auf. Mit dieser ursprünglichen Version wird
eine neue Instanz von **HrlPlatz** erzeugt und als Antwort zurückgegeben. Danach
dient die neue Instanz als Empfänger der Nachricht **initialisiere**. Ergebnis ist
eine initialisierte Instanz, die dann mit dem Rückgabeoperator ^ an den Absender
der Nachricht **new** übergeben wird.

Es ist ersichtlich, daß die Redefinition von **new** auch Prüfungen enthalten könnte, aufgrund deren Ergebnis sie beispielsweise statt eines neuen Objekts eine Fehlermeldung erzeugen könnte. Das bietet größere Freiheitsgrade als bei Simula,
dort ist der Befehl **new** zwangsläufig mit der Erzeugung eines Objekts verbunden.
Außerdem können auch Klassenmethoden mit anderen Bezeichnern als **new** zur
Erzeugung von neuen Instanzen verwendet werden:

```
machMirEinenPlatz
  ^super new initialisiere.
```

Wo alles hinführt

Mit **new** wurde jetzt wieder auf eine „von oben" ererbte Methode hingewiesen. Es wird Zeit sich genauer anzusehen, wie die Instanz- und Subklassenbeziehungen von Klassen und Metaklassen dort ihren Abschluß finden. Dabei ist zu beachten, daß die Metaklassen selbst wieder Objekte sind und demnach ebenfalls Instanzen einer Klasse sein müssen. Im Unterschied zu den „normalen" Klassen sind sie aber nicht die einzigen Instanzen einer jeweils eigenen Metaklasse, sondern haben alle zusammen eine gemeinsame, „normale" Klasse, nämlich **Metaclass**. Da **Metaclass** eine Klasse ist, muß sie die Instanz der Metaklasse **Metaclass class** sein. Und weil alle Metaklassen wiederum Instanz der Klasse **Metaclass** sind, ist umgekehrt auch **Metaclass class** Instanz von **Metaclass**.

Nun sind noch die Subklassenbeziehungen zu verfolgen. Die Hierarchie muß bei **Objekt** als einziger Klasse ohne Oberklasse enden, das ist klar. Interessant ist, *wie* sie dort endet: Wie gesagt, verlaufen Klassenhierarchie und Metaklassenhierarachie bis zur Klasse **Object** parallel. Hier erfolgt ein Bruch der Parallelitätsregel, denn die Metaklasse **Object class** hat im Gegensatz zu ihrer Instanz **Object** eine Oberklasse, und zwar die Klasse **Class**.

Class hat natürlich einerseits wieder eine Metaklasse (**Class class**), die wiederum Instanz der Klasse **Metaclass** ist. Gemeinsam mit **Metaclass** ist **Class** zudem eine Subklasse der Klasse **ClassDescription**, diese Klasse ist wieder eine Subklasse der Klasse **Behavior**. **Behavior** ist schließlich Subklasse von **Objekt**, womit diese Klassenhierarchie ihren Abschluß findet.

Die Aufgabenteilung auf diesem Olymp der Klassen und Metaklassen ist wie folgt:

- **Object** als oberste aller Klassen dient dazu, die Gemeisamkeiten aller Objekte im Smalltalk-System zu beschreiben.

- Die Methoden von **Class**, **Metaclass** und deren Oberklassen beschreiben das Verhalten, das allen Objekten gemeinsam ist, die Klassen bzw. Metaklassen sind.

- Die Methoden der Instanzen von **Metaclass**, also die einzelnen Metaklassen, fügen das Verhalten hinzu, das spezifisch für bestimmte Klassen ist.

Die obersten Klassen sind offen zugänglich, und ihre Aufgaben sind in der Literatur detailiert beschrieben (s. etwa [Goldberg 89]). Das Verständnis der Metaklassen wird aber im Normalfall nicht benötigt; nur selten ist es notwendig, etwa

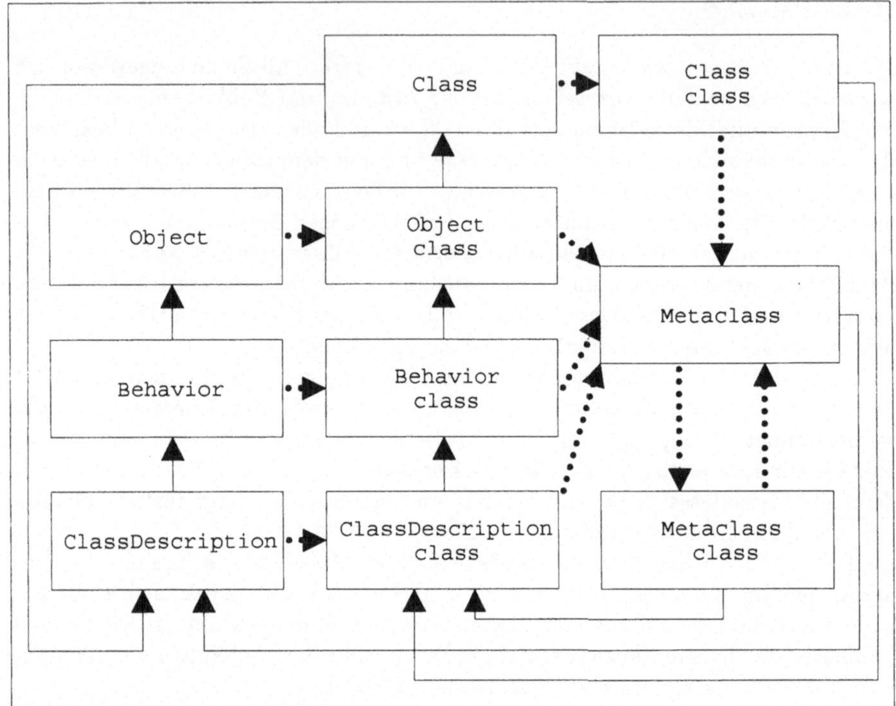

Bild 3.3 Spitze der Smalltalk-Hierarchie

durch Modifikationen in `Behavior` eine allen Klassen gemeinsame neue Eigenschaft zu realisieren.

3.2.3 Entwicklungsumgebung

Ein großes Gewicht liegt bei Smalltalk auf einer möglichst optimal an die menschlichen Bedürfnisse angepaßten Benutzeroberfläche. Die gefundene Lösung ist vorbildlich geworden für spätere Systeme.

Schon in Kapitel 2.5.1 wurde auf die Bedeutung der Entwicklungsumgebung für die Nutzung der Vererbung hingewiesen. Umgekehrt ist die Vererbung aber auch eine sehr wichtige Hilfe für die Erstellung grafischer Benutzeroberflächen. Denn sowohl in Entwicklungsumgebungen wie in den Schnittstellen zum Endanwender ähnelt sich vieles in diesen Oberflächen; Fenster unterscheiden sich vielleicht nur in der Größe und Farbe, Bildschirmsymbole reagieren auf dieselbe Weise auf das Anklicken mit der Maus. Was liegt näher als die Gemeinsamkeiten in Oberklassen zusammenzufassen und über die Vererbung weiterzugeben? Grafische Benutzeroberflächen sind so zu einer Domäne für die Vererbung geworden. Und die Begehrlichkeit nach diesen Oberflächen hat viel zur Verbreitung von Programmiersprachen mit Vererbung beigetragen.

Architektur des Smalltalk-Systems

Beim Blick auf die Architektur, mittels derer die Flexibilität und objektorientierte Durchgängigkeit bis hin zur Benutzerschnittstelle realisiert wird, fällt die Trennung in zwei wesentliche Teile auf: Das *virtuelle Bild (virtual image)* und die *virtuelle Maschine (virtual machine)*.

Etwas vereinfacht gesagt kann man sich das virtuelle Bild als die Gesamtheit der Objekte vorstellen. Die Abarbeitung der Methoden dieser Objekte erfolgt aber nicht auf dieser Ebene. Deren Interpretation übernimmt die virtuelle Maschine, die so eine Schicht zwischen virtuellem Bild und der Rechnerhardware bildet. Eine weitere Aufgabe der virtuellen Maschine ist die Speicherverwaltung.

Der vom Entwickler erstellte Quellcode kann erst nach der Umwandlung in eine *Bytecode-Repräsentation* interpretiert werden. Der normale Arbeitsgang ist deshalb nach der Änderung einer Klasse deren Übersetzung mittels des Smalltalk-Compilers. Der entstehende Bytecode ist übrigens nicht mit dem Maschinencode zu verwechseln. Die Bindung der Methoden erfolgt weiter dynamisch durch den Interpreter zum Zeitpunkt des Nachrichtenversendens.

Eine Ausnahme bilden die *primitiven Methoden (primitive methods)*. Kennzeichen dieser Methoden ist, daß sie zum großen Teil in der Maschinensprache des Zielsystem geschrieben sind. Es gibt im Smalltalk-System mehr als hundert dieser Methoden. Darunter fallen sämtliche numerische Methoden wie `+,-,*,/,sin,cos` usw., aber auch Ein- und Ausgabemethoden und einige grafische Befehle.

Die primitiven Methoden beschleunigen den Programmablauf, ergeben aber bei der Portierung auf andere Rechner einen Mehraufwand. Abgesehen von den primitiven Methoden muß nämlich sonst nur die virtuelle Maschine auf dem anderen Rechner vorhanden sein, um das ganze Klassensystem und alle Neuentwicklungen dorthin übertragen zu können.

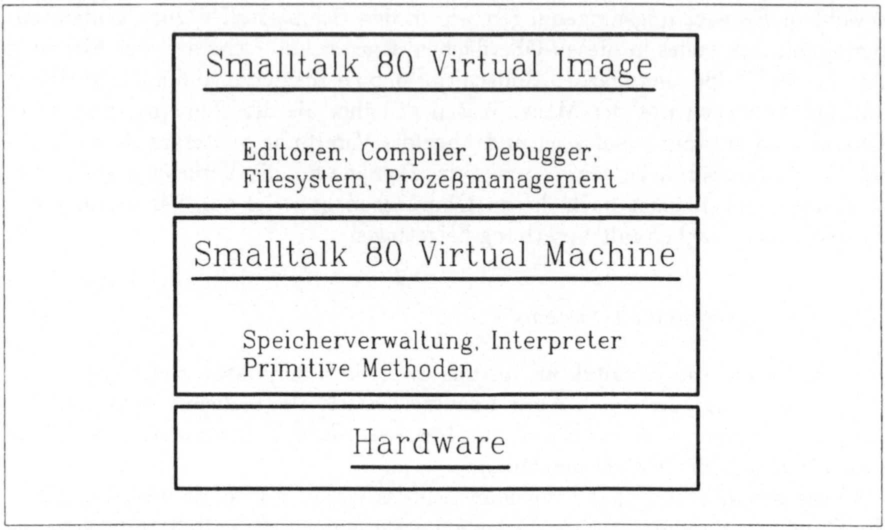

Smalltalk 80 Virtual Image

Editoren, Compiler, Debugger,
Filesystem, Prozeßmanagement

Smalltalk 80 Virtual Machine

Speicherverwaltung, Interpreter
Primitive Methoden

Hardware

Bild 3.4 Architektur des Smalltalk-Systems

Einige Elemente der Entwicklungsumgebung

Alle Elemente der Entwicklungsumgebung sind durch Klassen realisiert, ihr Quelltext ist sichtbar und wiederverwendbar. Eines der meistbenutzten Elemente stellt der *Klassenhierachiebrowser (ClassHierarchyBrowser)* dar. Bei seinem Aufruf erscheint ein Fenster, das in verschiedene Teilfenster untergliedert ist.

Die Teilfenster geben Auskunft über die Klassenhierarchie, die Methoden und Variablen einzelner Klassen und zeigen auch die Implementation der ausgewählten Methode an (*browser* läßt sich mit „Stöberer" übersetzen). In Abbildung 3.5 finden sich auch die schon erwähnten Schalter, mit den zwischen der Anzeige von Instanz- und Klassenmethoden gewählt werden kann. Neben dem Stöbern in der Klassenhierarchie ist dort auch eine Bearbeitung der Methoden und ihre Kompilation möglich.

Ein weiterer Browser, der *FileBrowser*, ermöglicht es, die Dateistruktur des Rechners und die Dateien selbst anzusehen. Die Dateien können editiert oder gelöscht werden, neue Pfade angelegt werden usw.

Ein *Debugger* dient zur Fehlerfindung in Programmen. Mit ihm können Hal-

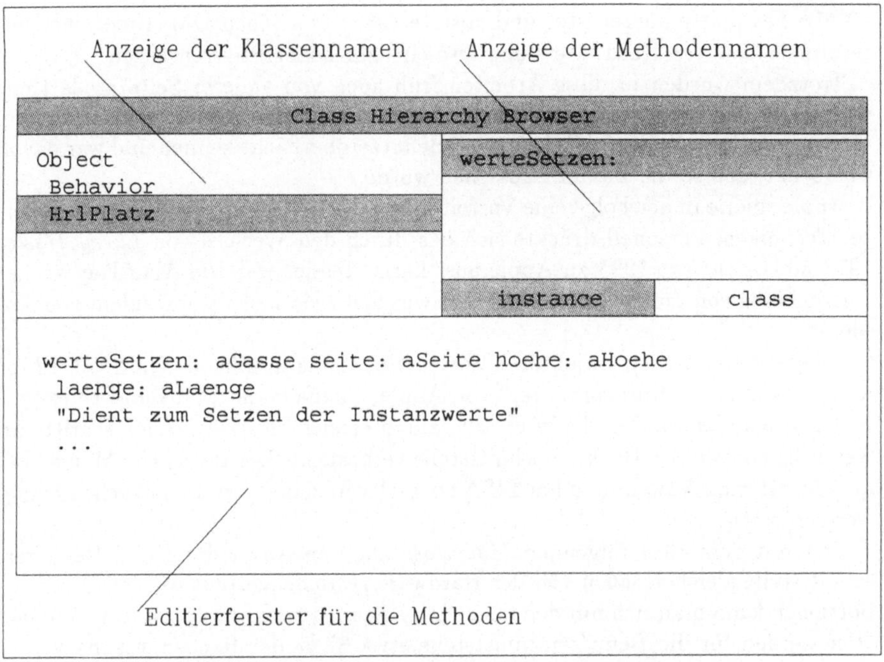

Bild 3.5 Fensteraufteilung des Klassenhierarchiebrowsers

tepunkte im Programm festgelegt werden und der Nachrichtenfluß durch eine Abarbeitung im Einzelschrittmodus nachvollzogen werden. Dabei wird der gerade aktuelle Smalltalk-Quelltext angezeigt.

Da man es mit einem interpretierenden und interaktiv einsetzbaren System zu tun hat, ist es oft auch nützlich, den aktuellen Zustand von Objekten anzusehen. Dazu gibt es wieder ein eigenes Fenster, den sogenannten *Inspector*, mit dem man die Belegung der Instanzvariablen betrachten kann.

Auswirkungen der Smalltalk-Benutzeroberfläche

Einen Eindruck von der damaligen Situation mag der *Xerox-Star* geben. Dieser Rechner arbeitete mit Grafikbildschirm und vertrauten Symbolen aus der Bürowelt, war mit einer Maus, weniger als einem MB Hauptspeicher und einer

10 MB-Festplatte ausgerüstet und kostete 1983 etwa 45000 DM. Einer eher unterdimensionierten Hardware stand also ein sehr hoher Preis entgegen.

Trotzdem wurden in diese Arbeiten früh auch von anderer Seite große Hoffnungen gesetzt. *Steve Jobs*, einer der Gründer der Firma *Apple*, lernte 1979 bei einem Besuch im Xerox PARC die neue Benutzeroberfläche kennen und war davon überzeugt, daß so die Zukunft aussehen würde.

Apple spielte in der Folge eine Vorreiterrolle in der Anwendung objektorientierter Techniken. Personell drückte sich das durch den Wechsel von *Larry Tessler* 1979 und *Alan Kay* 1985 zu Apple aus. Larry Tessler war wie Alan Kay an der Entwicklung von Smalltalk beteiligt und wurde inzwischen Vizepräsident von Apple.

Ergebnis war neben objektorientierten Entwicklungshilfsmitteln 1983 *LISA*, der „revolutionäre Bürocomputer" von Apple, ebenfalls mit Maus und Bürosymbolen. Auch hier wurden die in diesen Jahren erreichten Leistungsfortschritte im wesentlichen von der Benutzerschnittstelle verbraucht. Der merkliche Mangel bei der eigentlichen Anwendung hat LISA ebenfalls zu keinem wirtschaftlichen Erfolg werden lassen.

Erst mit dem 1984 folgenden *Macintosh* konnten Anwendung und Benutzerschnittstelle gleichermaßen von der Hardware zufriedengestellt werden. Die Proportionen kann man sich mit den folgenden Angaben zum *Macintosh II* vorstellen: Hier werden für die Benutzerschnittstelle etwa 87 % der Rechenleistung veranschlagt, für Anwendung bleibt also noch 13 %. Zum Vergleich: Bei Großcomputern für Flugreservierungssysteme werden ungefähr 10–15 % der Leistung für die Benutzerschnittstelle eingesetzt.

Ein Indiz für die enge Beziehung von Benutzeroberflächen und Vererbung ist, daß die zunehmende Rechnerleistung ab der Mitte der 80er einhergeht mit einer immens steigenden Popularität objektorientierter Sprachen und Methoden, während die Objektorientiertheit zuvor fast 20 Jahre lang ein Nischendasein fristete. Mit der Rechnerleistung wurden einerseits komfortable Entwicklungsumgebungen allgemein verfügbar, außerdem stieg der Druck, Software-Produkte mit einer ansprechenden Benutzeroberfläche auszustatten und mithin die Vererbung einzusetzen.

Ein weiterer Beleg ist das auf Unix-Rechnern weitververbreitete *X-Window-System*. Aufgrund der Nähe von Unix zu C hatte man sich dort seinerzeit für eine Realisierung mit der imperativen Sprache C entschieden. Dennoch sollten die Vorteile von Klassen und Vererbung nutzbar gemacht werden. Man erreichte dies, indem man Klassen nach bestimmten Konventionen auf C-Strukturen abbildete. Die Strukturen enthalten u.a. ein Feld für den Klassennamen, die Methoden werden durch Zeiger auf Funktionen zugänglich gemacht (näheres dazu findet sich in [Josuttis 94]). Als Preis für die Verwendung einer imperativen Sprache hat man allerdings einen erhöhten Entwicklungsaufwand und eine strikte Einhaltung der Konventionen zu leisten.

3.2.4 Bedeutung von Smalltalk

Von Smalltalk-80 wurden mit seinem Erscheinen Lizenzen an die Firmen Apple, DEC, HP und Tektronix vergeben. Xerox selbst gründete für die eigenständige Weiterentwicklung und Vermarktung die Firma *ParcPlace Systems*, die Smalltalk unter dem Namen *Objectworks\Smalltalk* und *VisualWorks* vertreibt. Daneben gibt es eigenständige Entwicklungen wie *Smalltalk/V* von der Firma *Digitalk*.

Die Produkte der einzelnen Hersteller variieren in zahlreichen Punkten und sind demnach in vielen Fällen inkompatibel. Derzeit gibt es Standardisierungsbemühungen, die sich an bestehenden Sprachstandards und dem Standardwerk [Goldberg 89] orientieren. Mehr als Sprachdetails können aber bei Kaufentscheidungen andere Unterschiede in den Vordergrund treten.

So gibt es verschieden eingesetzte Optimierungsmöglichkeiten für Ablaufgeschwindigkeit und Speicherbereinigung. Ein weiteres Kriterium können unterschiedliche Werkzeuge zur Erstellung von grafischen Schnittstellen sein. Zu beachten sind auch die unterschiedlichen Datenbank- und Netzanbindungsmöglichkeiten. [Mittendorfer 94] vergleicht die gängigen Systeme unter Verwendung dieser Kriterien.

Domäne der Smalltalk-Systeme ist der Einsatz für Simulationen und der Bau von Prototypen. Zusammen mit der grafischen Darstellung der Ergebnisse lassen sich diese Aufgaben relativ schnell durch die Verfeinerung und Modifizierung der bestehenden Klassen erstellen. Andere bekannte Anwendungen sind z. B. Expertensystem-Shells, integrierte Anwendungen, Petrinetzsimulatoren und Bibliographiesysteme.

Smalltalk gilt gegenwärtig als die am zweithäufigsten eingesetzte objektorientierte Sprache. Dies, obwohl Smalltalk im Vergleich zu objektorientierten Compilersprachen ein größerer Speicherbedarf und mäßigeres Laufzeitverhalten zu attestieren ist. Außerdem begünstigt es nicht die kommerzielle Softwareentwicklung, wenn beim Kunden die virtuelle Maschine vorausgesetzt werden muß, anstatt ihm ein ausführbares Maschinenprogramm ausliefern zu können.

Wenn Smalltalk dennoch am Aufschwung der objektorientierten Sprachen derart Anteil hat, liegt das nicht nur daran, daß die genannten Nachteile für manche Zwecke gegenüber der bei Smalltalk möglichen Arbeitsweise nicht so sehr in das Gewicht fallen. Zu sehen ist auch, daß sich die Grundkonzepte von Smalltalk wie Nachrichtenversenden, Klassen und Vererbung als ausgesprochen leistungsfähig erwiesen haben und die Offenheit dieser Konzepte Neuerungen erleichtert.

So setzt etwa HP auf eine CORBA-Implementierung mit *Distributed Smalltalk* (s. dazu [Eisenecker 94]). Nachrichtenversenden wird damit vom Entwicklungssystem auf die Kommunikation zwischen den Systemen ausgedehnt.

Zu Smalltalk gibt es eine überaus reichhaltige Literatur. Einführungen stellen beispielsweise [Kasper 89] und [Buecker 93] dar. Ebenfalls als Einführung lesenswert ist die Smalltalk gewidmete Sonderausgabe der Zeitschrift *Byte* vom August 1981 ([Goldberg 81]). [Goldberg 89] ist das überarbeitete Referenzhandbuch zu der Sprache, [Goldberg 85] beschreibt dazu ergänzend die Entwicklungsumgebung.

3.3   C++

Den Anstoß zu dieser Sprache gaben wieder Aufgaben aus dem Bereich der Simulation, für die — so der Entwickler *Bjarne Stroustrup* — „... Simula 67 would have been ideal, except for efficiency considerations" ([Stroustrup 86]).

Nach Meinung von Stroustrup bot die imperative Sprache C diese gewünschte Effizienz. Als weiterer Vorteil kam die weite Verbreitung von C auf den vorgesehenen Rechnern hinzu. So entstand 1980 ein „C mit Klassen", das dann später den Namen C++ erhielt.

Der imperative Teil der neuen Sprache stellt eine Obermenge von C dar, ein gültiges C-Programm ist deshalb in der Regel auch ein gültiges C++-Programm. Bei den objektorientierten Erweiterungen sind dagegen viele Elemente von Simula wiederzufinden.

Daneben gibt es noch einiges, was C++ von anderen Sprachen „vererbt" bekommen hat; so von Algol 68 die Möglichkeit, Funktionen und Operatoren überladen zu können oder Deklarationen überall dorthin im Quelltext verteilen zu dürfen, wo auch Befehle stehen können.

Überhaupt wurde C++ von den ersten Versionen bis in die jüngste Vergangenheit immer wieder ergänzt. Wie [Stroustrup 92] beschreibt, wurden solche

Änderungen früher wenig formell auf Grund der sich ergebenden Anforderungen durchgeführt. Diese Arbeiten wurde vor allem von der Firma AT&T getragen. Seit 1989 hat dann ein ANSI-Komitee die Standardisierung übernommen.

3.3.1 Die Basis C

C ist noch eine sehr lebendige Sprache. Bemerkenswert ist deshalb die schnelle Akzeptanz von C++ durch die C-Entwickler. Zum einen erklärt es sich daraus, daß C++ ein „besseres C" werden sollte.

Es wurde darauf geachtet, die Vorteile von C wie die Effizienz auf jeden Fall beizubehalten. Deshalb findet man als Begründung für einzelne Entwurfsentscheidungen von C++ häufig das Argument, daß die Alternative etwas mehr Laufzeit oder das eine oder andere Byte mehr Speicherplatz pro Objekt kosten würde.

Anderseits sollten Nachteile beseitigt werden. So wurden häufig die Voraussetzungen von C für die Entwicklung von großen, komplexen Programmsystemen angezweifelt, etwa im Vergleich zu einer Sprache wie Ada (siehe z.B. in [Weinert 92]). Die verbesserten Fähigkeiten zur Datenabstraktion durch die objektorientierten Erweiterungen von C++ sollten dies grundlegend ändern.

Zudem ermöglicht das Konzept von C++ einen fließenden Übergang von C: Man kann noch alles in der alten Sprache entwickeln und den Quelltext trotzdem schon mit einem C++-Compiler übersetzen. Schrittweise können die Programme durch Klassen ergänzt werden.

Systemnähe von C

Für die Verbreitung von C ist zu einem großen Teil die Popularität des Betriebssystems Unix verantwortlich. Dort wurde ein kleiner rechnerspezifischer Kern in Assembler und der Rest in C realisiert. So wurde eine einfache Übertragung auf andere Rechner möglich: Es mußte auf dem Zielrechner nur der Assembler-Kern erstellt werden und ein Übersetzer für die C-Programme vorhanden sein.

Diese Verwendung erklärt auch die Systemnähe der Sprache; sie mußte schließlich ein weiteres Programmieren in Assembler ersparen und deshalb dessen Funktionalität abdecken. Außerdem sollten die Programme genauso schnell und kompakt wie in Assembler sein.

Eine allzu „speichersichere" Sprache wäre für viele dieser Zwecke ein Hemmschuh gewesen. Darum auch die schwache Typrüfung von C. Ein Zeichen einer

`char`-Variablen kann leicht als `integer`-Zahl interpretiert werden. Dasselbe gilt
für Zeigervariablen; zeigt der ursprüngliche Zeiger auf das erste Feld einer Reihung, kann z.B. durch die Addition der `integer`-Zahl 4 zu der Zeigervariablen
das fünfte Feld angesprochen werden.

Existieren nur vier Felder, wird durch diese Zeigerarithmetik ein Speicherplatz
außerhalb der Reihung angesprochen. Was sich dort befindet, ist undefiniert. Der
Compiler kann diesen Platz einer anderen Variablen gegeben haben, er kann sich
aber auch im Speicherbereich eines anderen Programms befinden, das gerade auf
dem Rechner läuft. Der erste Fall ist schwieriger zu entdecken, im zweiten Fall
erfolgt gewöhnlich ein Programmabbruch.

Auch solche Dinge werden unter der Flexibilität von C verstanden. Gewisse
Schritte zu einem verbesserten Typkonzept wurden in neueren Standards unternommen, beispielsweise gibt es jetzt eine größere Typsicherheit bei Funktionsaufrufen (in C sind alle Prozeduren Funktionen).

Programmgliederung

Größere C-Programme werden durch einzelne Dateien gegliedert. Die Bedeutung
dieses Strukturierungsmittels drückt sich durch den sogenannten *file scope* des
Bezeichners einer Variablen oder Funktion aus, der nur in einer bestimmten Datei
definiert und bekannt ist.

Soll in einer anderen Datei auf diese Variable oder Prozedur zugegriffen werden,
muß dem Übersetzer der Typ der Variablen bzw. der Funktion und ihrer Parametern mitgeteilt werden und außerdem mittels **extern** ein Hinweis erfolgen, daß
der Bezeichner in einer anderen Datei definiert ist.

Oft wird eine Datei aufgespalten in eine sogenannte Header-Datei und die eigentliche Programmdatei. U.a. schreibt man dann Datendeklarationen in diese
Header-Datei. Mittels der Anweisung **include** fügt der Übersetzer dann diese
Datei wieder in die Programmdatei ein. Diese Einheit kann dann seperat übersetzt werden.

In Kapitel 2.5.1 wurde schon erwähnt, daß mit der Header-Datei und der Programmdatei Module realisiert werden können. Die Header-Datei enthält die Spezifikation und damit die Bezeichner, die auch den Programmteilen aus den anderen
Dateien bekannt sein dürfen. Der Implementierungsteil enthält die weiteren, nur
dem Modul bekannten Variablen und Funktionen.

Der Ablauf eines C-Programms beginnt mit dem Inhalt der Funktion **main**.

Im Programmtext muß deshalb eine Funktion mit diesem Bezeichner realisiert werden. In C++ ist diese Funktion ebenfalls zu diesem Zweck notwendig. Auch die Gliederung in Dateien wurde beibehalten.

3.3.2 Klassen und Instanzen

Wie in Simula können auch in C++ mit dem Schlüsselwort `class` Klassen deklariert werden. Daneben werden alte Sprachmittel von C wie `struct` und `union` in C++ mit erweiterten Möglichkeiten versehen und ebenfalls als Klassen interpretiert.

Eine erweiterte Datenstruktur

In Kapitel 2.1.2 sollte ein Datentyp in einer imperativen Programmiersprache realisiert werden. Problem war, daß nur die Variablen in einer Datenstruktur zusammengefaßt werden konnten und die zugehörigen Operationen dort nicht hinzugefügt werden durften. Das Beispiel wurde in der C-Syntax mit einem `struct` dargestellt. Die dort fehlende Möglichkeit bietet C++ an — ein `struct` kann jetzt durch Prozeduren ergänzt werden:

```
struct hrl_platz {
    int gasse, laenge, seite, hoehe;
    int werte_setzen(int, int, int, int);
};
```

Zur Trennung zwischen Spezifikation und Implementation kommt diese Beschreibung in die Header-Datei. In der Implementationsdatei wird die *Element-Funktion (member function)* `werte_setzen` weiter ausformuliert.

```
int hrl_platz::werte_setzen(int egasse,int eseite,int ehoehe,
    int elaenge)
{
    if (egasse > 10) return(-1); // Plausibilitaets-
    if ...                       // kontrollen

    gasse = egasse;              // Zuweisungen
    seite = eseite;
```

```
    laenge = elaenge;
    hoehe = ehoehe;
    return(1);                      // Alles o.k.
}
```

Genau wie beim **struct** in C kann jetzt eine Wert- oder eine Zeigervariable
mit **hrl_platz** deklariert und mit der alten Syntax auf die Elemente zugegriffen
werden.

```
hrl_platz nr1;                      // Achtung! Dieses Mal kein Zeiger!
int fehler_indikator;
nr1.gasse = 5;
...
fehler_indikator = nr1.werte_setzen(1,2,3,4);
```

Jetzt erfüllt der **struct** fast alle in Kapitel 2.1.2 geäußerten Wünsche. Es fehlt
aber noch die Kapselung der Elemente — ohne weitere Angaben kann auf alle
Variablen und Prozeduren eines **struct** von außen zugegriffen werden.

Eine „richtige" Klasse

Anders ist es bei der mit dem Schlüsselwort **class** deklarierten Klasse. Hier wird
eine ausdrückliche Gliederung in einzelne Abschnitte notwendig, um bestimmte Elemente öffentlich zu machen. Sonst bleiben alle Elemente einer **private
section** zugeteilt, in ihr befinden sich diejenigen Variablen und Funktionen, die
vom Kunden (normalerweise) nicht zugreifbar sind.

Die Schnittstelle zur Außenwelt wird dagegen in der **public section** beschrieben. Die dort aufgeführten Elemente kann jeder Kunde verwenden. Unser **struct**
läßt sich jetzt folgendermaßen umschreiben:

```
class hrl_platz {
private:
    int gasse, seite, hoehe, laenge;
public:
    int werte_setzen(int, int, int, int);
};
```

Hier stehen alle Variablen in der **private section**, sie sind jetzt nur noch über
die Funktion **werte_setzen** von außen zugänglich. Eine Zuweisung an **nr1.gasse**
durch den Kunden sollte deshalb jetzt einen Compiler-Fehler erzeugen.

Freunde der Klasse

Der Schutz durch die **private section** wurde oben mit einem „normalerweise" eingeschränkt, denn dieser Kapselungsmechanismus kann durch die Deklaration von **friend**-Funktionen unterlaufen werden.

Mit dieser Deklaration werden nicht zur Klasse gehörende Funktionen dazu berechtigt, unter Umgehung der **public**-Schnittstelle auf die Elemente der **private section** zuzugreifen. Diese Berechtigung kann auf die Klassenebene ausgedehnt werden, wenn alle Funktionen einer fremden Klasse dieses Recht haben sollen. Dann läßt sich die ganze Klasse zum **friend** erklären.

Mit diesem Sprachmittel kann man den allgemeinen Zugriff auf eine Klasse sehr restriktiv gestalten und bei speziellen Funktionen eine Ausnahme machen. Denkt man an die geschützten Variablen der Klasse **hrl_platz**, so würde eine direkte Belegung der Variablen den Aufwand für den Aufruf und die Prüfungen der Funktion **werte_setzen** sparen. Normalerweise ist der Vorteil zu gering im Vergleich zu dem Nachteil, daß durch **friend**-Funktionen die Schnittstelle der Klasse nicht mehr sauber durch die **public section** beschrieben ist. Der Einsatz kann sich aber in Fällen rechtfertigen lassen, wenn sehr häufig auf die geschützten Variablen zugegriffen werden soll. [Stroustrup 92] verwendet hier das Beispiel Matrizenmultiplikation.

Klassen- und Instanzvariablen

Im Beispiel wurden ausschließlich Instanzvariablen verwendet. Zusätzlich lassen sich in C++ auch Klassenvariablen realisieren, die nur einmal für jede Klasse angelegt werden. Dazu muß der üblichen Variablendeklaration das Schlüsselwort **static** vorangestellt werden.

```
class hrl_platz { ...
  static int anzahl_plaetze;
  ...
};
```

Mit dieser Variablenart ist aber kein theoretischer Überbau analog den Metaklassen verbunden.

Generische Klassen

Anläßlich der frühen Versionen von C++ wird Bjarne Stroustroup viel Lob über
die Container-Klassen von Smalltalk zu hören bekommen haben — verbunden mit
Klagen über die schlechten Möglichkeiten in C++, derartige „Objektbehälter" allgemein für beliebige Typen zu realisieren. Seine Antwort waren die *Templates
(Schablonen)*. Mit ihnen lassen sich nun auch in C++ generische Klassen realisieren. Man kann jetzt beispielsweise eine `liste` beliebigen Typs definieren:

```
template<class T> class liste {
   ...
};
```

In der Definition wird dann überall der Parameter T anstelle des Typs verwendet.
Eine Liste für den Typ `hrl_platz` erhält man dann durch

```
liste<hrl_platz> platz_liste;
```

Instanzen erzeugen und löschen

C++ trennt wie Simula zwischen Klassen, die zum Übersetzungszeitpunkt deklariert sein müssen, und Instanzen, die während der Laufzeit erzeugt und gelöscht
werden. Wie in Simula sind deshalb nur die Instanzen Objekte.

Oben war schon zu sehen, daß für die Instanzen sowohl Zeigervariablen als auch
Wertvariablen zur Verfügung stehen.

```
hrl_platz* var1;      // eine Zeigervariable
hrl_platz  var2;      // eine Wertvariable
```

Steht die Variablendeklaration in einer Funktion, so wird die Instanz beim Aufruf
der Funktion erzeugt und beim Verlassen wieder gelöscht, so wie das schon in
Kapitel 2.1.1 beschrieben wurde.

```
void f(int i) {
   hrl_platz mein_platz;
}
```

Eine zweite Variante stellen Variablen in Funktionen dar, die man mit vorange-
stelltem `static` deklariert.

```
void f() {
  static hrl_platz mein_platz;
}
```

Das Schlüsselwort bedeutet in diesem Fall, daß die Variable nach Verlassen der Funktion erhalten bleiben soll. In C kann man so das Gedächtnis eines Moduls realisieren. Hier wird demzufolge die Instanz nur einmal beim ersten Funktionsaufruf erzeugt und erst am Programmende gelöscht. Weiter kann man mittels **new** neue Instanzen erzeugen. Mit **new <Klassenname>** erhält man eine Referenz auf die neue Instanz der angegebenen Klasse als Rückgabewert. Den mit **new** dynamisch angeforderten Speicher muß man später selbst wieder freigegeben, in dem man die erzeugte Instanz mit **delete** löscht. Eine automatische Speicherbereinigung steht nicht zur Verfügung.

```
void f() {
  hrl_platz* mein_platz;
  mein_platz = new hrl_platz;
  delete mein_platz;
}
```

Konstruktoren und Destruktoren

Auch in C++ können die Variablen der neuen Instanzen bei der Erzeugung mittels Konstruktoren initialisiert werden. Das Verfahren ähnelt dem Anweisungsteil der Simula-Klassen; d.h. die Grundfunktionen wie Objekterzeugung und Bereitstellung von Speicherplatz werden immer vom System durchgeführt und danach ein optional vom Programmierer erstellter Konstruktor aufgerufen.

Anders als bei Simula wird der Konstruktor als Elementfunktion realisiert. Der Konstruktor ist dadurch kenntlich gemacht, daß er denselben Namen wie die Klasse hat. Außerdem ist oft ein Destruktor nötig. Durch den Konstruktor könnten z.B. weitere Instanzen anderer Klassen mit **new** erzeugt worden sein, die dann im Destruktor wieder gelöscht werden müssen. Der Destruktor hat ebenfalls denselben Namen wie die Klasse, ihm wird aber zusätzlich eine Tilde vorangestellt.

```
struct hrl_platz {
  int gasse, laenge, seite, hoehe;
  int werte_setzen(int, int, int, int);
```

```
    hrl_platz(int, int, int, int);
    hrl_platz(void);
    ~hrl_platz(void);
};
```

Es kann mehrere unterschiedliche Konstruktoren geben. Das ist keine besondere
Regelung für Konstruktoren, sondern basiert auf der grundsätzlichen Möglichkeit von C++ zum *Überladen* von Operatoren und Prozedurnamen. Wie schon
in Kapitel 2.1.2 beschrieben, wird die richtige Funktion anhand der Argumente
gefunden. Bei folgenden Deklarationen

```
hrl_platz(int, int, int, int);
hrl_platz(char*);
hrl_platz(void);
```

führt `new hrl_platz("mein Lieblingsplatz");` zum Aufruf des zweiten Konstruktors. Der Programmierer muß dafür sorgen, daß durch die Angabe von Anzahl und Art der Argumenttypen die Eindeutigkeit der späteren Aufrufe gewährleistet ist.

Hat ein Konstruktor keine Parameter — im Beispiel `hrl_platz(void)` — erhält
er dadurch eine besondere Bedeutung als *Default-Konstruktor*. Bei Destruktoren
gibt es diese Unterscheidungen nicht, da sie keine Parameter besitzen dürfen. Sie
können deshalb auch nicht überladen werden.

Konstruktoren und Destruktoren unterliegen den üblichen Zugriffsregeln. Mit
der `private`-Deklaration eines Konstruktors können beispielsweise nur `friends`
mit ihm Objekte der Klasse erzeugen.

3.3.3 Vererbung

Eine Klasse kann als Subklasse von anderen Klassen beschrieben werden, sie wird
dann als *abgeleitete Klasse (derived class)* bezeichnet. Die direkten Oberklassen,
von denen die Klasse abgeleitet wird, heißen *Basisklassen.* Indirekte Oberklassen
heißen *indirekte Basisklassen.*

Wie in Simula muß eine Klasse nicht Subklasse einer anderen Klasse sein.
Ursprünglich war auch wie in Simula und Smalltalk höchstens eine direkte Oberklasse möglich. Inzwischen ist in C++ aber die multiple Vererbung realisiert, zu
einer Klasse können beliebig viele Basisklassen angegeben werden.

Ererbte Elemente als Teilinstanzen

Die abgeleitete Klasse erbt von den Basisklassen alle Variablen und Funktionen, ausgenommen die Konstruktoren und Destruktoren. Auch die **friends** werden nicht vererbt, ein Freund der Basisklasse darf also nicht automatisch auch auf die privaten Elemente der Unterklasse zugreifen.

Für das bessere Verständnis des Vererbungsmechanismus in C++ sollte man sich am besten vorstellen, daß die ererbten Elemente einer Basisklasse in der Instanz der abgeleiteten Klasse eine Teilinstanz bilden.

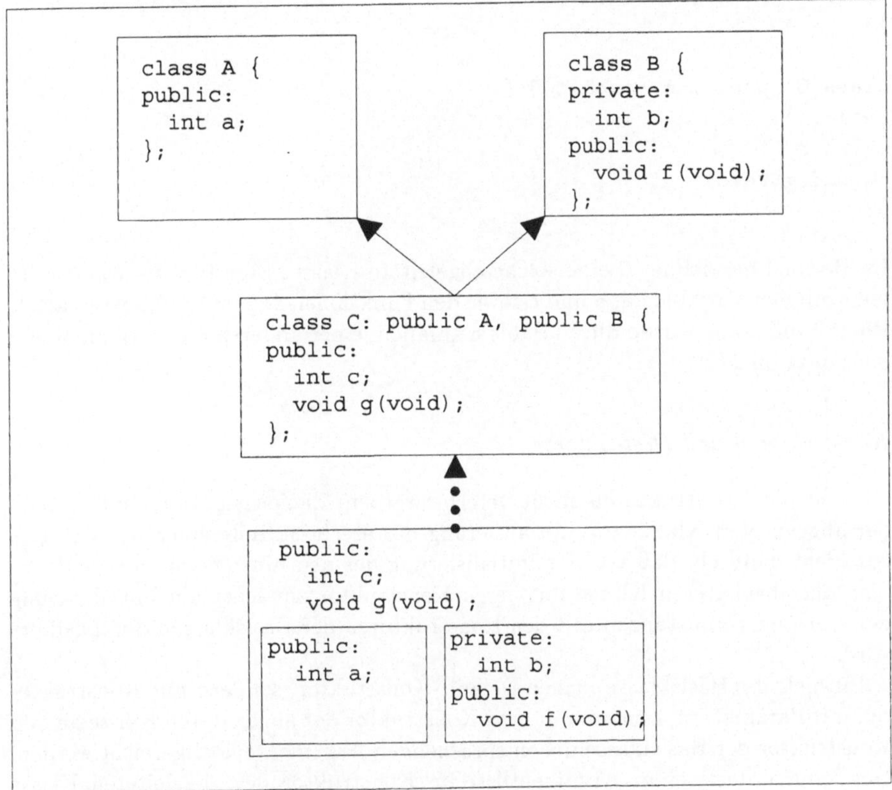

Bild 3.6 Instanz als Behälter für Teilinstanzen

```
class A {
public:
  int a;
};

class B {
private:
  int b;
public:
  void f(void);
};

class C: public A, public B {
public:
  int c;
  void g(void);
};
```

Im Beispiel bezeichnet C eine solche abgeleitete Klasse. Eine Instanz von C wäre
jetzt mit den Variablen a, b und c sowie den Funktionen f() und g() ausgestattet.
Einer Teilinstanz würde die Variable a zufallen, einer anderen die Variable b und
die Funktion f().

Konstruktoren und Destruktoren

Obwohl die Konstruktoren nicht vererbt werden, dienen sie trotzdem auch in
der abgeleiteten Klasse zur Initialisierung der ererbten Teile einer Instanz. Das
geschieht dadurch, daß vor der Initialisierung der neu hinzugekommenen Variablen der abgeleiteten Klasse mit deren Konstruktor zunächst die Initialisierung
der ererbten Teilinstanzen mit den Konstruktoren der Basisklassen durchgeführt
wird.

Enthielt die Basisklasse keinen Default-Konstruktor, sondern nur Konstruktoren mit Parametern, müssen mit dem Konstruktor der abgeleiteten Klasse an den
Konstruktor der Basisklasse die entsprechenden Argumente hochgereicht werden.
Das kann mittels einer Argumentliste im Konstruktor der abgeleiteten Klasse
geschehen:

```
class A {
public:
  A(int);
};

class B {
public:
  B(int);
};

class C: public A, public B {
public:
  C(int);
};

C::C(int a) : A(a),B(a) {
...
}
```

Hier werden zunächst die Konstruktoren von Klasse A und B aufgerufen und damit die ererbten Teilinstanzen initialisiert, danach folgt die Initialisierung durch den Konstruktor von C.

Beim Löschen der Instanz wird erst der Destruktor-Rumpf der abgeleiteten Klasse abgearbeitet, dann die Destruktoren der nicht als `static` erklärten Element-Instanzen und schließlich die Destruktoren der Basisklassen ausgeführt.

Wenn eine Basisklasse oder ein Element einen Destruktor besitzt und eine abgeleitete Klasse keinen Destruktor deklariert, wird für diese abgeleitete Klasse ein Default-Destruktor erzeugt. Dieser Destruktor ruft die Destruktoren der Basisklassen und Elemente auf.

Explizite und implizite Typumwandlungen

Normalerweise kann auch in C++ die Instanz einer abgeleiteten Klasse einer Variablen oder einem Parameter der Basisklasse zugewiesen werden. Die Subklasse wird also wieder als Subtyp angesehen. In C++ spricht man aber hier nicht von einer Subtyp-Beziehung, sondern von einer *impliziten Typumwandlung*, die immer dann ausgeführt wird, wenn eine solche Zuweisung erfolgt.

C-Kenner werden sich jetzt an die *explizite Typumwandlung* mittels des sogenannten *Casting* erinnern. Auch in C++ wurde diese Möglichkeit beibehalten.
Eine Instanz, die mit der impliziten Typumwandlung einer Variablen ihrer Basisklasse zugewiesen wurde, kann von dort durch die explizite Typumwandlung den
umgekehrten Weg zurück zu einer Variablen der ursprünglichen Klasse gehen.

Unter der Voraussetzung, daß ein `mobiler_foerderer` wieder als Basisklasse
von `regalbediengeraet` vereinbart ist, gilt dann:

```
mobiler_foerderer*   var_mf;            // Deklarierung der
regalbediengeraet*   var_rbg;           // Zeigervariablen


var_rbg  = new regalbediengeraet;
var_mf   = var_rbg;                      // Implizite Typumwandlung
var_rbg  = (regalbediengeraet*) var_mf; // Zurueck mittels Casting
```

Diese Form der expliziten Typumwandlung wird aber nicht vom System kontrolliert, handelt es sich bei der zugewiesenen Instanz nicht wirklich um eine Instanz
der abgeleiteten Klasse, sind die Folgen undefiniert. Der neue Standard bringt
mit Operatoren für die Typabfrage eine Besserung, u.a. gibt es differenziertere
Formen des Casting. Die Zuweisung

```
var_rbg  = dynamic_cast<regalbediengeraet*>(var_mf);
```

ist nur erfolgreich, wenn es sich bei dem betreffenden Objekt um eine Instanz
der Klasse `regalbediengeraet` oder einer Subklasse von `regalbediengeraet`
handelt. Ansonsten wird der Fehlschlag durch den Wert 0 kenntlich gemacht.

Structs und Unions

Ein **struct** kann sowohl Basisklasse als auch abgeleitete Klasse sein. Zu beachten
ist dabei, daß der **struct** per Definition eine Klasse ist, deren Elemente automatisch **public** sind; die Deklaration

```
struct x { ...
```

entspricht mithin

```
class x { public: ...
```

Eine **union** ist definiert als ein **struct**, dessen Elemente alle auf derselben Adresse liegen. Eine **union** kann weder eine Basisklasse sein noch eine Basisklasse haben.

Der Nutzen von **struct** und **union** ist in der Kompatibiltät mit C zu sehen, also vor allem wenn alte C-Programme neu übersetzt werden sollen. Problematisch ist allerdings die unkritische Weiterverwendung in Neuentwicklungen.

3.3.4 Schutz vor den abgeleiteten Klassen

Eine Besonderheit von C++ stellen die komplexen Abschottungsmöglichkeiten gegenüber den abgeleiteten Klassen dar. Richtungsweisend ist das Zitat von Bjarne Stroustrup: „Krankheiten sind erblich, man bekommt sie von seinen Kindern"([Stroustrup 92]).

Zugriffseinschränkungen auf ererbte Elementen

Für die Zugriffsbeschränkungen der Basisklasse gilt, daß sie mit den vererbten Elementen in die Teilinstanzen der abgeleiteten Klasse übernommen werden. Im Beispiel auf Seite 101 ist folglich die private Variable **b** von Klasse **B** auch in der abgeleiteten Klasse **C** privat. Bedeutsam ist jetzt, daß der ererbte Schutz der Teilinstanz nicht nur gegenüber dem Kunden gilt, sondern sich auch auf die neudefinierten Funktionen der abgeleiteten Klasse erstreckt.

Zwar könnte die in Klasse **C** neu hinzugekommene Funktion **g()** problemlos auf die ererbte Variable **a** zugreifen, da sie in Klasse **A** **public** ist. Um aber an den Wert der Variablen **b** zu gelangen, müßte **g()** den Weg über die ererbten **public**-Funktionen aus Klasse **B** gehen, also im Beispiel über **f()**. Dieser Schutz verhindert wie die **hidden**-Klausel in Simula, daß die Schnittstelle einer Klasse durch deren Subklassen unterlaufen werden kann (siehe auch Kapitel 2.5.1). Wird ein **private**-Element geändert, müssen nur die Funktionen der Klasse und ihre **friends** auf Folgeänderungen kontrolliert werden, da nur sie die Zugriffsberechtigung auf das Element gehabt haben.

Der Schutz mittels **public**- und **private**-Klausel zeichnet sich allerdings dadurch aus, daß keine unterschiedliche Behandlung von Kunden und Subklassen möglich ist. Nach 1985 ist deshalb zur weiteren Differenzierung eine **protected**-Klausel hinzugekommen. **protected**-Elemente einer Klasse verhalten sich gegenüber dem Kunden genauso wie **private**-Elemente. Gegenüber der Subklasse wirken sie dagegen wie **public**-Elemente, d.h. die Element-Funktionen und `friends` der abgeleiteten Klasse dürfen auf die ererbten `protected`-Elemente frei zugreifen.

Zugriffseinschränkungen bei der Vererbung

Bislang hatten wir es mit Zugriffseinschränkungen zu tun, die in der Basisklasse ausgesprochen wurden und sich auf die abgeleitete Klasse ausgewirkt haben. Ohne weitere Sprachmittel hätte das zur Folge, daß eine ererbte `public`-Variable auch in allen Subklassen öffentlich zugänglich ist, die Zugriffsbedingungen also nicht verschärft werden können.

Zur Verschärfung notwendig wäre ein Mittel, mit dem bei der Ableitung gesagt werden kann, daß ein ererbtes Element so zu behandeln ist, als wäre es in der Subklasse als `private` oder `protected` neu deklariert worden. Ein derartiges Mittel gibt es, allerdings bezieht es sich nicht auf das einzelne Element, sondern auf die ganze Basisklasse.

Die Basisklasse kann in der Subklasse als `public`, `protected` oder `private` erklärt werden. Dabei werden Einschränkungen der Basisklasse nur verschärft, nicht abgeschwächt. Wird die Basisklasse als `public` erklärt — das ist die übliche Art zu erben — wirken sich nur die in der Basisklasse beschriebenen Einschränkungen aus. Sie werden in diesem Fall nicht verschärft, aber ein `private`-Element der Basisklasse wird dadurch auch nicht zum `public`-Element der abgeleiteten Klasse.

Anders im umgekehrten Fall, wenn die Elemente einer `private`-Basisklasse alle `public` sind. Das wirkt sich so aus, wie wenn alle ererbten Elemente *in der abgeleiteten Klasse* als `private` erklärt würden. Insbesonders können die Funktionen der abgeleiteten Klasse auf diese Elemente zugreifen, während sie für die Subklassen der abgeleiteten Klasse wiederum geschützt sind.

```
class A {
public:
  int x;
};


class B1: public A { ... };        // Deklaration von drei
class B2: protected A { ... };     // abgeleiteten Klassen
class B3: private A { void g(); };
```

```
void f(B1* b1,B2* b2,B3* b3) {          // Aufruf durch den Kunden
  b1->x = 1; // o.k.: x ist immer noch public
  b2->x = 2; // Fehler: x ist jetzt protected und f() greift
             // von aussen auf das Element zu
  b3->x = 3; // Fehler: x ist jetzt private und f() greift
             // von aussen auf das Element zu
}


void B3::g(B3* b3) {
  b3->x = 3; // o.k.: x ist zwar private, aber g() Element von B3
}
```

Einfluß auf die Subtyp-Beziehung

Normalerweise können durch implizite Typumwandlung Zeiger auf Instanzen einer Subklasse den Variablen oder Parametern zugewiesen werden, die mit der Basisklasse deklariert wurden. Nun aber angenommen, der ererbte Teil einer Instanz wäre dadurch geschützt worden, daß die Basisklasse als private oder protected erklärt wurde. Jetzt könnte man einfach diese Instanz einer Variablen der Basisklasse zuweisen. Durch die implizite Typumwandlung ließe sich dann mittels der Schnittstelle der Basisklasse auf den jetzt ungeschützten Teil der Instanz zugreifen.

C++ löst dieses Problem dadurch, daß es dem Kunden solche Zuweisungen verbietet, wenn die Basisklasse als private oder protected erklärt wurde. Mit den obigen Beispielklassen bedeutet dies:

```
void f(B1* b1,B2* b2,B3* b3) {
  A* va;
  va = b1; // o.k.: A ist public-Basisklasse von B1
  va = b2; // Fehler: A ist protected-Basisklasse von B2
  va = b3; // Fehler: A ist private-Basisklasse von B3
}
```

Wenn X eine private-Basisklasse von Y darstellt, können nur die Elemente und friends von Y eine implizite Konvertierung in den Typ der Basisklasse veranlassen oder auf die public- und protected-Elemente von X zugreifen.

Ist X eine `protected`-Basisklasse von Y, können zusätzlich noch die Elemente und `friends` der von Y abgeleiteten Klassen eine implizite Konvertierung von dem Typ von Y in den Typ von X veranlassen oder auf die `public`- und `protected`-Elemente von X zugreifen.

Spezielle Zugriffs-Deklarationen

Wie gesagt lassen sich Zugriffseinschränkungen, die in der Basisklasse durchgeführt wurden, in der abgeleiteten Klasse nicht abschwächen. Wurde die Verschärfung allerdings erst in der abgeleiteten Klasse durchgeführt, in dem man die Basisklasse als `private` oder `protected` erklärte, läßt sich dies in *derselben* Klasse auch zurücknehmen.

Das ist sinnvoll, denn `private`-Erklärungen der Basisklassen betreffen alle Elemente, wovon man manche vielleicht ausklammern will. Möglich ist dies durch eine *Zugriffs-Deklaration (access declaration)*, bei der der qualifizierte Name im `protected`- oder `public`-Teil der Klassen-Deklaration der abgeleiteten Klasse aufgeführt wird:

```
class A {
  int z;
public:
  int x;
  int y;
};

class B3: private A {
public:
  A::x;
  void g();
};
```

Das `A::` sorgt dabei für die Qualifizierung, es ist jetzt klar, daß die Variable x aus Klasse A gemeint ist. Obwohl Klasse A eine private Basisklasse von B3 ist, kann jetzt trotzdem von einer externen Funktion auf die Variable x in einer Instanz von B3 zugegriffen werden. y bleibt geschützt, nur über die interne Funktion g() könnte man gegebenenfalls auf y zugreifen. Der Zugriffsschutz für z wurde in der Basisklasse ausgesprochen und läßt sich in B3 nicht rückgängig machen.

3.3.5 Auf welches Element wird zugegriffen?

Bislang ging es darum, *wann* auf ein bestimmtes Element zugegriffen werden darf. Jetzt geht es wieder darum, auf *welches* Element man zugreift, wenn durch Redefinition mehrere Varianten zur Auswahl stehen.

Statische Bindung ist Standard

Ohne weitere Angaben wird wie in Simula eine statische Bindung zur Übersetzungszeit durchgeführt:

```
class A {
public:
  void f(void);
};


class B: public A {
public:
  void f(void);        // Redefinition von f()
};


void g(B* b) {
  A* av;               // Zeigervariable auf Klasse A
  B* bv;               // Zeigervariable auf Klasse B
  bv = b;              // Zeiger auf Instanz von B zuweisen
  bv->f();             // führt B::f() aus
  av = b;              // implizite Typumwandlung
  av->f();             // führt A::f() aus
};
```

Statisch gebundene Funktionen werden oft schneller abgearbeitet, wenn sie als inline-Funktionen deklariert werden. Eine inline-Erklärung kann ausdrücklich durch die Voranstellung des Schlüsselworts vor die Funktion erfolgen. Weiter sind alle Elementfunktionen, die schon innerhalb der Klassendeklaration implementiert werden, automatisch als inline erklärt.

Eine inline-Funktion *kann* der Übersetzer dann am Ort ihres Aufrufs automatisch expandieren und in den Programmtext eingliedern, effektiv findet dann kein Funktionsaufruf mehr statt. Man spart sich dadurch den zusätzlichen Verwaltungsaufwand für Funktionsaufrufe. Das Programm wird zwar etwas größer, aber dafür schneller. Ob die `inline`-Funktion vom Übersetzer wirklich expandiert wird, hängt stark von der Implementation des Übersetzers selbst ab. Eine Voraussetzung ist auch, daß die Funktion nicht zu komplex ist. Schließlich muß der Übersetzer auch wissen, welche Funktion er zu expandieren hat, d.h. diese Option ist nur bei statischer Bindung möglich.

`inline`-Funktionen sind eine Neuerung von C++ gegenüber C. Sie sollen einem Effizienzverlust durch zahlreichere Aufrufe der wegen Klassen und Vererbung tendenziell kleineren Funktionen entgegenwirken. Die statische Bindung ist in C++ hinsichtlich der objektorientierten Programmierung so problematisch wie in Simula. Daß in C++ durch `inline`-Funktionen ein größerer Laufzeitvorteil im Vergleich zu der dynamischen Bindung möglich ist, macht die Argumentation für oder gegen die statische Bindung nicht einfacher.

Dynamische Bindung

Auch die dynamische Bindung kennen wir von Simula: Sie wird mittels *virtuellen Funktionen* realisiert. Das sind wieder Funktionen, die in ihrer ursprünglichen Klasse als `virtual` erklärt werden. Bei der Redefinition dieser Funktionen kann das Schlüsselwort `virtual` noch einmal vorangestellt werden, notwendig ist das aber nicht. Wichtiger ist, daß die Anzahl und der Typ der Funktionsargumente gleich der ursprünglichen Funktion sein muß. Sonst werden die Funktionen aufgrund des Aufrufs als unterschiedlich angesehen. Der `virtual`-Mechanismus tritt dann nicht mehr in Kraft.

Der Ergebnistyp der Funktionen mußte früher ebenfalls identisch sein, inzwischen darf bei der Redefinition ein durch eine Klasse definierter Ergebnistyp durch eine abgeleitete Klasse ersetzt werden:

```
class A {
public:
  virtual int f1(void);
  virtual int f2(void);
  virtual int f3(void);
  virtual A*  f4(void);
};
```

```
class B: public A {
public:
  int  f1(int);      // ueberdeckt A::f1
                     // virtual-Mechanismus ausser Kraft
  char f2(void);     // Fehler: Unterschied nur im Ergebnistyp,
                     // aber keine abgeleitete Klasse
  int  f3(void);     // o.k.
  B*   f4(void);     // Frueher ein Fehler, heute o.k.
};

void g(B* b) {
  A* av;
  av = b;
  av->f1();          // ruft A::f1() auf
  av->f3();          // ruft B::f3() auf
  av->f4();          // ruft B::f4() auf
};
```

Wie das qua von Simula dient der im Kommentar verwendete *Bereichsauflösungs-operator (Scope-Resolution-Operator)* :: dazu, um im Programm anzugeben, welche Version gemeint ist. Wird eine solche Qualifizierung eingesetzt, im obigen Beispiel etwa durch A::f3(), setzt dies den Mechanismus für virtuelle Funktionsaufrufe außer Kraft.

Abstrakte Klassen durch virtuelle Funktionen

Virtuelle Funktionen dienen auch dazu, um abstrakte Klassen darzustellen. Das geschieht durch ein Anhängen von = 0 an den Funktionsbezeichner.

```
class A {
public:
  virtual int f() = 0;
};
```

Die Funktion wird dadurch eine *rein virtuelle Funktion*. Von einer Klasse, die eine rein virtuelle Funktion enthält, können keine Instanzen mehr erzeugt werden. Abstrakte Klassen werden daher in C++ vom System unterstützt.

Die rein virtuelle Funktion muß deshalb auch nicht schon in dieser Klasse implementiert werden, sofern sie nicht mit dem Bereichsauflösungsoperator aufgerufen werden soll. Eine rein virtuelle Funktion wird solange als rein virtuelle Funktion weitervererbt, wie die Funktion nicht in einer Unterklasse redefiniert wird. Die abgeleiteten Klassen sind solange ebenfalls abstrakt; von ihnen können ebenfalls keine Instanzen erzeugt werden.

Noch einmal zu den Konstruktoren und Destruktoren

Nach der in Kapitel 2.2.1 dargestellten Systematik kann man die Konstruktoren und Destruktoren als Nachrichten an die Klasse betrachten. In C++ wird der Ansatz verfolgt, daß es sich um normale Funktionen mit einer größeren Anzahl von Sonderregeln handelt.

Das ist im Fall der Konstruktoren nicht so dramatisch, weil ja der Konstruktor bei der Erzeugung der Instanz implizit aufgerufen wird und bei dem Erzeugungsvorgang immer Bezug auf die gewünschte Klasse genommen wird.

Bei den Destruktoren hat diese Betrachtungsweise allerdings den Nachteil, daß wie bei den normalen Funktionen der statische Typ einer Variablen ermittelt und dann der Destruktor dieses Typs aufgerufen wird. Soll die Variable auch für Instanzen der abgeleiteten Klassen verwendet werden, muß deshalb der Destruktor als `virtual` deklariert werden.

3.3.6 Auflösung von Mehrdeutigkeiten bei multipler Vererbung

Durch die multiple Vererbung kann eine abgeleitete Klasse zu mehreren Elementvarianten unter demselben Namen gelangen, beispielsweise wenn eine Klasse mehrfach als Basisklasse vorkommt oder wenn in mehreren Basisklassen derselbe Elementnamen verwendet wird.

Ein Problem des Programmierers

Hier erübrigt sich aber die Frage, welches Element das System für uns auswählt: Die Auflösung der Mehrdeutigkeiten hat der Programmierer vorzunehmen. Der Übersetzer tut hier nichts; wenn er eine Mehrdeutigkeit findet, ist das für ihn ein Fehler.

Die Aufgabe des Programmierers stellt sich dann wie folgt: Für eine neue Instanz der abgeleiteten Klassen wird für jede Basisklasse eine Teilinstanz angelegt, die von den Teilinstanzen der anderen Basisklassen getrennt ist. D.h. wenn drei Basisklassen existieren, in denen jeweils die Variable **x** deklariert ist, wird die Variable **x** dreimal in der Instanz der abgeleiteten Klasse angelegt.

Im Programmtext ist jetzt durch den Bereichsauflösungsoperator : : die richtige Version anzugeben. Übrigens muß diese Angabe auch dann erfolgen, wenn im Programmtext nur auf eine Möglichkeit zugegriffen werden darf, da der Test auf eine Mehrdeutigkeit vor dem Test auf das Zugriffsrecht stattfindet.

```
class A {
public:
  int x;
  int y;
  int z;
  void f();
};

class B {
  int x;
  void f();
public:
  int y;
  void f();
};

class C: public A, public B { };

void g(C* pc)
{
  pc->x = 1;   // Fehler, x ist mehrdeutig
  pc->y = 2;   // Fehler, y ist mehrdeutig
  pc->A::f(); // o.k.
}
```

Virtuelle Basisklassen

In C++ ist es nicht möglich, eine Klasse mehrfach als direkte Basisklasse anzugeben. Sonst könnten die Mehrdeutigkeiten nicht mit den Namen der Basisklassen aufgelöst werden. Es ist aber möglich, eine Klasse mehrfach als indirekte Basisklasse zu besitzen. In diesem Fall würden mehrere Teilinstanzen entsprechend der Deklaration dieser Basisklasse in einer Instanz der abgeleiteten Klasse angelegt. Das kann gewollt sein, man denke an das Beispiel mit der Lampe in Kapitel 2.5. Sollten für das Gerät mehrere Lampen benötigt werden, kann dies durch die mehrfache Verwendung der indirekten Basisklasse `lampe` bewerkstelligt werden.

Wie in dem Beispiel weisen mehrfache Basisklassen oft auf eine Part-of-Beziehung hin. In diesen Fällen wäre natürlich eine andere Lösung vorzuziehen. Ist die mehrfache Basisklasse aber erforderlich, kann man das Anlegen von mehreren Teilinstanzen vermeiden, wenn man die Basisklasse bei der Ableitung als `virtual` erklärt (auf die Logik der eifrig praktizierten Wiederverwendung der Schlüsselwörter `virtual` und `static` soll nicht eingegangen werden). Im Beispiel wird jetzt nur noch eine Teilinstanz erzeugt:

```
class A {public: int x; void g(); };
class B: public virtual A { void g(); };
class C: public virtual A { };
class D: public B, public C { void f(); };

void C::f()
{
  x = 1; // eindeutig, denn x ist in C nur einmal vorhanden
}
```

Wie das Beispiel zeigt, entsteht aber eine neue Art von Mehrdeutigkeit. Auf den unterschiedlichen Vererbungspfaden werden zwei unterschiedliche Funktionen `g()` gefunden, `A::g()` und `B::g()`.

Ohne virtuelle Basisklassen wäre das kein Problem, die Funktionen würden den Teilinstanzen zugeordnet und könnten mit dem Bereichsauflösungsoperator entsprechend bezeichnet werden. Jetzt muß stattdessen vom System ein Name gefunden werden, der die anderen dominiert. Die Regel ist, daß ein Name `B::g` den Namen `A::g` dominiert, wenn seine Klasse `B` die Klasse `A` als Basisklasse besitzt. Das ist oben der Fall, so daß ein dominierender Name gefunden und `B::g` beim Aufruf von `g()` in Klasse `C` verwendet wird.

Mehrfache Basisklassen und Subtypeigenschaft

Betrachten wir noch den umgekehrten Weg, wenn nämlich eine Instanz der abgeleiteten Klasse der Variablen einer Basisklasse zugewiesen werden soll, von der sie mehrfach geerbt hat.

Das Problem kann man sich so veranschaulichen, daß bei einer Zeigervariablen der Zeiger ähnlich wie bei einer Zeichenkette auf den Anfang des Speicherbereichs der Instanz gesetzt wird. Zusätzlich ist die Struktur dieses Speicherbereichs bekannt.

Bei der impliziten Typumwandlung von der abgeleiteten Klasse in die Basisklasse wird dieser Zeiger auf den Anfang der Teilinstanz gesetzt und die neue Strukturbeschreibung zugeordnet. Das funktioniert natürlich nicht mehr, wenn mehrere Teilinstanzen der Basisklasse zur Verfügung stehen. Bei einer virtuellen Basisklasse stellt sich dieses Problem nicht.

```
class A1 { };
class A2 { };
class B: public A1, public virtual A2 { };
class C: public A1, public virtual A2  { };
class D: public B, public C { };

void f(D* d)
{
  A1* a1;
  A2* a2;
  a1 = d;   // Fehler, A1 von B oder A1 von C ?
  a2 = d;   // o.k., nur ein A2-Subobjekt
}
```

3.3.7 Entwicklungsumgebung

Ursprünglich konnte man bei C++ von einer Entwicklungsumgebung genauso wenig sprechen wie bei Simula. Es stand nur ein *Precompiler* für die Übersetzung der Quelltexte zur Verfügung. Bei ihm handelte es sich um ein rein von der Kommandozeile gesteuertes Werkzeug. Der Precompiler wandelte das C++-Programm erst in ein C-Programm, das dann von einem C-Compiler in die Maschinensprache übertragen werden konnte.

Auch heute gibt es neben „richtigen" C++-Compilern auch noch Precompiler. In der Regel sind sie aber inzwischen in sehr komfortable Entwicklungsumgebungen integriert. Hier sind dann auch Fenster, Editoren, Debugger usw. enthalten. Allerdings gehört das alles nicht zum Sprachumfang von C++, wie es etwa durch die Systemklassen von Smalltalk gegeben ist. Man muß sich gegebenenfalls von Hersteller zu Hersteller neu eingewöhnen.

Die Bedeutung von Dateien

Die Dateigliederung des zu übersetzenden Programmtext ist von C übernommen. Die Klassendeklarationen sollten in einer Header-Datei beschrieben sein, während die Implementation der Funktionen in der Regel in der Programmdatei zu finden sind. Daneben können in Header- und Programmdatei weiter klassische C-Funktionen deklariert und implementiert werden.

Die Klassendeklaration und damit die Header-Datei muß für den Kunden bei der Übersetzung sichtbar sein. Der Einblick des Kunden geht deshalb über die Spezifikation der Klassenschnittstelle hinaus, denn in der Deklaration werden ja auch die vor dem Zugriff geschützten Variablen beschrieben.

Notwendig ist diese Sichtbarkeit u.a. weil in der Funktion des Kunden eine Wert-Variable mit dem Typ der Klasse deklariert sein kann. Zur Übersetzungszeit muß dann der für die Instanz der Klasse notwendige Speicherplatz ermittelt werden können. Einen weiteren Grund bilden schon in der Klassendeklaration implementierte `inline`-Funktionen.

Bibliotheken mit allgemein verwendbaren Klassen

Wie bei der Entwicklungsumgebung fehlt z. Z. eine Bibliothek allgemein verwendbarer Klassen im Sprachumfung. Zum Ausgleich dieses Mankos sind im Laufe der Zeit verschiedene Klassenbibliotheken entstanden, die man käuflich oder kostenlos beziehen kann.

Obwohl ähnlichen Funktionsumfangs unterscheiden sich die einzelnen Bibliotheken in zahlreichen Punkten. Unterschiede bestehen beispielsweise in bezug auf

- Topologie: Baum, Wald, möglichst geringe Kopplung zwischen den Klassen.

- Einsatz oder kein Einsatz der Mehrfachvererbung.

- Unterschiedliche `private`/`public`-Philosophie.

- Verwendung von Präfixen für globale Namen, um keine Probleme beim Einsatz von weiteren Bibliotheken entstehen zu lassen.

- Fehlerbehandlungsmechanismen.

- Dokumentation der Bibliothek, z.B. durch ein Handbuch. Sie ist in der Regel bei kommerziellen Produkten besser.

Beschreibungen unter Berücksichtigung solcher Unterschiede finden sich in ausreichend detailierten Bibliotheks-Vergleichen wie etwa in [Stal 93].

Es gibt verschiedene Gründe für diese Unterschiede. So hatte die *NIHCL-Bibliothek* zur Zeit seiner Entstehung die Smalltalk-Bibliothek als Vorbild, außerdem gab es damals (1985) nur die einfache Vererbung in C++. Beides hat sich bis zur jetzigen Version in der Anordnung aller Klassen in einer einzigen Hierarchie ohne Mehrfachvererbung tradiert. Notwendig ist das nicht. Die *Booch-Components* bilden beispielsweise einen thematisch getrennten Wald von einzelnen Hierarchien unter Einsatz von Mehrfachvererbung.

Bei der *USL-Bibliothek* steht dagegen vor allem die Laufzeiteffizienz im Vordergrund. Das geht soweit, daß wegen ihrer Größe und Komplexität nicht `inline`-fähige Funktionen wenn möglich in einen einfachen, jetzt `inline`-fähigen, und in einen komplizierten Fall aufgespalten werden. Folgerichtig werden auch virtuelle Funktionen und die Vererbung möglichst gemieden.

Ein anderer Ansatz zur Verbesserung des Laufzeitverhaltens kommt dem objektorientierten Gedanken näher: Er geht davon aus, daß für viele praktische Probleme nicht die optimalen Algorithmen verwendet werden, entweder weil man die Algorithmen nicht kennt oder der Aufwand für ihre Implementierung zu hoch wäre. Für diese Fälle wird eine Bibliothek mit den neuesten und effizientesten Implementierungen der wichtigsten Algorithmen aus Lehrbüchern und anderen Veröffentlichungen angeboten. Ein Beispiel einer mit diesem Ziel entwickelten Bibliothek ist *LEDA*. Die Algorithmen und Datenstrukturen werden hier auf abstrakte Datentypen abgebildet, die mit den objektorientierten Eigenschaften von C++ unter Einschluß von Vererbung und virtuellen Funktionen realisiert werden. Solche Bibliotheken sind zu einem Argument dafür geworden, daß die objektorientierte Programmierung in der Praxis sogar zu schnelleren Programmen als die imperative Programmierung führen kann.

Bibliotheken für grafische Benutzeroberflächen

Von besonderem praktischen Interesse sind Klassenbibliotheken für die Erstellung von grafischen Benutzeroberflächen. Gerade in dieser Domäne von objektorientierter Programmierung und Vererbung sollte sich erheblich Entwicklungszeit sparen lassen. Wie bei den allgemeinen Datenstrukturen sind aber auch die Grafikklassen nicht im Sprachumfang enthalten.

Ein größeres Angebot von Klassenbibliotheken schafft inzwischen Abhilfe. Hinsichtlich der Vererbung sind sie homogener als die Bibliotheken für allgemeine Datenstrukturen: Die Klassen sind in einer Hierarchien geordnet. Leichte Unterschiede bestehen in der Intensität der Verwendung von virtuellen Funktionen und abstrakten Klassen. Die Bibliotheken stellen Klassen für Pulldown- und Popup-Menüs, Dialogboxen, Scrollbars, Filebrowser usw. zur Verfügung. Oft wird die Bibliothek zusammen mit einem *Interfacebuilder* vertrieben. Mit dem Interfacebuilder läßt sich die Benutzerschnittstelle interaktiv entwickeln, dabei übernimmt der Interfacebuilder zu einem gewissen Teil die Programmgenerierung.

Während die Vererbungsstruktur eher ähnlich ist, lassen sich die einzelnen Angebote darin unterscheiden, mit welchen GUI-Standards sie kompatibel sind. Grundlage für die Entwicklung nach diesen Standards sind sogenannte *Toolkits*, etwa *OSF/Motif* oder *Windows SDK*. Die Klassenbibliotheken für die Standards lassen sich nun weiter darin unterscheiden, inwieweit Elemente der Toolkits in die Klassen eingekapselt, d.h. von dort die ursprünglichen C-Funktionen aufgerufen werden. Stattdessen setzen manche Bibliotheken auf die Reimplementation der Toolkit-Elemente. Schließlich differieren die einzelnen Ansätze auch hinsichtlich der Art und Struktur der durch den Interfacebuilder erzeugten Programme.

Irgendwann kommt ein Standard

Auswahlkriterien für eine Bibliothek können Funktionalität, Qualität der Algorithmen, Dokumentation etc. sein. Vor allem sollte man die Entwicklungsbemühungen für den zukünftigen ANSI-Standard im Auge behalten, der voraussichtlich 1996 festgeschrieben werden soll.

Immer wieder werden dazu Zwischenergebnisse der Arbeitsgruppen veröffentlicht. Sie lassen u.a. einige Standardklassen für allgemeine Datenstrukturen erwarten. Zur Abwendung von Konflikten durch gleichnamige Klassen bei der Verwendung mehrerer Bibliotheken sind verschiedene Namensräume geplant. Außerdem soll ein einheitlicher Fehlerbehandlungsmechanismus mit entsprechenden Klassen kommen.

3.3.8 Bedeutung von C++

Von den Programmiersprachen mit Klassen- und Vererbungskonzept wird C++ mit Abstand am meisten verwendet. Gründe wurden schon erwähnt: Die Kompatibilität mit C, die beibehaltene Hardware-Nähe und die hohe Ablaufgeschwindigkeit. Das Beharren auf der Kompatibilität mit C führt allerdings dazu, daß durch die Neuerungen von C++ überflüssige Sprachmittel weiter mitgeschleppt werden. Die Sprache ist dadurch weniger orthogonal und begünstigt die Entwicklung verschiedener Programmierstile. Die Hardware-Nähe und die hohe Ablaufgeschwindigkeit stehen im Zusammenhang mit umfangreichen und vergleichsweise mächtigen Befehlen. Vieles kann ausgedrückt werden, das gibt dem Entwickler eine hohe Verantwortung. Denn manches sollte möglichst wenig verwendet werden.

Einige Aspekte von C++ wirken wenig glücklich, etwa wenn komplexe Aufgaben wie die Auflösung von Mehrdeutigkeiten im Programmtext erfolgen sollen. Das paßt sicher nicht zu dem Zusammenspiel von Redefinition und Polymorphismus, mit dem im Grundlagenteil der Vorzug der objektorientierten Programmierung illustriert wurde. Häufig wird der objektorientierte Anspruch von C++ deshalb in Frage gestellt.

Leider scheint die Kompliziertheit der objektorientierten Erweiterungen von C++ tatsächlich eine abschreckende Wirkung zu haben. Nach Untersuchungen werden deutlich mehr als die Hälfte der C++-Compiler nur zum Übersetzen von C-Programmen eingesetzt. Der Unsicherheit könnte eine Bewertung der einzelnen Sprachmittel entgegenwirken, aus der Programmierrichtlinien abgeleitet werden sollten, wie sie beispielsweise [Meegen 92] beschreibt.

Hilfe findet man bei dieser Bewertung in einer umfangreich vorhandenen Literatur. [Stroustrup 92] gibt beispielsweise eine ausführliche Einführung in die Sprache, wobei er sein Werk deutlich weniger durch die rosarote Brille betrachtet als manch andere Autoren. [Meyers 92] wird zugesprochen, daß er den systematischen Grund von C++ an Stellen erklären kann, wo die Sprache Irritationen hervorruft. Er diskutiert ausführlich die Is-a- und Has-a-Beziehungen und warnt vor dem unkritischen Einsatz der multiplen Vererbung in C++. Außerdem gibt er Regeln für die Verwendung von virtuellen, rein virtuellen und gewöhnlichen Element-Funktionen. [Coplien 92] wendet sich wie [Meyers 92] an den fortge-

schrittenen C++-Programmierer. Breiten Raum nehmen Entwurfsaspekte und
der sinnvolle Einsatz der Sprachmittel ein. Ausführlich wird auf die Templates
im Kapitel über Wiederverwendung eingegangen.

3.4 Eiffel

Eiffel wurde Mitte der achtziger Jahre von *Bertrand Meyer* entworfen. Anstoß
für diese Arbeit war seine Suche nach einer geeigneten Sprache und Entwicklungsumgebung für die Firma *Interactive Software Engineering (ISE)*. Das neue
Programmiersystem sollte die Prinzipien des modernen Software Engineering unterstützen, darunter verstand Meyer vor allem die Wiederverwendbarkeit und
Erweiterbarkeit der Programme. Weitere Parameter waren Korrektheit, Robust-
heit, Portabilität und nicht zuletzt Effizienz.

Bertrand Meyer hatte zu dieser Zeit schon etwa zehn Jahre mit Simula gearbeitet und war zeitweise sogar Präsident der *Simula Users Association*, hielt
aber diese Sprache für etwas in die Jahre gekommen und nicht mehr geeignet
für seine Zwecke. Ihm schwebte ein „Simula 85" vor; also ein neues Simula, das
von einigen unnötigen Merkmalen gereinigt und um die gesammelten Erfahrungen erweitert sein sollte. Vor allem erforderte nach seiner Ansicht das moderne
Software Engeneering eine *rein objektorientierte* Sprache.

3.4.1 Mit allen Stufen zum objektbasierten Glück

Seine Anforderungen an ein objektorientiertes System hat Meyer in den „Sieben
Stufen zum objektbasierten Glück" zusammengefaßt ([Meyer 88]) — selbstver-
ständlich werden die Voraussetzungen für diese Stufen von seiner neuen Sprache
Eiffel erfüllt:

- Stufe 1 ist die *objektbasierte modulare Struktur*. Die Systeme sollen auf der
  Basis ihrer Datenstruktur modularisiert sein.

- Stufe 2 betrifft die *Datenabstraktion*. Objekte sollten als Implementationen
  von abstrakten Datentypen beschrieben werden.

- Stufe 3 fordert eine *automatische Speicherverwaltung*: Unbenutzte Objekte sollten automatisch aus dem Speicher entfernt werden ohne das Zutun des Programmierers.

- Stufe 4 definiert die *Klassen*: Jeder nicht-einfache Typ ist ein Modul, und jedes Modul höherer Ebene ist ein Typ. Ein Sprachkonstrukt, das modulare und Typaspekte kombiniert, wird *Klasse* genannt.

- Stufe 5 bringt die *Vererbung* in das Spiel: Eine Klasse kann als Einschränkung oder Erweiterung einer anderen Klasse definiert werden.

- Stufe 6 handelt von *Polymorphismus und dynamischem Binden*: Programm-Elemente dürfen sich auf Objekte von mehr als einer Klasse beziehen, und die Operationen dürfen unterschiedliche Realisierungen in unterschiedlichen Klassen haben.

- Stufe 7 erweitert Stufe 5 zur *multiplen und wiederholten Vererbung*: Man kann Klassen als Abkömmlinge verschiedener Klassen erklären und dabei auch mehrfach als Abkömmling derselben Klasse.

Wenn auch diese Definition des „objektbasierten Glücks" etwas überscharf wirkt, hat die neue Sprache Eiffel doch sehr großes Interesse ausgelöst. Gründe dafür waren:

- Die umfassende Bedeutung der Typen, ihre Bindung an Klassen und der Einsatz von Sprachmitteln, um die Subklassenbeziehung im Wege der in der fünften Stufe beschriebenen Beschränkungen möglichst zu einer Subtypbeziehung werden zu lassen.

- Die Vorstellung von der Softwareentwicklung als eine Ingenieurstätigkeit, deren Erfordernisse sich am besten durch eine rein objektorientierte Sprache erfüllen lassen. Damit formulierte er früh ein Gedankengut, das in den 90er Jahren zu einem allgemeinen Trend geworden ist.

- Neben der Typsicherheit erfüllt Eiffel durch die Auslegung als Compiler-Sprache auch die praktischen Erfordernisse, um im Markt gegen imperative Sprachen oder eine hybride Sprache wie C++ positioniert werden zu können.

[Meyer 88] beschreibt Eiffel mit ausführlichen Begründungen für die einzelnen Entwurfsentscheidungen. Daneben führt das Buch fundiert in die objektorientierten Softwareentwicklung ein und versucht, ihre Überlegenheit gegenüber konventionellen Techniken darzulegen. Es ist deshalb häufig für die Lehre der objektorientierte Programmierung verwendet worden. Daneben beziehen sich zahlreiche wissenschaftliche Artikel selbst jüngsten Datums auf dieses Werk.

Allerdings sind einige dort beschriebenen Sprachaspekte mit dem Erscheinen von Eiffel 3 obsolet geworden. Dieses neue Eiffel ist der Inhalt von [Meyer 92] und auf dessen Vererbung soll hier vor allem eingegangen werden. Da aber zu dieser neuen Sprachversion erst jüngst auch Compiler verfügbar wurden und sich zudem die meisten Literaturstellen auf die alte Version beziehen, soll bei signifikanten Unterschieden noch jeweils kurz auf die alte Version eingegangen werden. Außerdem lassen sich aus diesen Änderungen wie aus den vorhin zum Werdegang von C++ gemachten Bemerkungen Rückschlüsse auf die Entwicklung der Vererbung in den Programmiersprachen ziehen.

3.4.2 Klassen und Instanzen

Ein Eiffel-Programm besteht wie bei Smalltalk aus einer Sammlung von Klassen. Entgegen den Verhältnissen bei Smalltalk sind aber die Klassen bei der Compiler-Sprache Eiffel wieder nur Beschreibungen für den Zeitpunkt des Übersetzens, die eigentlichen Objekte entstehen als deren Instanzen zur Laufzeit.

Einbindung in die Klassenhierachie

Wie bei den anderen behandelten Compiler-Sprachen müssen die Typen der Variablen, der Parameter und der Rückgabewerte der Funktionen deklariert werden. Die starke Betonung der Typisierung führt aber zu einer saubereren Ausarbeitung dieses Konzepts. So stehen *einfache* und *komplexe* Datentypen zur Deklaration zur Verfügung.

Einfache Datentypen wie **INTEGER, REAL, DOUBLE, CHARACTER** und **BOOLEAN** sind in die Sprache eingebaut. Sie werden wie in Smalltalk als eigene Klassen angesehen. Unser **PLATZ_IDENT** gilt dagegen als *komplexer Datentyp* und wird als benutzerdefinierte Klasse realisiert. Einige häufig benötigte komplexe Datentypen sind schon durch Klassen implementiert und werden in einer Bibliothek mitgeliefert.

Ursprünglich waren die Eiffel-Klassen nicht zwangsläufig in eine Hierarchie eingebunden. Zwar ist Eiffel 3 mit der ursprünglichen Version dahingehend kompatibel, daß weiterhin keine Oberklassen angegeben werden müssen. Allerdings gibt es jetzt drei oberste Klassen, denen alle anderen Klassen notfalls implizit untergeordnet sind. Klassen ohne angeführte Oberklasse gelten automatisch als direkte Unterklasse der Klasse ANY. ANY ist die einzige Unterklasse von PLATFORM und PLATFORM ist wiederum die einzige Unterklasse von GENERAL.

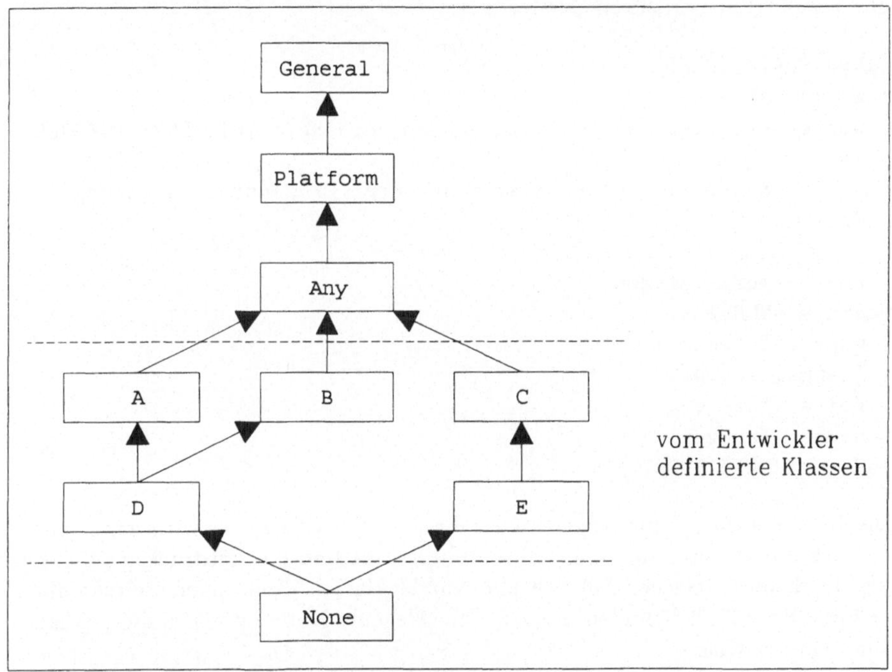

Bild 3.7 Klassenhierarchie bei Eiffel

Neben den drei obersten Klassen definiert die Sprache eine unterste Klasse in der Hierarchie, nämlich die Klasse NONE. Die Zuordnung erfolgt immer automatisch, man müßte ja sonst bei der Neudefinition einer Klasse ihren Bezeichner in der Oberklassenliste von NONE hinzufügen.

GENERAL enthält plattformunabhängige Variablen und Prozeduren, die für alle Klassen notwendig sein können. Mit der *Plattform* ist der jeweilige Rechner und das Betriebssystem gemeint, deren Spezifika finden in der Klasse `PLATFORM` Eingang. Auf eine Verwendungsmöglichkeit von `ANY` und `NONE` soll gleich eingegangen werden.

Kapselung

Sehen wir uns die Klasse `PLATZ_IDENT` in Eiffel-Syntax an (Kommentare werden durch zwei Bindestriche eingeleitet):

```
class PLATZ_IDENT
feature {ANY}
  werte_setzen(egasse, eseite, ehoehe, elaenge: INTEGER): INTEGER
  is
  -- Per Konvention steht hier eine kurze Prozedurbeschreibung
  do
    ...
  end -- werte_setzen
feature {NONE}
  gasse: Integer;
  laenge: Integer;
  seite: Integer;
  hoehe: Integer;
end --  PLATZ_IDENT
```

Die Klasse enthält keine Angabe einer direkten Oberklasse, sie wird damit automatisch direkt unter `ANY` eingeordnet. Interessant sind die Ausdrucksmöglichkeiten durch die Tatsache, daß sich alle Kundenklassen direkt oder indirekt unter `ANY` und über `NONE` befinden müssen. Eine elegante Nutzung zeigen die `feature`-Klauseln der Klasse:

Als `features` werden in Eiffel die Variablen und Prozeduren einer Klasse bezeichnet, die mit diesen Klauseln zusammengefaßt werden können. Kriterium ist die Gemeinsamkeit von Klassen, die auf diese `features` der Klasse als Kunden Zugriffsrechte haben sollen.

Diese Klassen werden in einer geschweiften Klammer angegeben, wobei das Zugriffsrecht auf die folgenden Merkmale außer für die dort aufgeführten Klassen auch für deren Abkömmlinge gilt. Die Tatsache, daß alle möglichen Kundenklassen Abkömmlinge der Klasse `ANY` sind, kann jetzt dazu benutzt werden, um

auszudrücken, daß *alle* anderen Klassen auf die Variablen und Prozeduren dieser
`feature`-Klausel zugreifen dürfen. `NONE` dagegen heißt, daß diese Merkmale vor
allen anderen Klassen geschützt sind.

`feature {ANY}` kann durch `feature`, `feature {NONE}` durch `feature {}` ab-
gekürzt werden. Zu beachten ist, daß u.U. auch die Klasse `PLATZ_IDENT` in be-
stimmten Fällen den Kunden gleichgestellt wird. Das gilt dann, wenn über eine
Variable qualifiziert zugegriffen wird, also in der Art `var_name.gasse`. In diesem
Fall muß gegebenenfalls auch die Klasse `PLATZ_IDENT` selbst in die entsprechende
`feature`-Klausel aufgenommen werden.

Im alten Eiffel mußten die öffentlichen Merkmale eigens in einer `export`-Klausel
aufgeführt werden. Das Grundschema war wie folgt:

```
class <Name der Klasse>
export <Bezeichner der aussen sichtbaren Variablen und Prozeduren>
feature <Deklaration der Variablen und Prozeduren>
end
```

Zusätzlich konnte auch noch angegeben werden, daß bestimmte Merkmale nur
für bestimmte Klassen und deren Abkömmlinge zugreifbar sind. Das Verfahren
in Eiffel 3 führt alle diese Sprachmittel unter Nutzung einer hierarchischen Klas-
senstrukturierung in übersichtlicher Weise zusammen.

Als eine Besonderheit ist anzumerken, daß der Zugriff auf Variablen nur ein
Lesezugriff ist. Ein Effekt ist, daß die Variablenzugriffe in den Kundenprozeduren
syntaktisch Funktionsaufrufen ohne Parameter gleichen.

Zusicherungen

Bei der algebraischen Spezifikation eines abstrakten Datentyps in Kapitel 2.1.2
war zu sehen, daß neben den Operationen auch Axiome angegeben wurden, um
dessen Eigenschaften zu erfassen. Als ein Hilfsmittel, um diese Axiome ansatzweise darzustellen, haben wir später die *Zusicherungen* kennengelernt.

Diese Zusicherungen können in Eiffel durch einfache Boolsche Ausdrücke dargestellt werden, die sich auf die internen Variablen des aktuellen Objektes beziehen.

Es werden drei Arten von Zusicherungen unterschieden: Die *Vorbedingungen*
befinden sich am Beginn einer Prozedur und werden durch das Schlüsselwort
`require` eingeleitet. Sie müssen immer erfüllt sein, wenn eine Prozedur aufgerufen
wird. Die Nachbedingungen werden durch `ensure` eingeleitet, befinden sich am

Ende der Prozedur und müssen immer gelten, wenn die Prozedur abgearbeit worden ist.

Die *Klasseninvarianten* bilden eine eigene Klausel in der Klasse. Sie werden durch **invariant** eingeleitet und müssen in den Zeiträumen erfüllt sein, wenn die betreffende Instanz von außen zugreifbar ist. Das ist nach deren Erzeugung sowie nach jeder Prozedurabarbeitung der Fall.

```
werte_setzen(egasse, eseite, ehoehe, elaenge: INTEGER): INTEGER is
-- Dient zum Setzen der Werte eines PLATZ_IDENTs
require
   egasse < 10; eseite < 3;  ehoehe < 15; elaenge < 60;
do
   gasse := egasse;                    -- Zuweisungen
   seite := eseite;
   laenge := elaenge;
   hoehe := ehoehe;
   Result := 1;                        -- Alles o.k.
   ensure
   gasse = egasse; seite = eseite; laenge = elaenge;
   hoehe = ehoehe;
end --werte_setzen
```

Das Semikolon in den Klauseln ist als logisches „Und" zu lesen.

Die Überprüfung der einzelnen Arten von Zusicherungen kann bei der Kompilierung ein- und ausgeschaltet werden. Das Ausschalten ist vor allem bei ausgetesteten Klassen zweckmäßig, um den notwendigen Aufwand an Rechenzeit zu sparen. Ist die Überprüfung eingeschaltet und wird die Bedingung verletzt, löst das eine sogenannte *Exception* aus. Für diese Situationen ist ein Mechanismus zur Ausnahme-Behandlung vorhanden. Um ihn zu nutzen, muß der Prozedurtext eine **rescue**-Klausel enthalten, die im Fehlerfall angesprungen wird und in der die in dieser Situation auszuführenden Anweisungen stehen. U.a. kann von dort mittels einer **retry**-Anweisung die Prozedur nochmals gestartet werden. Wird der Mechanismus nicht verwendet, führt eine Exception zu einem einem Programmabruch mit einer den Fehler identifizierenden Meldung.

Im Grundlagenteil wurde schon darauf hingewiesen, daß die Nützlichkeit der Zusicherungen nicht allein im Umfeld ihres theoretischen Hintergrunds zu suchen ist. Zusätzlich bilden sie auch ein hervorragendes Testhilfs- und Dokumentationsmittel. Das Zusammenspiel mit dem Entwurf illustriert der von Meyer geprägte

Begriff des *Design by Contract* zwischen der Klasse und dem aufrufenden Kunden: Falls die Prozedur vom Kunden unter Einhaltung der Vorbedingungen aufgerufen wurde, garantiert sie ein Ergebnis unter Einhaltung der Nachbedingung.

Erzeugung von Instanzen

In der Regel enthalten die mit einfachen Datentypen deklarierten Variablen einen Wert, die mit komplexen Datentypen deklarierten Variablen eine Referenz. Durch eine Deklaration mit **expanded** kann man erreichen, daß auch die Variablen für komplexe Datentypen einen Wert und keine Referenz enthalten. Durch die Verwendung von **expanded** ergeben sich vor allem zahlreiche Einschränkungen von Einsatzmöglichkeiten. Diese Sonderregeln sollen im folgenden außer acht gelassen werden, es ist also bei komplexen Typen immer von Referenzen auszugehen.

Syntaktisch unterscheiden sich die Variablen für Werte und für Referenzen nicht. Durch die Sprache wird garantiert, daß alle Variablen bei der Erzeugung eines Objektes mit einem Standardwert belegt werden (Zeiger durch **void**, das ist der leere Zeiger, Integer-Variablen durch 0 usw.). Im folgenden Beispiel würde die Variable **gasse** mit dem einfachen Typ **INTEGER** deshalb vor der Zuweisung den Wert 0 enthalten. Soll ein anderes Objekt zugewiesen werden, ist für die 3 als Element eines einfachen Datentyps wie in Smalltalk keine ausdrückliche Instanzerzeugung notwendig:

```
gasse: INTEGER;
gasse := 3;
```

Die mit einem komplexen Typ deklarierte Variable **mein_platz** enthält stattdessen zunächst einen Zeiger auf **void**, mittels **!!** wird dann die Instanzerzeugung angestoßen, wonach **mein_platz** eine Referenz auf eine Instanz der Klasse **PLATZ_IDENT** zugewiesen wird:

```
mein_platz: PLATZ_IDENT;
!!mein_platz;
```


Noch eine Vereinfachung durch **ANY** *und* **NONE**

Interessant ist der Werdegang der Referenz auf **void** in den verschiedenen Eiffel-Versionen. Explizit konnte dieser Null-Zeiger im alten Eiffel durch

```
mein_platz.forget
```

zugewiesen werden. Die Abfrage auf den Nullzeiger erfolgte dann durch

```
if mein_platz.void ...
```

Beides sind eigentlich Prozeduraufrufe und stellen in der Syntax einen Bruch gegenüber der üblichen Wertzuweisung und -abfrage dar. In Eiffel 3 wird dem dadurch abgeholfen, daß void als Merkmal der Klasse ANY interpretiert, das mit dem Typ der Klasse NONE deklariert wurde:

```
void: NONE;
```

Dadurch ergeben sich zwei Effekte: Erstens wird über ANY das Merkmal void auf alle benutzerdefinierten Klasse vererbt. Und zweitens kann vom Merkmal void aus allen Variablen der benutzerdefinierten Klassen zugewiesen werden, denn der Typ NONE ist ja Subtyp aller anderen Klassen. So wird erreicht, daß jetzt die folgende Zuweisung konsistent verwendet werden kann:

```
mein_platz := void;
```

Außerdem kann die normale Abfrage auf Gleichheit eingesetzt werden:

```
if mein_platz = void ...
```

Ein weiterer Vorteil ist Reduzierung von reservierten Wörtern.

Konstruktoren

Reicht die Initialisierung mit Standardwerten nicht aus, können wieder eigene Konstruktoren erstellt werden, die Eiffel bei der Objekterzeugung dann automatisch aufruft. Dazu mußte im alten Eiffel eine Prozedur mit dem reservierten Bezeichner Create der Klasse hinzugefügt werden. Unterschiedliche Initialisierungen ließen sich durch die Parametrisierung der Create-Prozedur bewerkstelligen, Typ und Anzahl der Parameter konnte frei gewählt werden.

Statt dieser einen können in Eiffel 3 verschiedene Prozeduren mit beliebigem Namen für die Initialisierung eingesetzt werden. Die Namen dieser Prozeduren müssen zu diesem Zweck nur in der neugeschaffenen create-Klausel aufgeführt werden:

```
class PLATZ_IDENT
create
  initialisiere, set_up
feature {ANY}
  initialisiere

    ...

  set_up
    ...
```

Es kann mehrere **create**-Klauseln geben, deren Verwendung wie im Fall der **features** auf bestimmte Kunden beschränkt werden kann. Die obige Klausel ist wieder die Kurzschreibweise für **create {ANY}**, die beiden Prozeduren können deshalb von allen Klassen zur Instanzerzeugung genutzt werden.

Dieselbe Prozedur kann sowohl bei der Instanzerzeugung als auch für eine Wertbelegung eines existierenden Objekts eingesetzt werden. Die in der **create**- und der **feature**-Klausel beschriebenen Zugriffsrechte sind unabhängig voneinander. So kann beispielsweise Klasse **A** nur erlaubt sein, **set_up** bei der Instanzerzeugung zu benutzen, während Klasse **B** diese Prozedur nur bei existierenden Instanzen einsetzen darf.

Die **create**-Klausel ist optional. Werden Konstruktoren in ihr aufgeführt, muß einer von ihnen bei der Erzeugung angegeben werden:

```
mein_platz: PLATZ_IDENT;
!!mein_platz.initialisiere;
```

Zu beachten ist, daß die grundlegenden Aufgaben der Objekterzeugung wie das Beschaffen des Speicherplatzes und die erste Initialisierung schon durch das !! ausgeführt werden. Dieser Anstoß findet folglich wie in C++ nicht innerhalb des selbstgeschriebenen Konstruktors statt. Er kann darum dort auch nicht verhindert werden.

Durch fortgesetztes Nachrichtenversenden kann der Konstruktor kaskadenartige Auswirkungen haben. Auf diese Weise wird das gesamte Eiffel-Programm durch den Konstruktor einer vom Programmierer frei wählbaren Wurzelklasse gestartet. Das spätere Löschen der erzeugten Objekte übernimmt eine automatische Speicherbereinigung. Destruktoren sind deshalb nicht notwendig.

Generische Klassen

Durch die strenge Typisierung wäre man wieder gezwungen, manche Klassen, die
für viele unterschiedliche Typen verwendet werden können, mehrfach zu implementieren. Dagegen hilft wieder die Möglichkeit, generische Klassen mit einem
formalen Parameter zu deklarieren.

```
class LISTE [T]
feature{ANY}
  einfuegen(x: T) is
  do ... end;
  ...
end -- class LISTE
```

Generische Klassen gelten als Muster für Typen; ein Typ entsteht erst durch
die Ersetzung des formalen Parameters, wie er etwa bei der Deklaration einer
Variablen erfolgen muß:

```
viele_plaetze: LISTE[PLATZ_IDENT];
```

Aufgrund der Subtyp-Beziehung kann die Liste auch für Instanzen der Subklassen
von **PLATZ_IDENT** verwendet werden. Darum läßt sich eine Liste für die Instanzen
aller benutzerdefinierten Klassen einfach durch

```
viele_plaetze: LISTE[ANY];
```

erzeugen. Ein weiteres Zusammenspiel mit der Vererbung zeigt das folgende Beispiel:

```
class LISTE_DER_MOBILEN [T -> MOBILER_FOERDERER]
feature{ANY}
  einfuegen(x: T) is
  do ... end;
  ...
end -- class LISTE
```

In diesem Fall kann nur **MOBILER_FOERDERER** und seine Abkömmlinge als aktueller
generischer Parameter eingesetzt werden.

3.4.3 Was alles vererbt wird

Wie schon durch die „Sieben Stufen" vorgegeben, ist in Eiffel die multiple Vererbung möglich. Alle Merkmale werden von den Oberklassen auf die Unterklassen vererbt und können dort im Rahmen bestimmter Regeln redefiniert werden. Auch die ausschließlich dynamische Bindung der redefinierten Prozeduren entstammt den „Sieben Stufen" — die statische Bindung betrachtet Meyer als schwere Sünde wider den objektorientierten Geist.

Von welchen Klassen man erben will, ist nach dem Schlüsselwort `inherit` anzugeben. Dem Namen der Oberklasse kann jeweils ein größerer Abschnitt folgen, der zur Anpassung ihrer Merkmale an die Gegebenheiten der erbenden Klasse dient:

```
<Klassenname> inherit
<Oberklasse_1>
   -- Merkmalsanpassung der ersten Oberklasse
   rename <Umbenennungen von Merkmalen der Oberklasse_1>
   export <Neue Zugriffsberechtigungen
           fuer die Merkmale der Oberklasse_1>
   undefine <Zu "undefinierende" Merkmale der Oberklasse_1>
   redefine <Angabe der redefinierten Merkmale der Oberklasse_1>
   select <Auswahl von Merkmalen der Oberklasse_1>
end
<Oberklasse_2>
   -- Merkmalsanpassung der zweiten Oberklasse
   ...
feature
   -- Redefinierte und zusaetzliche Merkmale der neuen Klasse
   ...
```

Die einzelnen Klauseln innerhalb dieser Merkmalsanpassung werden wir in drei Unterabschnitten kennenlernen. In diesem Unterabschnitt wird zunächst genauer betrachtet, was alles von der Oberklasse an die Unterklasse mitgegeben wird.

Danach wird die Redefinition zusammen mit dem Subtypgedanken behandelt. Aus dem obigen Schema nehmen wir dahin mit, daß bei Eiffel die Bezeichner derjenigen ererbten Merkmale, die redefiniert werden sollen, in einer `redefine`-Klausel aufgenommen werden müssen. Eine irrtümliche Redefinition ist folglich ausgeschlossen.

Der dritte Unterabschnitt schließlich wird die Konfliktauflösung bei der multiplen Vererbung behandeln. Sie benützt von den oben stehenden Klauseln vor allem das Umbenennen von Merkmalen (`rename`), nötigenfalls verbunden mit der Auswahl (`select`) und dem „Undefinieren" (`undefine`).

Schnittstelle nach außen

Welche Merkmale in der Oberklasse von außen zugreifbar waren, wurde im alten Eiffel nicht an die Unterklasse weitergegeben. Sollten die ererbten Merkmale in der Unterklasse ebenfalls von außen zugreifbar sein, mußten sie mit den hinzugekommenen Merkmalen der Unterklasse noch einmal in der `export`-Klausel aufgeführt werden.

In Eiffel 3 wird jetzt diese Schnittstellenbeschreibung zusammen mit den Merkmalen geerbt. Für die Bequemlichkeit muß aber keine Einschränkung der Freiheitsgrade in Kauf genommen werden, denn diese Schnittstellenbeschreibung läßt sich bei der Merkmalsanpassung in der Unterklasse beliebig neu gestalten. Das alte Schlüsselwort `export` wird jetzt innerhalb der Merkmalsanpassung nach folgendem Schema neu verwendet:

```
export
  {Klassenliste_1} Merkmalsliste_1;
  {Klassenliste_2} Merkmalsliste_2;
  ...
```

Daß diese Freiheitsgrade vorhanden sind überrascht, wenn man gerade von der Angst vor der Subklasse in C++ gelesen hat. In Eiffel ist die Philosophie eine andere: Die Subklasse soll möglichst alles können, was ihre Oberklasse auch kann. Die oben genannte Tatsache, daß neben den ausdrücklich aufgeführten Klassen die Zugriffsrechte auch auf die ungenannten Unterklassen vererbt werden, ist ein weiteres Beispiel für diese Philosophie.

Konstruktoren

Es wurde schon erwähnt, daß es im alten Eiffel eine `Create`-Prozedur gab. Diese Prozedur wurde *nicht* an die Unterklassen vererbt. Der Gedanke bei dieser Sonderbehandlung war, daß die Unterklassen normalerweise spezialisierter als die Oberklassen sind und demzufolge komplexere `Create`-Prozeduren mit einer größeren Anzahl von Argumenten erfordern würden.

Wie noch zu sehen sein wird, wären in diesem Fall die Regeln für die Vererbung und die Redefinition eher eine Behinderung gewesen. Wollte man sich die `Create`-Prozedur des Vorfahren trotzdem zugänglich machen, konnte dies im alten Eiffel durch die Umbenennung dieser Prozedur geschehen.

In Eiffel 3 werden jetzt alle Prozeduren gleich behandelt und vererbt, die Information der `create`-Klausel wird allerdings *nicht* mitvererbt. Soll die ererbte Initialisierungsprozedur auch in der Subklasse zu diesem Zweck verwendet werden, ist der Name des Bezeichners noch einmal in der `create`-Klausel aufzuführen.

Die Regelung für die `create`-Klausel im neuen Eiffel gleicht also dem oben beschriebenen Verfahren mit der `export`-Klausel im alten Eiffel.

Abstrakte Klassen

Auch abstrakte Klassen können in Eiffel beschrieben werden. Sie werden in Eiffel als `deferred` *(aufgeschoben)* bezeichnet und dadurch definiert, daß zumindest eine ihrer Prozedur `deferred` ist, d. h. die aktuelle Implementierung nur in den Nachfahren der Klasse zu finden ist. Enthält eine Klasse eine solche Prozedur, muß ihrem Bezeichner das Schlüsselwort `deferred` vorangestellt werden, also z.B.

```
deferred MOBILER_FOERDERER
    ...
```

Von der Klasse können keine Instanzen erzeugt werden. Wird eine als `deferred` erklärte Prozedur in einer Unterklasse nicht redefiniert, ist die Unterklasse ebenfalls eine abstrakte Klasse, von der keine Instanzen erzeugt werden können.

Vorteilhaft ist in Eiffel, daß die spätere Redefinition in den Unterklassen durch die Angabe von Vor- und Nachbedingungen beeinflußt werden kann. Außerdem können natürlich schon Invarianten der Klasse erklärt werden (auf die genauen Auswirkungen wird gleich eingegangen). Der Hinweis, daß die Prozedur `deferred` ist, erfolgt im Programmtext:

```
fahre_nach(wohin: ALLG_PLATZ) is
  require
    strom_an = true
  deferred
```

```
    ensure
       bin_dort = true
end
```

Der übliche Weg ist, eine Prozedur zuerst als `deferred` zu erklären und dann
in der Unterklasse mit der probaten Implementation zu versehen. In Eiffel bietet
sich aber auch die Möglichkeit, die umgekehrte Richtung zu gehen, nämlich aus-
definierte Prozeduren in `deferred`-Prozeduren umzuwandeln. Das geschieht, in
dem man den Bezeichner der Prozedur in die `undefine`-Klausel aufnimmt.

Zusätzliche Hilfen beim Erben

Wenn der Vererbung eine so zentrale Rolle im Sprachkonzept eingeräumt wird,
lassen sich noch einige weitere nützliche Beschreibungsmittel finden, um die weitere Bearbeitung in den Subklassen zu beeinflussen.

So kann es zweckmäßig sein, Subklassen (und Kunden) darauf hinzuweisen,
daß ein Merkmal oder die ganze Klasse zwar momentan noch zur Verfügung
steht, aber mittelfristig entfallen soll. Dies kann in Eiffel durch eine `obsolete`-
Klausel erfolgen, die durch eine Nachricht ergänzt werden kann. Die Werkzeuge
der Sprache erzeugen dann eine Warnung, wenn die Klasse oder das Merkmal
verwendet werden.

Während die `obsolete`-Klausel keine Auswirkungen auf die Semantik hat, verhindert `frozen`, daß eine Prozedur in den Unterklassen redefiniert werden kann.
Das ist vorteilhaft, wenn eine bestimmte Implementierung auf jeden Fall beibehalten werden soll.

`frozen` kann äußerst effektiv mit einer anderen Möglichkeit kombiniert werden, der „Deklaration durch Assoziation". Dabei wird nicht direkt mit dem Typ
deklariert, sondern indirekt über einen Verweis.

Im Beispiel wird `noch_ein_platz` mit dem Typ der Variablen `mein_platz` deklariert:

```
noch_ein_platz: like mein_platz;
```

`mein_platz` könnte ein Merkmal der Klasse sein, `noch_ein_platz` die lokale Variable einer Prozedur. In einer Unterklasse muß nur der neue Typ von `mein_platz`
angegeben werden, der Typ von `noch_ein_platz` wird dann automatisch mit-
geändert.

Eine häufige Anwendung sind Prozeduren, die Variablen mit dem Typ der eigenen Klasse deklariert haben und die in den Unterklassen sonst nur wegen der Anpassung dieser Variablen an die Unterklasse redefiniert werden müßten. In diesem Fall läßt sich die assoziative Deklaration sogar abkürzen. Da es in Eiffel mit `Current` einen vordefinierten Bezeichner für die gerade aktuelle Instanz der umschließenden Klasse gibt, kann man diesen ebenfalls zur Deklaration verwenden:

```
noch_ein_platz: like Current;
```

Dadurch erhält die Variable den Typ der jeweiligen Klasse, an welche die umschließende Prozedur weitervererbt wurde, ohne daß die Prozedur neu definiert werden muß.

3.4.4 Konformität von Typen und Redefinition von Merkmalen

Die Redefinition von Merkmalen ist in Eiffel eng mit der sogenannten *Konformität* der beteiligten Typen verknüpft. Diese Konformität wiederum versucht letztlich die Subtypbeziehung zu erfassen, ohne durch die Verwendung dieses Begriffs jedes Sprachmittel von Eiffel auf einen theoretischen Prüfstand stellen zu müssen.

Konformität als Basis der Subtypen

Der Begriff Konformität suggeriert eine reflexive Beziehung, das ist aber zwischen dem Typ X und dem Typ Y nur dann der Fall, wenn X gleich Y ist. Ansonsten gilt (unter Vernachlässigung einiger Sonderfälle), daß ein Typ Y konform mit Typ X ist, wenn

- X und Y Klassen sind, X keine generischen Parameter hat und X eine direkte Oberklasse von Y ist.

- X eine Klasse mit generischen Parametern der Art $P[U_1,U_2,U_3,\ldots,U_n]$ ist, und Y listet $P[V_1,V_2,V_3,\ldots,V_n]$ in seiner `inheritance`-Klausel auf, wobei jedes V_i mit dem entsprechenden U_i konform ist.

- es einen Typ Z gibt, so daß Y konform ist mit Z und Z konform ist mit X.

Die Konformität von Y mit X gründet sich also wieder auf der Basis von Subklassenbeziehungen und ist die Vorraussetzung dafür, daß Y als Subtyp von X angesehen werden kann. Dadurch werden folgenden Fälle möglich (mit x vom Typ X und y vom Typ Y):

- Die Zuweisung x := y.

- Der Aufruf einer Prozedur mit p(...,y,...), wobei x als formaler Parameter in p an der Stelle erklärt ist, an der y im Aufruf steht.

- Die Erzeugung eines Objekts mit !Y!x (Erklärung folgt gleich).

- Die Redefinition, wenn in einer Unterklasse der Typ von x durch den Typ Y ersetzt werden soll und x eine Variable, ein Funktionsergebnis oder ein Argument beschreibt.

- Bei der Verwendung wie in C[...,Y,...], wobei der korrespondierende formale Parameter durch X beschränkt wird, also durch C[...,T->X,...].

Auf den letzten Punkt wurde schon bei der Einführung der generischen Klassen eingegangen. Betrachten wir jetzt etwas genauer die Punkte im Zusammenhang mit der Objekterzeugung und Zuweisung sowie die Redefinition von Merkmalen.

Zuweisungen in beide Richtungen

Die Zuweisung einer Instanz der Subklasse an eine Variable der Oberklasse funktioniert wie üblich:

```
foerderer1: MOBILER_FOERDERER;
foerderer2: VERFAHRWAGEN;


!!foerderer2;
foerderer1 := foerderer2;
```

Wie ein kleiner objektorientierter Lapsus wirkt !!foerderer2, denn eigentlich handelt es sich bei der Erzeugung des Objekts um eine Nachricht an dessen Klasse. Und die ist hier nirgends aufgeführt, sondern wird implizit durch den statischen Typ der Variablen foerderer2 ermittelt. Eine Abkürzung der obigen Sequenz ist deshalb auch nicht in der Form wie bei Simula möglich:

```
ref(mobiler_foerderer) foerderer1;
foerderer1 :- new verteilwagen;
```

So wurde eine andere Variante gefunden, durch explizites Angeben der gewünschten Klasse doch noch diesen Effekt zu erlangen:

```
foerderer1: MOBILER_FOERDERER;
!VERFAHRWAGEN!foerderer1;
```

Wie beim Casting in C++ gibt es auch den Weg zurück, also von der Variablen der Oberklasse zu derjenigen der Unterklasse. Hier in der typsicheren Variante durch den „Zuweisungs-Versuch" mit ?=:

```
foerderer1: MOBILER_FOERDERER;
foerderer2: VERFAHRWAGEN;


!VERFAHRWAGEN!foerderer1;
foerderer2 ?= foerderer1;
```

Die Bezeichnung kommt daher, weil nur dann eine Zuweisung erfolgt, wenn der dynamische Typ von `foerderer1` zu dem statischen Typ von `foerderer2` konform ist. Wenn dies nicht der Fall ist, enthält `foerderer2` nach dem Zuweisungs-Versuch eine Referenz auf `Void`.

Konformität als Vorbedingung für die Redefinition

Neben den verschiedenen Zuweisungsformen ist die Konformität auch eine Voraussetzung dafür, daß bei der Redefinition von Merkmalen der Typ einer Variablen, eines Funktionsergebnisses oder eines Arguments durch einen anderen Typ ersetzt werden kann. Zu diesem Zweck sollten die entsprechenden Subklassen Erweiterungen oder Spezialisierungen ihrer Oberklassen darstellen.

Die Spezialisierungsbedingung wird in Eiffel dadurch unterstützt, daß die Neudeklaration von Variablen, von einem Funktionsergebnis oder einem Argument nur durch einen Typ erfolgen darf, der spezieller wie sein Vorgänger ist, er muß also zu diesem konform sein. Die genauen Redefinitionsregeln werden mit Hilfe der *Signatur* eines Merkmals beschrieben. Diese Signatur besteht in einem Paar von Tupeln der Form $<A_1, \ldots, A_n>, <E>$, wobei alle Elemente dieser beiden Tupel Typen sind. Die A_i des ersten Tupels entsprechen den Typen der formalen Parameter einer Prozedur, und E ist der Ergebnistyp einer Funktion bzw. der Typ einer Variablen.

Eine zweite Signatur $<B_1,\ldots,B_n>$, $<F>$ ist genau dann mit $<A_1,\ldots,A_n>$, $<E>$ konform, wenn jede der beiden Komponenten der zweiten Signatur genauso viel Elemente hat wie die beiden Komponenten der ersten Signatur und wenn jedes Element der zweiten Signatur mit dem an der entsprechen Stelle der ersten Signatur stehenden Element konform ist. Da für die Redefinition von Merkmalen die Konformität der Signaturen notwendig ist, kann eine Prozedur, die keine Funktion ist, wegen der ersten Bedingung nicht durch eine Funktion ersetzt werden. Allerdings können parameterlose Funktionen mit Variablen konforme Signaturen haben. Tatsächlich ist es auch möglich, eine Funktion durch eine Variable zu ersetzen. Umgekehrt verbietet aber eine Sonderregel die Redefinition einer Variablen durch eine Funktion, selbst wenn diese zur Variablen konform wäre. Eine Redefinition durch eine konforme Variable bleibt dagegen erlaubt.

Zu diesen beschriebenen Konformitätsregeln für Signaturen ist anzumerken, daß die Vorgabe für die Typen der Parameter besonders der Kritik unterliegt. Diese Typen dürfen bei der Redefinition in Subklassen ja nur durch Subtypen ersetzt werden. Die mögliche Veränderung der Parametertypen verläuft analog der Klassenhierarchie abwärts, man spricht deshalb von *Kovarianz*. Heute geht der Trend bei den Parametern in Richtung auf die *Kontravarianz*, da die Kovarianz als anfälliger für Typfehler gilt. Wir werden auf diese Problematik bei Eiffel noch zweimal zurückkommen, später in Kapitel 5.5.3 wird dann mit GOM ein System mit Kontravarianzregeln für die Signatur vorgestellt.

Vererbungsregeln bei Zusicherungen

Sieht man von der kritisierten Kovarianz der Parametertypen ab, weisen die Konformitätsregeln für Signaturen sicher in die richtige Richtung für moderne typisierte Sprachen mit Vererbung. Eine gute Ergänzung wären jetzt passende Regeln für die Zusicherungen. Die Nachbedingungen und die Invarianten sollten nicht geschwächt werden können und durch eine Vergrößerung der möglichen Ergebniswerte die Typbeschränkungen unterlaufen.

Eiffel verfügt über solche Regeln. Die Invarianten der Eltern gelten automatisch in der neuen Klasse weiter. Dort neu hinzugekommene Bedingungen werden mit den ererbten Invarianten durch ein logisches „und" verbunden. Das führt dazu, daß die Invariante einer Klasse in der Unterklasse nur gleich bleiben oder verstärkt werden kann.

Dasselbe Verfahren gilt auch im Fall der Nachbedingungen. Hier wird ebenfalls

die Nachbedingung aus der Oberklasse übernommen. Soll diese Bedingung bei
der Redefinition geändert werden, kann dies durch eine **ensure then**-Klausel
geschehen. Diese Bedingungen werden dann wieder durch ein logisches „und"
mit der Nachbedingung der Oberklasse verknüpt, sie kann also auch nur zu einer
Verstärkung der alten Bedingung führen.

Anders ist der Fall bei den Vorbedingungen. Hier gilt, daß sie bei der Redefinition entweder gleich bleiben müssen oder abgeschwächt werden können. Meyer
begründet diese Regelung damit, daß es sich hier vorwiegend um eine Anforde-
rung an die Werte des Kunden handelt, die in den Unterklassen nicht beliebig
verschärft werden sollte. Überraschend haben wir es also hier mit *Kontravarianz*
zu tun, noch dazu im Widerspruch zu der Kovarianz der Parametertypen. Soll
die Vorbedingung abgeschwächt werden, ist die neue Bedingung in der redefinierten Prozedur in einer **require else**-Klausel anzugeben. Sie wird dann mit
vorherigen Vorbedingung durch ein logisches „oder" verbunden.

Hinzuweisen ist wieder auf Änderungen gegenüber dem alten Eiffel: Dort war
zwar das Grundprinzip dasselbe, der Entwickler mußte aber den Text der Vor-
und Nachbedingungen der alten Prozedurversion in die neuen Vor- und Nachbedingungen selbst übertragen und dafür sorgen, daß die neuen Vorbedingungen
nicht stärker und die neuen Nachbedingungen nicht schwächer als die alten sind.
Da die Bedingungen recht komplex sein können, konnte die Einhaltung dieser
Regeln damals nicht vom System überprüft werden.

Keine Probleme nach der Merkmalsanpassung?

Hinsichtlich der Subtypproblematik ist es unmittelbar einsichtig, daß die Redefinitionsregeln für Zusicherungen und die Typen von Funktionsergebnisse sich
vorteilhaft für eine entsprechend gestaltete Klassenhierarchie auswirken. Allerdings bieten sich trotzdem verschiedene Möglichkeiten, wo eine Subklasse nicht
so unbedenklich als Subtyp verwendet werden kann. Ein Beispiel ist eine Klasse A
mit einer allgemein zugreifbaren Prozedur proc. Entsprechend den Eiffel-Regeln
kann proc in der Unterklasse C bei der Merkmalsanpassung mittels

```
class C inherit A
export{NONE} proc end;
   ...
end -- Klasse C
```

vor allen Kunden versteckt werden.

Man beachte jetzt die folgende Sequenz:

```
var1 A; var2 C;
!!var1;
var1.proc;   -- o.K.
!!var2;
var1 := var2;
var1.proc;   -- Fehler!
```

var1 ist zwar mit der Klasse A deklariert, enthält aber beim zweiten Aufruf von
proc eine Instanz der Klasse C. Da proc dort nicht zur Schnittstelle des Kunden
gehört, ist der Aufruf illegal.

Nun ein Beispiel im Zusammenhang mit der Kovarianz: proc soll in Klasse A mit einem Parameter vom Typ der abstrakten Klasse MOBILER_FOERDERER
deklariert sein. Die Prozedur kann dadurch mit Instanzen der beiden Klassen
REGALFOERDERER und VERFAHRWAGEN aufgerufen werden.

proc sei in der Unterklasse C weiter für alle Kunden zugreifbar, wird aber dort
mit dem neuen Parametertyp VERFAHRWAGEN redefiniert.

```
var1 A; var2 C;
reg1 REGALFOERDERER;
!!var1;
!!reg1;
var1.proc(reg1);   -- o.K.
!!var2;
var1 := var2;
var1.proc(reg1);   -- Fehler!
```

Fehlerursache ist hier eine *Einschränkung* des proc-Parameters, an die sich der
Kunde nicht gehalten hat.

Daß die Sprache derartige Fälle zuläßt, wird von Bertrand Meyer pauschal
mit einer „notwendigen Flexibilität angesichts der Irregularitäten und Instabi-
litäten der realen Welt" begründet. Strenger gefaßte Vererbungsregeln würden
dazu führen, daß die Klassenhierarchie dauernd überarbeitet werden müßte. Damit hat er zwar recht, und diese Problematik ist in Kapitel 2.4 auch ausgeführt
worden. Trotzdem sollten diese Auswirkungen einzelner Sprachmittel differenzier-
ter diskutiert werden. Jedenfalls zeigen diese Beispiele, daß auch im sehr typori-
entierten Eiffel die Disziplin und der Sachverstand des Entwicklers für den Erhalt
der Subtypeigenschaften notwendig ist.

Als Hilfe werden von [Meyer 92] als auch von [Jones 92] erweiterte Prüfungsverfahren für den Compiler beschrieben, mit denen Fehler wie in den obigen Beispielen schon zum Zeitpunkt der Übersetzung entdeckt werden können. Der Ansatz ist, zu einer Variablen festzustellen, von welchen Klassen ihr Instanzen zugewiesen werden können. Im Beispiel bewirkt die Zuweisung von `var2` an `var1`, daß die Klasse C in diese Liste aufgenommen wird. Wird dann mit der Variablen ein bestimmtes Merkmal angesprochen, muß das Merkmal in allen Klassen zugreifbar sein, sonst entsteht ein Fehler. Diese Analyse des Übersetzers befaßt sich nicht tiefer mit dem Programmablauf. D.h. allein die Zuweisung in

```
if false then var1 := var2;
```

macht einen Aufruf von `var1.proc` generell ungültig, obwohl im Programmablauf niemals eine Instanz von `var2` an `var1` weitergegeben wird.

Zu beachten ist aber, daß sowohl [Meyer 92] als auch [Jones 92] ihre Verfahren für die einzelnen Compiler-Implementierungen *vorschlagen*. Da gerade für Eiffel mit dem Argument der Typsicherheit geworben wird, sollten die jeweiligen Compilerbeschreibungen eine Liste der bekannten Typfehlermöglichkeiten enthalten, zusammen mit der Angabe, welche dieser Fehler der Compiler entdeckt.

3.4.5 Konfliktauflösung bei multipler Vererbung

Wie in C++ können durch die multiple Vererbung Namenskonflikte entstehen, wenn in mehreren direkten Oberklassen derselbe Bezeichner für ein Merkmal verwendet wird. Allerdings sind wir inzwischen gewohnt, daß sich die einzelnen Regelungen von Sprache zu Sprache ändern. Die Konfliktauflösung von Eiffel stellt dafür ein weiteres Beispiel dar: Sie wird zu einem kleinen Teil vom System, vor allem aber durch die Klauseln zur Merkmalsanpassung vorgenommen.

Umbenennung als Standardverfahren

Der klassische Fall eines Konflikts stellt eine Klasse C mit zwei direkten Oberklassen A und B dar, die voneinander unabhängig mit dem Merkmal m ausgestattet wurden. Bei dem einen Merkmal m kann es sich um eine Funktion, im anderen Fall um eine Prozedur mit einem Parameter handeln.

Die Lösung für C besteht nun darin, daß man das m einer der beiden Oberklassen bei der Merkmalsanpassung *umbenennt*.

```
class C inherit
A
   rename m as neuer_name end;
B
   ...
end -- Klasse C
```

Mit m wird jetzt in der Klasse das Merkmal aus der Klasse B aufgerufen, während
das m aus A mit **neuer_name** in C angesprochen werden muß.

Die Umbenennung kann bei der Merkmalsanpassung in C mit anderen Klauseln
kombiniert werden, beispielsweise kann man **neuer_name** dort auch redefinieren.
Die semantische Beziehung zum ursprünglichen Merkmal m aus der Klasse A wird
im Hinblick auf die Polymorphie durch die Umbenennung nicht unterbrochen. Bei
der Zuweisung einer Instanz von C an eine mit A deklarierte Variable muß deshalb
ein Aufruf von m zur Ausführung von **neuer_name** führen.

Vereinigung von Merkmalen

Statt Merkmale umzubenennen, bietet sich in manchen Fällen deren Vereinigung
an. Voraussetzung ist, daß die beteiligten Merkmale nach der Merkmalsanpassung
denselben Namen und dieselbe Signatur (s.S. 137) haben und höchstens eines der
beteiligten Merkmale nicht **deferred** ist.

Erbt eine Klasse auf diese Weise zwei oder mehr **deferred**-Merkmale, ist das
Ergebnis dasselbe, wie wenn sie nur ein einziges Merkmal mit diesem Namen
geerbt hätte. Ohne Überarbeitung bleibt das Merkmal **deferred**, es kann aber
natürlich in der erbenden Klasse redefiniert werden.

Sind die fraglichen Merkmale in den Oberklassen alle nicht-**deferred**, kann
man **undefine** einsetzen. Bis auf ein Merkmal werden alle anderen in **deferred**-
Merkmale verwandelt:

```
class C inherit
A
   undefine m end;
B
   ...
end -- Klasse C
```

Wiederholte Vererbung

Interessant sind die möglichen Lösungen, wenn von derselben Klasse auf mehrfachen Wegen geerbt wird. Im einfachsten Fall löst der Compiler das Problem ohne weiteres Zutun. Das betrifft Situationen, in denen die einzelnen Merkmale auf den verschiedenen Vererbungswegen nicht verändert wurden.

Wird etwa die in Klasse A definierte Variable a auf mehreren Wegen an die Klasse D vererbt, enthält auf diese Weise D genau eine eindeutig bestimmte Variable a. Ein weiteres Beispiel stellen die Merkmale der Klasse ANY dar, die jede multiple Vererbung auch zu einer problemlos ablaufenden wiederholten Vererbung machen.

Aber welche Schwierigkeiten entstehen, wenn ein Merkmal auf einem seiner Wege redefiniert wird? Im Beispiel werde das Merkmal m von Klasse A auf Klasse B und Klasse C vererbt und in C redefiniert. B und C seien dann Oberklassen von D.

Es gibt nun zwei Probleme, die der Compiler nicht mehr allein lösen kann:

- Wenn ein m in D aufgerufen wird, kommt dann die originale oder die redefinierte Version zum Zug?

- Wenn eine Instanz von D einer mit A deklarierten Variablen zugewiesen wird, welche der beiden Versionen wird in diesem Fall genommen?

Insbesonders wenn man beide Versionen erhalten will, kann das erste Problem wieder durch eine Umbenennung gelöst werden. Das zweite Problem wird dadurch nicht behoben, da beide Nachfolgerversionen gleichermaßen mit dem m von A verbunden bleiben. Abhilfe verschafft die select-Klausel, mit der die gewünschte Wahl in der Merkmalsanpassung getroffen werden kann.

```
class D inherit
B
   select
     m
   end
C
   rename
     m as neuer_name
   end
```

```
. . .
end -- Klasse D
```

Bei der dynamischen Bindung entsteht jetzt keine Mehrdeutigkeit mehr, die Version von Klasse **B** wird ausgewählt:

```
var1 A; var2 D;
!!var2;
var1 := var2;
var1.m;  -- Fuehrt m aus Klasse B aus
```

Durch die Kombination der verschiedenen Mittel lassen sich viele Probleme elegant lösen. Beispielsweise wenn ein bestimmtes Merkmal in der Unterklasse redefiniert werden und daneben die alte Version erhalten bleiben soll:

```
class B inherit
A
  rename
    m as altes_m
  end
A
  redefine
    m
  select
    m
  end
. . .
end -- Klasse B
```

select- und **undefine**-Klauseln sind gegenüber dem alten Eiffel neu, außerdem hat die **rename**-Klausel jetzt eine andere semantische Auswirkung. Im Detail haben sich überall gegenüber dem alten Eiffel Änderungen ergeben; das grundlegende Schema der Konfliktauflösung durch Umbenennung wurde aber übernommen.

3.4.6 Entwicklungsumgebung

Wie C++ wurde Eiffel zunächst auf Unix-Systemen implementiert. Ebenfalls wie C++ machte man sich die dort normalerweise immer vorhandenen C-Compiler zunutze, um eine möglichst hohe Portabilität zu gewährleisten: Der Übersetzer erzeugt zunächst C-Quellcode, der dann mit einem C-Compiler in die Maschinensprache übersetzt werden muß.

Man kann so Eiffel für den Entwurf und die Implementierung nutzen und die Ergebnisse in C weitergeben. Allerdings ist Eiffel inzwischen außer für die verschiedenen Unix-Derivate auch für weitere Plattformen wie OS/2 und MS-DOS erhältlich, so daß derartige Umstände nicht mehr notwendig sein sollten.

Verschiedene Werkzeuge

Bemerkenswert ist, daß schon mit dem alten Eiffel Werkzeuge mitgegeben wurden, die die neue Arbeitsweise bei der objektorientierten Programmentwicklung unterstützten.

Beispielsweise sollen bei Änderungen nur die betroffenen Teile neu übersetzt werden. Nach der Eiffel-Philosophie darf sich der Entwickler keine Gedanken über die zugrundeliegenden Abhängigkeiten machen müssen. Der Übersetzer muß deshalb selbst diese Abhängigkeiten zwischen Klassen erkennen und anhand von Zeitmarken bestimmen, welche zusätzlichen Klassen ebenfalls übersetzt werden müssen. Die Funktionalität dieses Mechanismus geht dabei über das bekannte Unix-`make` hinaus.

Zur Dokumentation der Eiffel-Programme für den Kunden dient das Werkzeug `short`. Es extrahiert aus den Schnittstellen-Merkmalen einer Klasse deren Bezeichner, Parameter und Typen. Außerdem die Vor- und Nachbedingungen und die einleitenden Kommentare.

Um auch an die Beschreibung der ererbten Merkmale zu gelangen, hilft das Vorschalten des Werkzeugs `flat`. Es kopiert alle ererbten Merkmale in die Klasse, wobei eventuelle Umbenennungen beachtet werden, und beseitigt alle Vererbungs-Klauseln.

Zur grafischen Untersuchung und Erweiterung von Klassenbeziehungen steht das Werkzeug `good` zur Verfügung. Mit einer bestimmten Klasse beginnend, können die Vorgänger, Kunden usw. betrachtet werden. Im Erzeugungsmodus können neue Klassen eingegeben und grafisch ihre Vorgänger bestimmt werden.

Die Darstellung von Klassen, Vererbungs- und Kundenbeziehungen erfolgt nach bestimmten Konventionen, die durchgängig auch an anderen Stellen verwandt werden, beispielsweise schon bei den Grafiken in [Meyer 88].

Klassenbibliothek

Mit dem Compiler erhält man größere Klassenbibliotheken. Bestimmte Klassennamen mit bestimmten Merkmale der Klassenschnittstellen sind durch die Sprache vorgegeben. U.a. bildet die Klassenbibliothek auch die Basis für die oben genannte Entwickler-Schnittstelle, so daß auch Anwendungen mit Fenstern und Pop-Up-Menüs und demselben „look and feel" wie die Entwickler-Schnittstelle erzeugt werden können.

Schon der Aufwand für die Erstellung der ersten Eiffel-Bibliothek war laut Meyer sehr hoch, da sie gleichzeitig als Testfeld zur Bestätigung der neuen Ideen dienen sollte. Die Arbeit an der Sprache selbst sei im Vergleich dazu schnell und leicht vonstatten gegangen.

Neben den mitgelieferten Klassenbibliotheken können weitere zugekauft werden. Sie bilden teilweise die Funktionalität bekannter C++-Bibliotheken nach; ein Beispiel ist *ICE* zur Realisierung einer grafischen Benutzerschnittstelle ähnlich *Windows 3.1* oder *Motif*, das sich an der C++-Bibliothek *InterViews* orientiert. Daneben bieten sich auch Public-Domain-Klassen an. Erhalten kann man sie über das Internet von Unix-Servern oder über den deutschen Vertreiber von Eiffel.

3.4.7 Bedeutung von Eiffel

Softwareentwicklung als Ingenieursdisziplin, deren zeitgemäße Mittel in der objektorientierten Programmierung zu finden sind — dieser Gedanke scheint mit Eiffel erfolgreich umgesetzt worden zu sein. Auf der Detailebene sollten sicher einige Punkte nicht unwidersprochen bleiben, anderseits sind auch dort zahlreiche sauber ausgearbeitete und elegante Lösungen gefunden worden.

Im Gesamtbild ist die Chance des Neuentwurfs gut genutzt worden. Eiffel gilt deshalb in der Informatikwelt eher als schöne Sprache. Neben dem noch sichtbaren theoretischen Hintergrund hält sich der Lernaufwand durch das Ziel der möglichst wenigen Sprachmittel („RISC-Sprache") und der guten Verständlichkeit der Konzepte in Grenzen, deshalb eignet sich Eiffel auch gut für die Ausbildung. Die Plazierung gegen einen so vitalen Konkurrenten wie C++ sorgt zudem dafür, daß die Eiffel-Übersetzer auch in profaneren Bereichen wie etwa der Laufzeiteffizienz konkurrieren müssen. Ergebnis der Bemühungen ist derzeit der dritthäufigste Einsatz bei den objektorientierten Programmiersprachen, allerdings mit einigem Abstand hinter C++ und Smalltalk.

Für die objektorientierte Diskussion hat vor allem die Beschreibung von Eiffel in [Meyer 88] eine große Bedeutung, die wenigsten der Diskutanten arbeiteten aber selbst mit dieser Sprache. Unter diesem Gesichtspunkt sind die Veränderungen hin zu Eiffel 3 von besonderem Interesse, da sie aufgrund der praktischen Arbeit mit der Sprache und weniger aufgrund theoretischer Diskussionen erfolgt sind. Erfreulicherweise haben sich dabei die einstmals von Meyer postulierten objektorientierten Ideale nicht als unpraktikabel erwiesen. Die Konzessionen an alte imperative Geister wirken gering; **expanded** dürfte dazugehören. Ansonsten wurden Ungereimtheiten beseitigt und die Sprache scheint beim Reifungsprozeß dem Ziel der Orthogonalität nähergekommen zu sein. Hilfsmittel auf diesem Weg war die Vererbung, deren Stellung zudem durch weitere Beschreibungsmöglichkeiten ausgebaut wurde.

Mit der Beschreibung von Eiffel 3 in [Meyer 92] ist die Weiterentwicklung der Sprache von der ISE in die Hände des *Nonprofit International Consortium for Eiffel (NICE)* übergegangen. Compiler und kommerzielle Klassenbibliotheken wurden schon vor dieser Zeit auch von anderen Firmen erstellt. Das Referenzwerk [Meyer 92] führt zugleich in die Sprache ein und gibt Empfehlungen für den Softwareentwurf. Für den Anfänger bietet sich auch eine in der Anzahl möglicher Klassen beschränkte Ausbildungsversion an. Vorteil von [Meyer 88] ist der mögliche Einsatz als Lehrbuch für die objektorientierte Programmierung. Schlecht ist an diesem Buch, daß es noch die alte Eiffel-Version beschreibt und die Neuerungen von Eiffel 3 recht umfangreich sind.

3.5 Zusammenfassung

Dem einfachen Grundschema der Subklassenbildung steht eine große Variationsbreite von Vererbungsregeln im Detail gegenüber. Hinzu kommen komplexe Aspekte im Zusammenspiel mit anderen Sprachmitteln.

3.5.1 Unterschiedliche Vererbung in unterschiedlichen Sprachen

Recht anschaulich wurde dies in den verschiedenen Beispielsprachen. Drei davon sind die meistverwendetsten objektorientierten Programmiersprachen. Daß sich unter ihnen die beste Lösung für die Einbindung der Vererbung noch nicht herauskristallisiert hat, zeigt die folgende Tabelle.

	Simula	Smalltalk	C++	Eiffel
Sprache objekt-orientiert oder Erweiterung	E	O	E	O
Komplexität der Sprache	mittel	gering	hoch	gering
Feste Startprozedur für das Programm	Ja	Nein	Ja	Nein
automatische Speicher-bereinigung	ja	ja	nein	ja
strenge Typ-bindung der Variablen	ja	nein	ja	ja
Klassen-definition zur Laufzeit	nein	ja	nein	nein
Metaklassen	nein	ja	nein	nein
Systemklassen	ja	ja	noch nicht	ja
Vererbungsart	einfach	einfach	multipel	multipel
Konflikauflösung	—	—	qualifizierter Zugriff	Umbenennung
Vererbung von Variablen	ja	ja	ja	ja
Vererbung von Klassenvariablen	nein	ja	ja	nein
Vererbung von Prozeduren	ja	ja	ja	ja
Polymorphie bei Neudefinition von Prozeduren	wahlweise	ja	wahlweise	ja
Vererbung von Zusicherungen	nein	nein	nein	ja
Umgebung in Vererbung miteinbezogen	nein	ja	nein	beschränkt

In den einzelnen Sprachen finden sich zahlreiche Anklänge ihrer Wurzeln. Im Fall von Smalltalk ist dies besonders der interpretative und untypisierte Ansatz von Lisp. Dagegen bauen die anderen Sprachen vor allem auf typisierte Übersetzersprachen auf.

Innerhalb der typisierten Sprachen sind weitere Unterschiede festzustellen: Bei C++ wird z.B. einen Zugriffsschutz ererbter Variablen und Prozeduren in der Subklasse ermöglicht, um die durch die Vererbung entstandene Offenheit der Klassen im Vergleich zu den Modulen wieder zu schließen. Durch den Zugriffsschutz findet aber ein größerer Einfluß auf die späteren Subklassen statt, was Fragen hinsichtlich der Wiederverwendbarkeit aufwirft.

Eiffel entwickelt den Modulgedanken dagegen in die Richtung auf Klassen und Typen weiter und versucht, die Konvergenz von Typen und Subtypen mit Klassen und Subklassen stärker zu gewährleisten. Allerdings konnten wir sehen, daß Gleichsetzung von Subklassen und Subtypen selbst bei diesen großen Bemühungen immer Probleme aufwirft. Keine dieser Sprachen mit Vererbung ist so typsicher wie eine imperative Sprache.

Für die Vererbung besteht auch ein wichtiger Unterschied darin, ob es sich um eine rein objektorientierte oder um eine Sprache mit objektorientierten Erweiterungen handelt. In den rein objektorientierten Sprachen wie Smalltalk und Eiffel hat die Vererbung die schärfsten Konturen. Eine hybride Sprache wie C++ ermöglicht zwar ideal eine evolutionäre Weiterentwicklung auf der Basis vorhandener C-Programme, erfordert aber mehr Sprachkenntnisse und eine größere Disziplin bei der Neuentwicklung.

3.5.2 Trends

Mit der Vererbung geht einher, daß sich der Lernaufwand stark von der eigentlichen Sprachsyntax auf Klassenbibliotheken verlagert. In diesem Zusammenhang ist eine möglichst einfache Sprachsyntax vorteilhaft, dem kommen vor allem Smalltalk und Eiffel entgegen.

Um sich in möglichst wenige Klassenbibliotheken einarbeiten zu müssen, sollten häufig verwendete Klassen im Sprachumfang enthalten sein. Diese Systemklassen gewährleisten auch eine gewisse Kompatibilität unterschiedlicher Entwicklungen. Übernimmt man beispielsweise anwendungsspezifische Klassen eines Softwareanbieters, sollte dieser bei den allgemeinen Datenstrukturen wie etwa Listen u.ä. dieselben Klassen verwenden wie man selbst. Smalltalk und Eiffel bieten schon derartige Klassen an. C++ wird diesen Trend ebenfalls folgen und Systemklassen in seinem zukünftigen ANSI-Standard festschreiben.

Im Hinblick auf das engere Gebiet der Vererbung ist die Entwicklung von Eiffel hin zu Eiffel 3 aufschlußreich. Hier wurde die Stellung der Vererbung deutlich ausgebaut. Einmal indem zusätzliche Beschreibungsmittel angeboten wurden, mit denen der Entwickler jetzt mehr Wünsche ausdrücken kann (z.B. `frozen`, `undefine` usw.). Weiter wurden Sprachmittel überflüssig gemacht, indem man jetzt bestimmte Dinge mit der Klassenhierarchie formuliert (`ANY` und `NONE`). Man kann vermuten, daß der steigende Einsatz der Vererbung einen derartigen Ausbau auch in anderen Sprachen nahelegen wird.

Schon jetzt zeichnet sich ein größerer Einsatz von Zusicherungen und Konformitätsregeln für Signaturen in typisierten Sprachen ab. Beispielsweise finden sich jetzt häufig Artikel, wie man selbst Zusicherungen in seinen C++-Programmen realisieren kann. Eine standardisierte Unterstützung durch den Compiler ist abzusehen. Veränderungsmöglichkeiten von Parameter- und Ergebnistypen bei der Redefinition sind ebenfalls in der Diskussion. Bei den Parametern wird entgegen der Lösung bei Eiffel die Kontravarianz bevorzugt.

Vor kurzem hätte man auch die multiple Vererbung als einen Trend diagnostizieren müssen. Ein Indiz waren verschiedene Wechsel von der einfachen zur multiplen Vererbung. Als Beispiel läßt sich wieder C++ anführen.

Allerdings erlebt Smalltalk — obwohl standhaft bei der einfachen Vererbung geblieben — gegenwärtig einen überraschend hohen Zustrom. Ebenfalls bei der einfachen Vererbung blieb *Objective C*, eine an Smalltalk orientierte C-Erweiterung, die von der Firma *Next* zur Implementierung des objektorientierten *NextStep*-*Systems* eingesetzt wurde ([Dworaczek 94]) und in der Verbreitung etwa an Eiffel heranreicht. Schließlich wird die objektorientierte Erweiterung von Ada, das neue *Ada 9X*, ebenfalls nur die einfache Vererbung beinhalten.

4 Künstliche Intelligenz

Die *Künstliche Intelligenz (KI)* beschäftigt sich damit, wie man menschliche Intelligenzleistungen durch den Computer ausführen lassen kann. Von den anderen Disziplinen, die sich ebenfalls der Erforschung menschlicher Intelligenzleistungen widmen, unterscheidet sich die KI vor allem dadurch, daß einerseits eine strenge Formalisierung der Ergebnisse angestrebt und anderseits die exemplarische Realisierung auf dem Rechner versucht wird.

Für viele KI-Forscher ist es noch eine Frage, inwieweit sich der menschlichen Geist formalisieren und mit Computern nachbilden läßt. Einige Vertreter haben aber durch die schnelle Gleichsetzung *Denken = Rechnen* lebhafte Diskussionen über die KI-Gemeinde hinaus hervorgerufen. Der Gehirnforscher *John Eccles* etwa lehnte den KI-Ansatz ganz ab und meinte, man solle die KI-Forscher nur machen lassen, es könne sowieso nichts dabei herauskommen. Der Kybernetiker *Heinz Foerster* sah dagegen ein anderes Problem: Es sei bislang nicht bekannt, was Intelligenz eigentlich ist. Durch die Bezeichnung „Künstliche Intelligenz" könnten die Menschen glauben, daß der Rechner künstliche Intelligenz *hat*, und es würde dergestalt eine eingeschränkte Definition der menschlichen Intelligenz durch die implementierte „Rechnerintelligenz" erfolgen.

Inzwischen scheinen die Befürchtungen von Heinz Foerster durchaus relevant zu werden, da die KI-Programme in stark eingeschränkten Problemgebieten, sogenannten *Diskurswelten*, gute Praxiserfolge erzielen. Den Werdegang der KI hin zu diesen Erfolgen und die besondere Stellung der für unser Thema bedeutsamen *Wissensrepräsentation* hat ein kurzer Fernsehfilm plastisch bebildert:

Dort wurde eine „Klötzchenwelt" dargestellt, eine in der Anfangszeit der KI sehr gern verwendete Diskurswelt mit einer Anzahl von quaderförmigen Klötzen und einem Roboterarm. Das KI-Programm sollte mit dem Roboterarm einen Turm aus den Klötzen bauen. Nun wird jeder Staplerfahrer, der mehrere Gitterboxen aufeinander stapeln soll, die unterste Gitterbox zuerst an ihren Platz stellen wollen. Im Film dagegen griff sich der Roboterarm ein Klötzchen und versuchte den Turmbau mit der Spitze zu beginnen. Das Klötzchen blieb natürlich nicht an seiner Stelle, sondern fiel nach unten, womit das fehlende *Wissen* des Systems illustriert wurde. Das zeigte das zentrale Anliegen, Wissen im System zu repräsentieren. Den Erfolg dieser Bemühungen stellte der Film mit einem Verweis auf die heutigen *Expertensysteme* dar, wo umfangreiches Wissen über sehr beschränkte Gebiete in der Praxis nutzbringend eingesetzt werden kann.

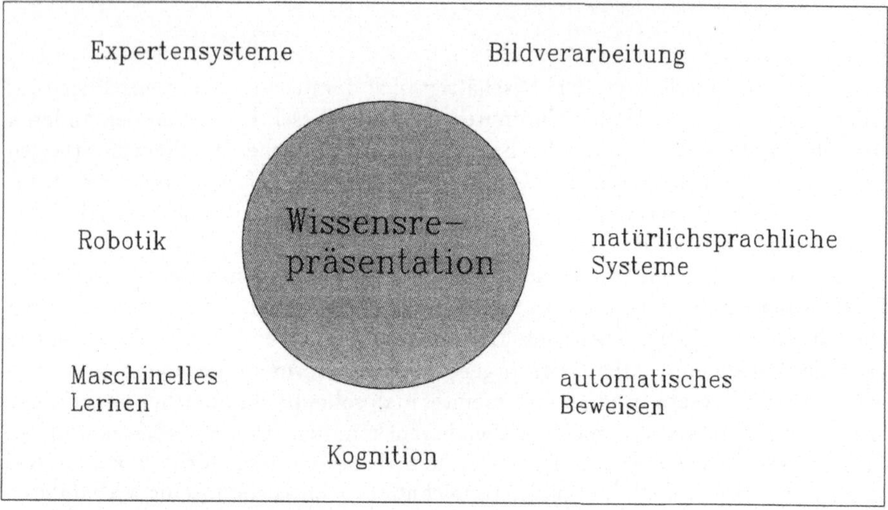

Bild 4.1 Zentrale Stellung der Wissensrepräsentation

Außer für Expertensysteme ist die Wissenrepräsentation auch für andere Arten von KI-Systemen von zentraler Bedeutung. Sei es *Bild-* oder *Sprachverarbeitung*, *automatisches Beweisen* oder *Robotik* — immer kann Wissen dazu verwendet werden, die Systeme besser die jeweiligen Anforderungen bewältigen zu lassen.

Der Schwerpunkt der Vererbung innerhalb der Wissensrepräsentation liegt vor allem auf der *Vererbung von Eigenschaften*. Das Ziel ist unmittelbar einsichtig: Der Schwerkraft sind nicht nur Klötzchen und Gitterboxen unterworfen. Was liegt näher, als solche weitverbreitete Eigenschaften nur einmal in einer Hierarchie anzusiedeln und an die zahlreichen anderen Objekte zu vererben?

Von den klassischen vier Formen der Wissensrepräsentation, der *Logik*, den *Frames*, den *Semantischen Netzen* und den *Produktionensystemen* enthalten Semantische Netze und Frames auch tatsächlich entsprechende Vererbungsbeziehungen. Die beiden letztgenannten Formen werden wir in den ersten Abschnitten dieses Kapitels genauer betrachten.

Dann wollen wir uns der Logik zuwenden. Dort muß man die Vererbungsmechanismen zwar selbst realisieren, es gibt aber bestimmte Logiken, die vor allem im Hinblick auf bestimmte Vererbungsformen diskutiert worden sind. Hintergrund dieses Interesses sind Mängel von Semantischen Netzen und Frames hinsichtlich der „strengen Formalisierung". Über die folgenden Punkte sollte nämlich bei einem gewählten Repräsentationsmittel Klarheit bestehen:

- Die Ausdrucksstärke:
  Das Ziel eines Wissensrepräsentationssystems ist es, Wissen über die reale Welt auf eine Weise zu repräsentieren, die komplexe Schlußfolgerungen unterstützt. Wichtig ist deshalb die Bandbreite des Wissens, das erfaßt und benützt werden kann.

- Die Korrektheit:
  Die Schlußfolgerungen auf der Basis des gespeicherten Wissens sollen richtig sein.

- Die Vollständigkeit:
  Das Ableitungssystem sollte alles aus dem System ableiten können, was sich an Fakten aus dem gespeicherten Wissen folgern läßt.

Nachdem uns die Logik bei diesen Begriffen weitergeholfen hat, werden wir uns mit *KL-ONE* beschäftigen, einem Formalismus, den man einerseits als spätes, sauber ausgearbeitetes Semantisches Netz betrachten kann, der anderseits aber auch schon unter den Einflüssen der Frames steht. Die Vererbung ist dort streng geregelt, ganz im Gegensatz zu *KEE*, einer Programmierumgebung zur Entwicklung von Expertensystemen, welche ihr Wissen in Frames ablegt.

4.1 Semantische Netze

Charakteristisch für Semantische Netze ist die Repräsentation von Wissen in netzartigen Strukturen aus *Knoten (nodes)* und den sie verbindenden *Kanten (arcs* oder *links)*. Die Knoten stellen die semantischen Einheiten dar, die Kanten stehen für Beziehungen zwischen diesen Einheiten. Diese Grundstruktur ist relativ einfach und unspezifisch, so daß im Laufe der Zeit zahlreiche stark abweichende und schwer vergleichbare Ansätze entstanden, die sich vor allem in den Bedeutungen unterschieden, die den Knoten und Kanten zugemessen wurden.

4.1.1 Ursprünge der Semantischen Netze

Ausgangspunkt der Semantischen Netze war eine Theorie über die Struktur des menschlichen Langzeitgedächtnisses von *M. Ross Quillian* ([Quillian 66]). Die Theorie sollte in ein Computermodell eingebettet werden, um schließlich das maschinelle Verstehen natürlicher Sprache zu ermöglichen.

Das psychologische Modell konzentrierte sich vor allem auf die Abbildung der Bedeutungsstruktur von Begriffen. Zwischen den Begriffen wurden zweierlei Typen von Beziehungen als grundlegend erkannt: Zum einen die *Has-prop-* (oder *hat-Eigenschaft-* bzw. *besitzt*)-Beziehungen, zum anderen *Is-a*-Beziehungen, da die Beziehung „Begriff – Oberbegriff" als grundlegend für ein Begriffssystem erkannt wurde. Abb. 4.2 zeigt ein solches *hierarchisches Netz*. Der Begriff „Tier" ist mit dem Attribut „Haut" verbunden. „Kanarienvogel" steht in einer Is-a-Beziehung zu „Tier" und soll die Eigenschaft besitzen, daß er singen kann.

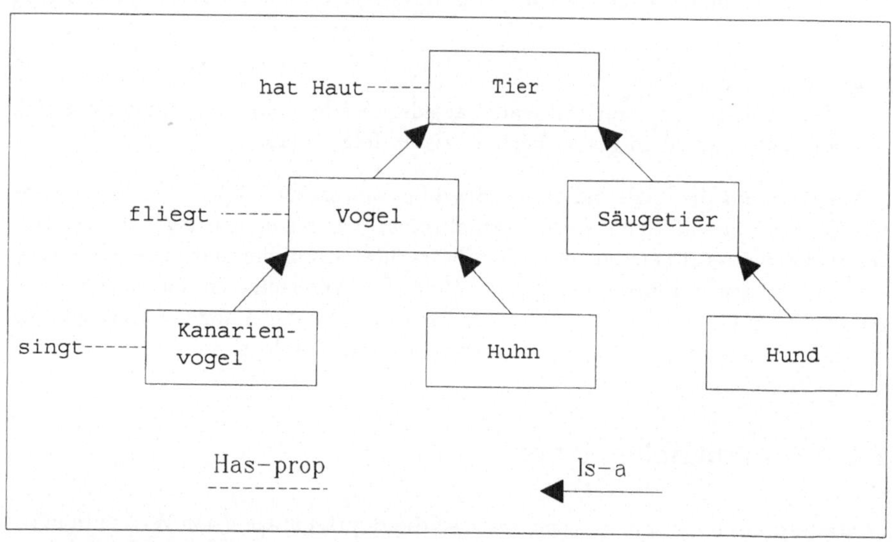

Bild 4.2 Hierarchie mit Kanarienvogel

Um dieses Gedächtnismodell zu überprüfen, wurden von Quillian zusammen mit *Alan Collins* Versuche unternommen, bei denen Versuchspersonen die Richtigkeit von Sätzen beurteilen sollten und dabei jeweils die Antwortzeit gemessen wurde ([Collins 69]). Die Sätze waren von der Art wie „Ein Kanarienvogel kann singen" und „Ein Kanarienvogel hat Haut". Beim ersten Satz würde man eine kurze Suchstrecke vermuten, also eine relativ kurze Antwortzeit, beim zweiten Satz würde man eine längere Suchstrecke erwarten und deshalb auch eine längere Antwortzeit. Die Untersuchungen brachten tatsächlich die vorhergesagten Zeitunterschiede, und zwar sowohl für Eigenschaften wie „Ein Kanarienvogel hat Haut" als auch für Kategorienzugehörigkeiten wie „Ein Kanarienvogel ist ein Vogel". Dies wurde als Beleg dafür angesehen, daß das Modell die Organisation des menschlichen Wissens einigermaßen realistisch abbildet.

Später wurden allerdings Widersprüche gefunden. Man stellte beispielsweise fest, daß die Is-a-Beziehungen von einem Begriff zu seinen unterschiedlichen Unterbegriffen teilweise unterschiedlich schnell abgearbeitet werden, beispielsweise zwischen Kanarienvogel und Vogel und zwischen Huhn und Vogel. Weiter wurden öfters gebrauchte Verbindungen wie Hund und Tier schneller erkannt als zwischen Hund und Säugetier, obwohl letztere Kategorie zwischen Hund und Tier liegt und deshalb schneller erinnert werden sollte.

4.1.2 Realisierung eines derartigen Netzes

Noch unbeschadet von diesen Widersprüchen wurde eine Implementierung auf dem Computer entworfen. Ähnlich wie für den Menschen sind die Semantischen Netze auch für den Rechner recht eingängig zu gestalten: Die Knoten können durch Datenstrukturen dargestellt werden, die durch Zeiger verbunden sind.

Im ersten Ansatz sind den Knoten, analog dem psychologischen Modell, Begriffe zugeordnet. Die Definition der Begriffe ist ähnlich einem Wörterbuch; dem Wörterbucheintrag entspricht eine *Ebene (plane)*, innerhalb derer das zu erklärende Wort einem besonderen Knoten zugewiesen ist, dem *type node* (s. Abb. 4.3).

In der Ebene ist der *type node* über verschiedene Kanten bzw. *pointer* wie etwa den *disjunctive* und *conjunctive pointer* mit weiteren Knoten verknüpft. Darunter befindet sich auch eine dreistellige Relation (für Semantische Netze sind aber eher die zweistellige Relationen charakteristisch): ein *subject to objekt pointer* gibt an, daß das Subjekt A zum Objekt B in der Relation C steht. C ist dabei selbst wieder ein Knoten und mit einem Begriff wie „von" oder „auf" versehen.

Die Definition des *type node* wird zum einen durch die Begriffe der weiteren Knoten der Ebene gebildet. Dazu ist natürlich notwendig, daß diese Begriffe selbst näher erläutert sind, deshalb werden diese untergeordneten Knoten mit ihrem *type node* und ihrer eigenen Ebene über einen *token to type pointer* verbunden.

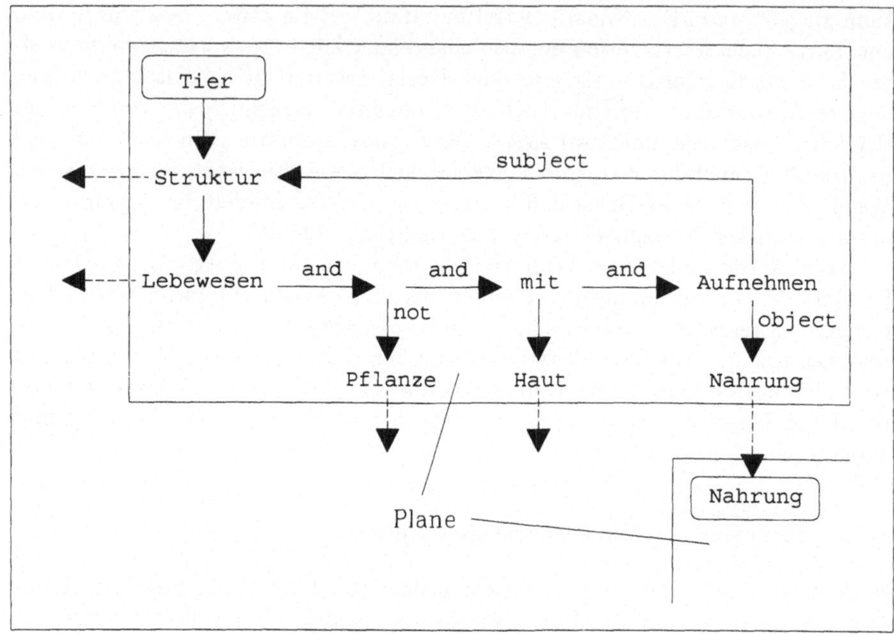

Bild 4.3   Semantisches Netz nach Quillian

Zum anderen wird der Begriff des *type node* über eine Is-a-Beziehung definiert, in
dem er mittels eines *subclass to superclass pointer* mit seinem Oberbegriff verbunden wird. Unter dem *word concept* eines Knotens versteht man die Gesamtheit
aller von ihm erreichbaren Knoten, d. h. sein gesamtes Begriffsumfeld. Die Abarbeitung erfolgt mit komplexen Suchalgorithmen, etwa wenn die Zusammenhänge
zwischen zwei Begriffen gefunden werden sollen. Eine kurze Beschreibung derartiger Algorithmen mit ausgiebigen Literaturhinweisen findet sich in [Schaefer 93].

Der Vorteil der Vererbung ist vor allem in einer Vermeidung von Redundanz
zu sehen. Also wieder das Thema „one fact at one place" wie bei der objektorientierten Programmierung, aber mit einer anderen Qualität, da die Menge
der zu verwaltenden Begriffe im Semantischen Netz wesentlich die übliche Zahl
vererbbarer Programmmteile übersteigen soll.

Im Zusammenhang mit der Realisierungsfrage kann ein Unterschied zwischen
Is-a-Beziehung und Vererbung gezeigt werden: Die Is-a-Beziehung wird durch

einen statischen Zeiger realisiert, die ererbten Eigenschaften werden durch ein bearbeitendes Programm ermittelt. Häufig sind die Verhältnisse so, daß eine Unterscheidung nicht notwendig ist. Es sind aber spezielle Netze denkbar, in denen ein Knoten mit einem anderen Knoten sowohl über eine Is-a-Kante als auch über eine Is-Not-A-Kante verbunden sein kann. In diesem Fall würde ein Skeptiker vorsichtshalber auf die Vererbung von Eigenschaften verzichten, der Unterschied wird damit für die Semantik bedeutsam. Wir werden diesen speziellen Netzen noch einmal bei der Logik begegnen.

4.1.3 Weitere Entwicklung der Semantischen Netze

Beim Blick auf das erste Netz von Quillian muß man feststellen, daß die Speicherung von Wissen eigentlich nur sehr eingeschränkt möglich war, da sie allein über Wortzusammenhänge und Wortbedeutungen erfolgte. Bestimmte einzelne Personen, ihre Gefühle, Aktionen oder Vorhaben können so beispielsweise nicht ausgedrückt werden. Um neben konzeptuellen auch episodisches Wissen darstellen zu können, wurden deshalb *Individuen* eingeführt, die Instanzen der einzelnen Wortkonzepte repräsentierten. Die Individuen können sich über die Zeit hinweg ändern, das Festhalten der zeitabhängigen Ausprägung für eine bestimmte Episode wird durch Knoten für *Manifestationen* von Individuen möglich.

Damit haben wir schon die am häufigsten verwendeten Arten von semantischen Einheiten und Relationen beisammen. Im Fall der semantischen Einheiten sind dies:

- Konzepte (generische Konzepte, Begriffe)

- Individuen (Instanzen, Exemplare)

- Manifestationen

An Relationen finden sich oft:

- Generalisierung (IS-A, SUBCLASS)

- Klassifizierung (MEMBER-OF, INDIVIDUATES)

- Aggregierung (PART-OF, HAS-A-PART, ATTRIBUTE)

Diese Systematik soll nicht darüber hinwegtäuschen, daß in den zahlreichen Netz-Entwürfen ein Sammelsurium weiterer Knoten- und Kantentypen entstanden ist. Dabei machte man sich oft wenig Gedanken um eine genauere Differenzierung, beispielsweise wurde dieselbe Is-a-Kante sowohl für Untermengen- als auch für Instanziierungsbeziehungen benutzt. Dieser Schöpfergeist schlägt sich auch in einer Vielzahl von Bezeichnungen für Is-a-Kanten nieder (z.B. IS, SUPERC, AKO (für *a kind of*), SUBSET).

Zeichen für das Streben um eine gesteigerte Ausdruckskraft unter Verzicht auf eine gleichzeitige theoretische Fundierung war auch, daß die Erläuterung der Semantik einer Kante manchmal nicht über die beigefügte englische Gedächtnishilfe hinausging ([Brachman 79]). Speziell zum Thema Is-a-Beziehungen („*What IS-A Is and Isn't: An Analysis of Taxonomic Links in Semantic Networks*") beschreibt [Brachman 83] die Diskussion mancher neuen Netzformalismen wie folgt: „ ... while the author defended his scheme on the basis of what he thought he had meant".

Die Grundlegung der Konstrukte durch die natürliche Sprache ging einher mit der Sprachverarbeitung als Hauptanwendungsfeld der Semantischen Netze. Die gegenseitige Beeinflussung zeigte auch die nächste Neuerung, die dem linguistischen Ansatz der *Case Grammer* entstammte: Verben rücken in das Zentrum des Interesses; für sie werden eine Menge von obligatorischen oder optionalen semantischen *Cases* identifiziert. Beispielsweise ist für das Verb „tragen" ein Subjekt notwendig, das trägt, und ein Objekt, das getragen wird. Durch Restriktionen kann die mögliche Belegung der Cases eingeschränkt werden, etwa nur bestimmte Subjekte zum Tragen zugelassen werden. [Rumelhart 72] beschreibt einen derartigen Ansatz.

Inzwischen waren die Netze zunehmend unübersichtlich geworden, was mit immer komplexer werdenden Prozeduren zur Abarbeitung einherging. Als Gegenreaktion wurde der Aufbau der Netze neu überdacht und stärker unterschieden zwischen der Struktur der Netze und dem, was man damit darstellen wollte. Die Zahl der Knoten- und Kantentypen der nächsten Generation sank beträchtlich und formalistischere Ansätze kamen zum Zuge, etwa durch die axiomatische Definition mittels der Prädikatenlogik. Einen dieser besser ausgearbeiteten Formalismen werden wir später mit KL-ONE kennenlernen. Das Beispiel KL-ONE zeigt auch das Zusammenlaufen der weiteren Entwicklung der Semantischen Netze mit derjenigen der *Frames*.

4.2 Frames

Die Frames haben wie die Semantischen Netze ihren Ursprung in psychologischen
Modellen und führten ebenfalls zu einer größeren Anzahl von Sprachen und Systemen. Wo aber bei den Semantischen Netzen mehr assoziative Vorstellungen
im Vordergrund standen, werden die Frames eher mit *Schemas* verknüpt. Frame
läßt sich ins Deutsche mit Rahmen oder Einrahmung übersetzen, ein Frame stellt
also einen Rahmen für ein derartiges Schema dar. [Maida 87] benutzt im Zusammenhang mit Frames auch das Bild vom „Wissen in Paketen". Ursprünglich
sollten die Frames zur Wissensrepräsentation bei der Bildverarbeitung eingesetzt
werden, sie werden inzwischen aber in fast allen anderen Bereichen der KI verwendet, insbesonders auch zur Sprachverarbeitung.

4.2.1 Ursprung der Frames

Motivation zu den Frames waren von *Marvin Minsky* ([Minsky 74]) propagierte
Gedanken über den Einfluß von Vorwissen und Erwartungen auf spezielle kogni-
tive Leistungen.

Beispielsweise kann durch eigene Anschauung ein Gedächtnisschema von einem
Hochregallager entstehen. Beim äußeren Bild hätte man die Vorstellung von einem
großen, rechteckigen Block, in dem sich der eigentliche Lagerraum befindet. Daran
angeschlossen könnte ein Vorbau mit der Lagervorzone sein. Idealerweise wäre
diese Vorzone mit mehreren Andockmöglichkeiten für LKW versehen, für die
außerdem genügend Rangierraum vor dem Lager vorhanden sein müßte.

Die Idee bei der Auswertung eines Luftbildes ist, das Bild mit diesem Vorwissen zu vergleichen und bei genügenden Übereinstimmungen auf ein Lager zu
schließen. Die Bildverarbeitungsalgorithmen sollten dazu natürlich die einzelnen
Teile identifizieren können, gegebenenfalls sind Elemente wie Andockmöglichkeiten für LKW u.ä. dazu selbst wieder als Frame genauer zu beschreiben.

Die Frames lassen sich in unterschiedlicher Weise verwenden. Ein Experten-
system mit Dialogkomponente könnte beispielsweise nach der Eingabe „großes,
rechteckiges Gebäude" seine Frames auf diese Eigenschaften durchsuchen und
bei mehrfachem Sucherfolg durch Rückfragen nach weiteren Eigenschaften das
gesuchte Objekt feststellen (z.B. „hat es viele Fenster?" zum Ausschluß der Alternativen Wohnblock-Frame und Verwaltungsgebäude-Frame). Im Fall der Sprachverarbeitung stellen die Frames notwendiges Hintergrundwissen bereit: Bei einem

Satz wie „in der Lagervorzone fuhr etwas herum" könnte mit dem entsprechenden Vorzonen-Frame ermittelt werden, daß es sich nur um einen Verteilwagen oder einen Stapler handeln kann.

Daß solche Erwartungshaltungen auch für den Menschen eine Rolle spielen, konnte man wieder durch Zeitmessungen belegen. Man bot dieselben Objekte den Versuchspersonen in üblichen und in ungewöhnlicher Umgebung an. Die Zeit für die Identifizierung in vertrauter Umgebung war jeweils besser.

4.2.2 Rechnerdarstellung

Ähnlich wie bei Klassen und Instanzen der Programmiersprachen finden sich bei der Rechnerdarstellung Klassen-Frames, mit denen eine gleichartige Menge von Frames beschrieben werden kann, und deren individuelle Ausprägungungen. Mit dem obigen Beispiel versucht der Klassen-Frame allgemein die Eigenschaften von Lagervorzonen zu erfassen, während seine Instanz eine bestimmte Vorzone beschreibt.

Man beachte aber die unterschiedliche Wertigkeit von Klassen und Instanzen gegenüber den Programmiersprachen. Wie aus den oben genannten Beispielen hervorgeht, bieten die Klassen-Frames nicht nur eine Schablone für das Erzeugen von Instanzen, sondern haben darüber hinaus auch eine Prototypfunktion für die Klassifikation unbekannter Objekte. Es müssen also im Gegensatz zu den Programmiersprachen gute Mittel zur Verfügung stehen, um die Klassenbeschreibungen während des Programmablaufs abzufragen.

Unterteilung in Slots

Zum Festhalten der Eigenschaften eines Frames dienen seine *Slots (Schlitze)*. Beispielsweise würde der Klassen-Frame `Vorzone` einen Slot `fahrzeuge` enthalten. Der individuelle Frame `Vorzone_1`, in dem nur Stapler herumfahren, würde in diesem Slot den Wert `Stapler` enthalten. Im Frame `Vorzone_2` könnten sich in diesem Slot dagegen die Werte `Stapler, Verteilwagen` befinden.

Denkbar ist, daß von Stapler und Verteilwagen selbst wieder individuelle Frames existieren, in diesem Fall ließen sich der `Vorzone_1` im Slot `fahrzeuge` auch die Werte `Stapler_1, Stapler_2` zuordnen.

Neben Werten können den Slots auch Prozeduren zugeordnet werden. Sie werden wie in Smalltalk *Methoden* genannt. Die Methode eines Slots kann durch die

Methode eines anderen Slots aufgerufen werden, man kann mithin auf der Basis eines Frame-Systems objektorientiert programmieren.

Beschreibung der Slots

Die einzelnen Slots werden durch eine größere Anzahl von *Facets* näher beschrieben. Die meisten bieten ausgefeilte Möglichkeiten, die Werte einzugrenzen, mit denen der Slot gefüllt werden kann. Wenn etwa wie im obigen Beispiel davon ausgegangen wird, daß in einer Vorzone nur Stapler und Verteilwagen als Fahrzeuge anzutreffen sind, kann dieser Slot im Klassen-Frame auf Instanzen dieser Frames beschränkt werden.

Einschränkungen sind häufig auch durch die Angabe einer Liste von Werten möglich, aus denen die Slotwerte stammen müssen oder nicht stammen dürfen. Bei numerischen Werten können Intervalle angegeben werden, innerhalb derer sich die Werte befinden müssen. Außerdem kann angegeben werden, wieviele Werte ein Slot mindestens und wieviele er höchstens beinhalten darf. Frames bieten zudem die Möglichkeit, in einem Facet *Standardwerte (defaults)* einzutragen. Enthält der Slot sonst keinen Wert, wird auf den Standardwert zurückgegriffen.

Füllungsvorgaben und -restriktionen für die Slots können aber nicht nur deklarativ, sondern auch prozedural angegeben werden. Es stehen Facets zur Verfügung, mit denen ein Slot mit einem *Dämon (demon)* verbunden werden kann. Der Dämon wartet auf bestimmte Ereignisse und löst dann die Abarbeitung einer bestimmten Prozedur aus. Auslöseereignisse sind das Hinzufügen, Löschen oder Lesen eines Sloteintrags. Beispielsweise kann so bei jeder Abfrage der aktuelle Zustand aus den Slotwerten anderer Frames errechnet werden.

Gerade bei den Facets zeigen sich auch große Unterschiede in der Philosophie der einzelnen Frame-Sprachen. KEE beispielsweise verfügt über ein Facet zur Beschreibung der einzelnen Vererbungsregeln, die für den Inhalt dieses Slots gelten sollen. Wir werden auf diese möglichen Regeln später eingehen. KL-ONE dagegen hat diese Regeln fest vorgegeben und versagt uns diesen Leckerbissen.

4.2.3 Vererbung bei Frames

Dem Vererbungsaspekt wurde in den ursprünglichen Vorstellungen von den Frames noch keine besondere Bedeutung zugemessen. Wie [Maida 87] ausführt, gibt es aber keine *Frame-Sprache*, die nicht über Möglichkeiten zum Ausdruck von

Hierarchien verfügt. [Maida 87] bezeichnet sogar die Verwendung von Is-a-Beziehungen als Zeichen für den Übergang von der Frame-Theorie zur Frame-Sprache.

Zwischen Klassen kann eine Unterklassen-Beziehung angegeben werden, wobei normalerweise eine Klasse für mehrere Klassen Unterklasse sein kann. Die Unterklasse erbt die Slots der Oberklassen und die damit verbundenen Eigenschaften wie Wertebereiche und -restriktionen, Standardwerte usw. Weiter ist zu beachten, daß Klassen-Frames häufig keine statischen Beschreibungen darstellen, sondern während der Laufzeit geändert, neu erstellt und mit Slotwerten versehen werden können. Die Vererbung kann man sich durch systemseitig definierte Vererbungsdämonen vorstellen. Entweder kann so ein Dämon im Fall der Änderung des übergeordneten Frames zuschlagen und die Änderung in allen untergeordneten Frames nachvollziehen. Oder der Dämon arbeitet als *if-needed-demon* und versucht, bei jeder Slotabfrage die aktuellen Werte aus den übergeordneten Frames zu ermitteln.

Vererbung dient bei den Frames also zum einen der Vererbung von Eigenschaften, wie sie durch die Slots und die Beschreibungen in den Facets gegeben sind. Zum anderen hat die Vererbung eine strukturelle Komponente wie bei den objektorientierten Programmiersprachen. Eine allgemein verbindliche formale Angabe der Semantik gibt es nicht. Einzelne Systeme unterscheiden sich teilweise erheblich. In KL-ONE ist z.B. keine Vererbung von überschreibbaren Werten vorgesehen, KEE dagegen stellt für diese Werte sogar mehrere unterschiedliche Vererbungsmechanismen zur Verfügung. Weitere wichtige Unterschiede gibt es auch bei der Neudefinition der Wertebereiche und -restriktionen bei einem vererbten Slot.

4.2.4 Weitere Entwicklung

Um die Bedeutung der Vererbung bei Frames besser einschätzen zu können, zunächst ein kleiner Exkurs zu der prozeduralen Wissensrepräsentation mittels *Produktionsregeln*. Derartige Sprachen enthalten auf der einen Seite Möglichkeiten, um Regeln nach dem Schema

```
IF Bedingung THEN Aktion.
```

zu formulieren. Für die `Bedingung` und die `Aktion` stehen umfangreiche Mittel für Verknüpfungen von Zustandvariablen, Einbindung von Benutzerabfragen usw. zur Verfügung. Auf der anderen Seite gibt es einen *Regelinterpreter*. Abhängig

von einem bestimmten Zustand wählt er aus denjenigen Regeln eine aus, deren
Bedingung zutrifft. Nach der Abarbeitung der Regel hat die Aktion zu einem neu-
en Zustand geführt. Der Regelinterpreter bestimmt erneut die Menge der Regeln
mit zutreffender Bedingung und wählt eine davon aus usw.

Mit diesen relativ einfachen Sprachen wurden in der Anfangszeit die meisten
Expertensysteme erstellt. Das Paradebeispiel ist das mit der Regelsprache *OPS 5*
erstellte *XCON (R1)*, das von der Firma *DEC* zur Konfiguration von VAX-
Rechnern eingesetzt wurde. Problematisch wurden solche Lösungen vor allem
dann, wenn eine größere Anzahl von Regeln erreicht war. Wer soll bei 5–6000
Regeln die Übersicht bewahren und gegebenenfalls Änderungen durchführen?

Frames stellen eine Alternative dar. Einmal können die Frames durch die Vererbung strukturiert werden, so daß die Wissenbasis für den Entwickler besser zu
gliedern und zu überschauen ist. Außerdem sind sie *objektzentriert* (die vorhin
besprochenen Semantischen Netze sind ebenfalls objektzentriert, aber in einem
geringeren Maße als die Frames). Trotzdem werden häufig keine reinen Frame-
Sprachen eingesetzt, sondern *hybride Systeme*. Beispielsweise lassen sich Produktionsregeln und Frames kombinieren, indem Zustandsbeschreibung und aus den
Regeln herausgelöste deklarative Aspekte durch Frames und die verbliebenen prozeduralen Aspekte durch Regeln dargestellt werden.

Für die Beschreibung der Stichworte Ausdrucksstärke, Vollständigkeit und Korrektheit sind derartige Systeme noch problematischer, wo schon allein die Frames
unzureichend formal fundiert sind. Daraus ergaben sich zwei Entwicklungszweige:
Eine Richtung beschäftigt sich mit theoretischen Fragen der sauberen und fun-
dierten Bereitstellung elementarer Hilfsmittel für die Repräsentation. Ein Ausgangspunkt dieser Entwicklung ist KL-ONE. Die andere Richtung versucht, die
Bedürfnisse aus der Praxis durch problemlos handbare Implementationswerkzeu-
ge zu befriedigen. Beeinflußt wurde diese Entwicklung durch Smalltalk und führte
zu Systemen, mit denen in komfortablen Umgebungen objektorientiert entwickelt
werden kann. Mit KEE werden wir einen Vertreter der zweiten Richtung kennenlernen.

4.3　Logik

In beiden besprochenen Repräsentationsformen sollte durch umfangreiche Konstrukte möglichst viel Wissen erfaßt werden können. Das ist verständlich, denn in

den einzelnen Anwendungen war zwar immer nur eine begrenzte Diskurswelt zu
repräsentieren, letztlich sorgte aber der Anspruch, alle Formen von Weltwissen
abbilden zu können, für immer neue Forderungen.

Die Mächtigkeit der Konstrukte verhinderte eine parallel verlaufende strenge Formalisierung. Ein Erfassen der Bedeutung, wie sie beispielsweise für einen
Vergleich zwischen unterschiedlichen Formalismen oder die Beurteilung der Konsistenz des gespeicherten Wissens notwendig ist, wird dadurch unmöglich. Um
speziell zu den Is-a-Beziehungen wieder ein Zitat von Ronald Brachman zu verwenden: Steht eine Implementierung zur Verfügung, kann man die Bedeutung
der Vererbung zumindest daraus entschlüsseln „what the code does with it"
([Brachman 83]).

Mit der Logik bietet sich aber ein Formalismus mit klar definierter Bedeutung
an. Man hat nun zwei Möglichkeiten: Man kann die Konstrukte der fraglichen
Netz- oder Frame-Formalismen in die Logik übersetzen und versuchen, dadurch
Klarheit zu gewinnen. Man kann sich aber auch überlegen, ob man nicht gleich
sein Wissen mit der Logik repräsentiert.

4.3.1 Eigenschaften der Logik

Die Logik ist ein Formalismus, dessen Ursprung schon bei den alten Griechen
gelegt wurde und seither der Erforschung der „Gesetze strengen Denkens und
Folgerns" dient. „Streng" beinhaltet dabei eine Objektivierbarkeit und Mitteil-
barkeit des zu erforschenden Denkens und Folgerns. Deshalb geschieht dies durch
ein Operieren in einem spachlichen Rahmen, letztlich als Manipulieren von Zeichenreihen mit einem (i. a. endlichen) Symbolvorrat. Einführungen finden sich in
[Genesereth 89] und [Goerz 93]. Hier wollen wir darauf verzichten, die Symbole dürften in der Regel aus dem Mathematikunterricht bekannt sein (etwa $\wedge$ für
„und", $\vee$ für „oder", $\neg$ für die Negation, Symbole zur Darstellung von Konstanten
und Variablen usw.).

Ähnlich wie Zusammenstellungen von Buchstaben aus dem Alphabet nur zu
einem Teil sinnvolle Wörter ergeben, macht auch nur ein Teil der aus dem Symbolvorrat gebildeten Zeichenreihen Sinn. Zeichenreihen, die mit Bedeutung versehen
werden können, werden *Formeln* genannt. Dabei hängt die Bedeutung von einer vorher gewählten *Interpretation* der Zeichen des Symbolvorrats ab. In der
Regel ist die Bedeutung einer Formel bei einer bestimmten Interpretation ein
Wahrheitswert, entweder „wahr" oder „falsch". Zwischen zwei Formeln A und B

kann die Beziehung bestehen, daß immer, wenn A „wahr" bei einer bestimmten Interpretation zugewiesen wird, B bei derselben Interpretation ebenfalls „wahr" zugewiesen wird, d. h. dann, daß B aus A *gefolgert* werden kann.

Man kann sich A als unsere Wissensbasis und B als Abfrageergebnis vorstellen. Wenn wir eine „wahre" Wissensbasis A besitzen, ist es natürlich unser Ziel, nur an B zu gelangen, die ebenfalls „wahr" sind. Dazu wird der Folgerbarkeit die *Ableitbarkeit* gegenübergestellt. B ist aus einer Formel A ableitbar, wenn B aus A und gewissen logischen *Axiomen* mittels gewisser *Schluß-* oder *Inferenzregeln* erhalten werden kann. Ein solches System aus logischen Axiomen und Schlußregeln heißt *Kalkül*. Logische Axiome sind beispielsweise $A \lor \neg A$ oder $(A \land B) \Rightarrow A$, eine logische Schlußregel der *Modus Ponens*:

$$\frac{\begin{array}{c} A \\ A \Rightarrow B \end{array}}{B}$$

Diese Notation besagt, daß aus der Formel A und der Formel $A \Rightarrow B$ die Formel B abgeleitet werden kann.

Natürlich sollte jetzt gelten, daß aus einer „wahren" Formel keine „falsche" abgeleitet werden kann, d.h. alle möglichen Ableitungen sollten auch gefolgert werden können. In diesem Fall ist der Kalkül *korrekt*. Umgekehrt wollen wir aus unserer Wissensbasis alle „wahren" Formeln ableiten können, d.h. der Kalkül sollte auch *vollständig* sein. Gewährleistet ein Kalkül sowohl Korrektheit als auch Vollständigkeit, gelten die Gesetzlichkeiten des Folgerns als formal erfaßt.

4.3.2   Vererbung in der Prädikatenlogik

Oft kennt man nur zwei Logiken: die *Aussagenlogik* und deren Erweiterung, die *Prädikatenlogik 1. Ordnung*. Letztere wird manchmal auch als die *klassische Logik* bezeichnet. Mit den Prädikaten lassen sich Is-a-Beziehungen und Eigenschaften ausdrücken, wir wollen das Prädikat für „hat Eigenschaft" HAS_PROP nennen:

$$HAS\_PROP(Vogel, fliegt)$$

Wichtig ist anzumerken, daß man bei der Abbildung einer Diskurswelt eine gewisse Freiheit in der Wahl der Prädikate hat. Statt des obigen zweistelligen Prädikats kann stattdessen auch folgende Lösung verwendet werden:

$$FLIEGT(Vogel)$$

Die erste Variante wird aber vorzuziehen sein, außer man hat nur sehr wenige Eigenschaften abzubilden. Die folgende Formel unterstreicht das:

$$\forall x, y, z : IS\_A(x,y) \land HAS\_PROP(y,z) \Rightarrow HAS\_PROP(x,z)$$

x, y, z sind Variablen, die Formel sagt: Wenn ein x ein y ist und y die Eigenschaft z hat, dann hat auch x diese Eigenschaft. Notwendig ist jetzt natürlich noch eine Angabe

$$IS\_A(Kanarienvogel, Vogel)$$

so daß sich nun diese Eigenschaft für den Kanarienvogel ableiten läßt. Zur Unterscheidung von Klassen und Instanzen lassen sich weitere Prädikate wie *klasse* und *instanz_von* verwenden:

$$KLASSE(Kanarienvogel)$$
$$INSTANZ\_VON(Hansi, Kanarienvogel)$$

Die IS_A-Beziehung kann dann auf die Instanzen ausgedehnt werden

$$\forall x, y : INSTANZ\_VON(x,y) \Rightarrow IS\_A(x,y)$$

oder nur Klassen vorbehalten sein und deren Eigenschaften auf andere Weise den Instanzen zugänglich gemacht werden:

$$\forall x, y : INSTANZ\_VON(x,y) \land HAS\_PROP(y,z) \Rightarrow HAS\_PROP(x,z)$$

Man beachte, daß die Begriffe „Klasse" und „Instanz" aufgrund des Vorwissens sehr suggestiv sind. Der Vorteil der Logik ist, daß die Begriffsdefinitionen jetzt eindeutig aus der Formelmenge hervorgehen. Die Schlußfolgerung erfolgt mittels des Kalküls, d. h. die Ableitung des neuen Wissens entspricht einem formalen Beweis.

4.3.3 Probleme mit der Prädikatenlogik

Im Vergleich zum natürlichen Denken sind verschiedene Mechanismen der Prädikatenlogik idealisiert. Das drückt sich beispielsweise bei der *Monotonie* aus. Läßt sich nämlich aus der Prämissenmenge P die Formel A ableiten, so ist garantiert, daß durch die Hinzunahme einer weiteren Formel B zu P immer noch A abgeleitet werden kann.

$$P \vdash A \Rightarrow P \cup \{B\} \vdash A$$

Die Menge der Schlußfolgerungen wächst also monoton mit jeder neuen Formel, durch die Hinzunahme einer neuen Formel kann demnach kein altes Wissen revidiert werden. Es hat sogar katastrophale Auswirkungen für die Wissensbasis, wenn bislang A abgeleitet werden konnte und nun auch noch $\neg A$ zur Formelmenge hinzugefügt wird.

Die Monotonie wird zum Problem, wenn die Standardannahmen aus den Frames auf die Logik abgebildet werden sollen. Das folgende Beispiel illustriert das anhand des Versuchs einer Behelfslösung mittels „Anomalien":

$$
\begin{aligned}
DING(x) \wedge \neg ANOMALIE_1(x) &\Rightarrow \neg FLIEGT(x) \\
VOGEL(x) &\Rightarrow ANOMALIE_1(x) \\
VOGEL(x) \wedge \neg ANOMALIE_2(x) &\Rightarrow FLIEGT(x) \\
STRAUSS(x) &\Rightarrow ANOMALIE_2(x) \\
STRAUSS(x) \wedge \neg ANOMALIE_3(x) &\Rightarrow \neg FLIEGT(x) \\
FLIEGENDER\_STRAUSS(x) &\Rightarrow ANOMALIE_3(x) \\
FLIEGENDER\_STRAUSS(x) &\Rightarrow FLIEGT(x)
\end{aligned}
$$

Einerseits muß eine Liste der Anomalien mitgeführt werden. Anderseits sind auch die Ableitungsmöglichkeiten nicht so, wie wir sie haben wollen: Angenommen, ich habe ein $DING(x)$ und sonst keine weitere Information, dann kann ich aus den obigen Formeln nicht ableiten, daß dieses $DING(x)$ voraussichtlich nicht fliegen kann. Bis ich zu einer Aussage kommen kann, ist letztlich das Wissen bis zum entsprechenden Blatt des Vererbungsbaums notwendig.

Im Vergleich dazu kann der Mensch recht gut mit Standardannahmen auskommen. Unvollständiges Wissen wird ja nicht nur eingesetzt, wenn ich ein spezifisches Lager suche und dazu allgemeine Standardannahmen über das Aussehen von Lagern verwende. Um eine Standardannahme handelt es sich auch, wenn ich glaube, in meinem Lager eine bestimmte Menge Ware zu haben und daß diese in einer bestimmten Zeit auslagerbar ist. Im konkreten Fall kann es sich stattdessen um falsch deklarierte Ware handeln, die Fördertechnik kann defekt sein usw. In solchen Fällen wird die (mögliche) Fähigkeit des Menschen bedeutsam, daß er sich nicht wie eine Wissensbasis in klassischer Logik durch widersprüchliche Informationen außer Gefecht setzen läßt.

4.3.4 Nichtmonotones Schließen

Gefordert sind Mechanismen, die ein *nichtmonotones Schließen* ermöglichen. Das, was man bislang geglaubt hat, soll durch neue Erkenntnisse revidiert werden können. Der KI stehen derartige Mechnismen mit den Defaults bei den Frames zur Verfügung, zu deren Abbildung andere Logiken notwendig sind. Es haben sich dabei mehrere Ansätze herausgebildet. Die wichtigsten sind die *Default Logik* von *Raymond Reiter* ([Reiter 80]), die *autoepistemische Logik Robert Moores* ([Moore 85]) und die *Circumscription* von *John McCarthy* ([McCarthy 80]).

Die Default Logik versucht das Problem zu lösen, indem sie für die Defaults zusätzliche nichtmonotone Inferenzregeln eingeführt. Die Defaults werden wie folgt notiert:

$$\frac{A(x) : MB_1(x), \ldots, MB_n(x)}{C(x)}$$

Dabei sind $A(x)$, $B_1(x)$, $\ldots$, $B_n(x)$ und $C(x)$ klassische Formeln. Die intuitive Bedeutung dieser Formeln ist: Wenn für ein bestimmtes x $A(x)$ abgeleitet werden kann, $\neg B_1(x), \ldots, \neg B_n(x)$ aber nicht, dann kann man $C(x)$ daraus schließen. Also mit unserem Beispiel: Wenn x ein $DING(x)$ und sich nicht ableiten kann, daß x fliegen kann, dann kann man daraus schließen, daß x nicht fliegen kann:

$$\frac{DING(x) : MFLIEGT(x)}{\neg FLIEGT(x)}$$

Die Autoepistemologische Logik versucht dagegen, die Überzeugungen eines idealen rationalen Agenten zu modellieren, der über eben diese Überzeugungen reflektiert. Dazu wird ein *Modaloperator L* verwendet. *LA* ist zu lesen: Es wird geglaubt, daß *A*. Damit läßt sich auszudrücken, daß ich nicht glaube, daß etwas nicht fliegt, wenn es ein Vogel ist:

$$VOGEL(x) \land \neg L \neg FLIEGT(x) \quad \Rightarrow \quad FLIEGT(x)$$

Um die Ableitbarkeit zu definieren, werden sogenannte *stabile Expansionen* verwendet. Damit kann solange das Ergebnis $FLIEGT(x)$ abgeleitet werden, bis eine gegenteilige Aussage vorhanden ist. Kommt so eine Aussage über einen Pinguin oder einen Strauß hinzu, kann für diese Vögel aus der Formelmenge nur noch diese gegenteilige Aussage abgeleitet werden.

Einführend wurde darauf hingewiesen, daß eine Formel B aus A gefolgert werden kann, wenn bei allen Interpretationen, bei denen A „wahr" zugewiesen erhält, auch B „wahr" wird. Man nennt diese Interpretationen, die A und B „wahrmachen", *Modelle*. Hier setzt die Circumscription an: Das Prädikat $\neg FLIEGT(x)$ trifft zwar für die meisten x zu, die ein $DING$ sind, aber eben nicht für alle. Bei der Circumscription werden nun nicht mehr alle Modelle zur Definition von Folgerbarkeit herangezogen, sondern nur ganz bestimmte.

Man definiert dazu eine minimale Folgerbarkeit aus den bezüglich eines bestimmten Prädikates minimalen Modellen. Die syntaktische Herleitbarkeit wird dadurch erreicht, daß bestimmte uninteressante Modelle duch Erweiterung der Prämissen „herausgefiltert " werden. Die nichtmonoton aus einer Menge von Prämissen T ableitbaren Formeln werden definiert als die klassischen Theoreme von $A \cup X$. Das zusätzliche X eliminiert die „unerwünschten" Modelle. Nichtmonotonie entsteht dadurch, daß das X von A abhängt und sich verändert, wenn A wächst.

4.3.5 Eine wissenschaftliche Diskussion

Obwohl diesen nur im Ansatz skizzierten Logiken eine recht komplexe Gedankenarbeit zugrundeliegt, macht die Formalisierung des nichtmonotonen Schließens doch einige Schwierigkeiten. Das liegt u.a. daran, daß häufig sich gegenseitig ausschließende Standardannahmen möglich sind, die zu unterschiedlichen jeweils plausiblen Mengen von Schlüssen führen können. Die Problematik kann eine über mehrere Jahre geführte Diskussion veranschaulichen. Gegenstand war die Formalisierung von Vererbungsnetzen, in denen die Knoten Klassen und Instanzen beschreiben und die Kanten Is-a- und Is-not-a-Beziehungen zwischen den Knoten darstellen.

In der Abbildung 4.4 werden PCs den „Rampendrehern" zugeteilt. Als Rampendreher bezeichnet man gefragte Artikel, die schnell nach der Einlagerung reserviert und wieder ausgelagert werden. Zweckmäßigerweise identifiziert man diese Ware und ordnet sie besonders schnell zugreifbaren Plätzen zu, wenn sie nicht schon vor dem Lager zum Kunden umdirigiert werden kann. Ladenhüter sind sicher keine Rampendreher. Und Auslaufmodelle sind häufig Ladenhüter. Der 286er PC ist sowohl ein Auslaufmodell als auch ein PC.

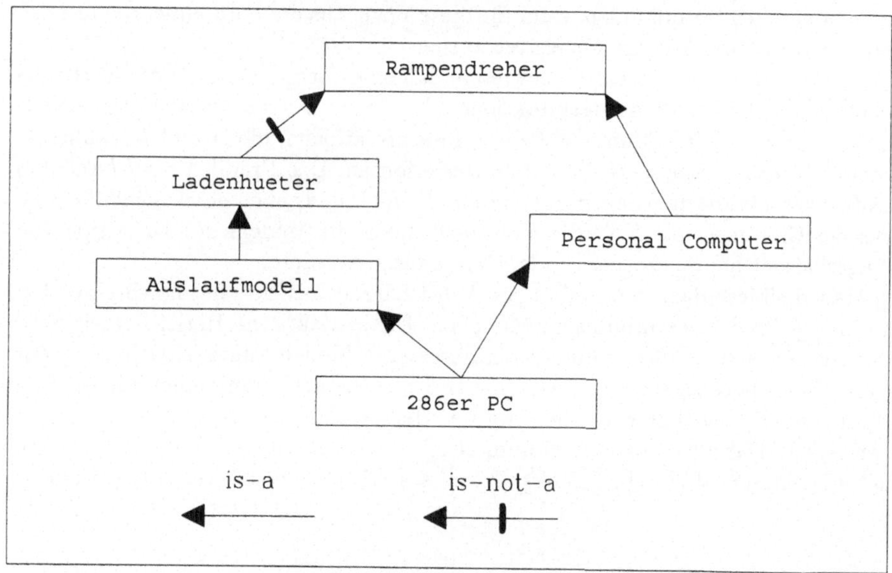

Bild 4.4 Widersprüchliche Vererbung bei einem 286er PC

Die wissenschaftliche Diskussion beginnt mit [Etherington 83]. Er stellt eine Formalisierung der Netzkomponenten mit der Default Logik vor. Weiter stellt er die Vorteile heraus, die die Angabe einer präzisen Semantik für die Vererbungshierarchien mit Ausnahmen hat. [Touretzky 84] geht dann tiefer auf die spezifischen Probleme der Vererbungsnetze ein. Er wendet sich besonders dem Fall zu,

wenn, wie in der Abbildung, widersprüchliches auf unterschiedlichen Vererbungswegen weitergegeben wird. Er führt aus, daß die hauptsächlich zur Abarbeitung
solcher Netze verwendeten Algorithmen bei widersprüchlichen Lösungen diejenige verwenden, zu der der kürzeste Pfad führt. Im Beispiel würde als Lösung
gefunden, daß ein 286er PC ein Rampendreher ist.

Wenn diese Lösung nicht erwünscht ist, müßte der Hierarchieentwerfer irgendwie dafür sorgen, daß die Pfadlänge zu der richtigen Alternative kürzer ist. Mit
der Pfadlänge unterschiedliche Präferenzen auszudrücken, kann nicht Sinn der Sa-
che sein. In seiner ebenfalls mittels Default Logik durchgeführten Formalisierung
führt [Touretzky 84] deshalb zusätzlich eine partielle Ordnung der Defaults ein.
Dadurch kann eine *inferentielle Distanz* zwischen den Knoten dargestellt werden,
über die die richtige Lösung ererbt werden kann. [Sandewall 86] zeigt allerdings,
daß mit der Formalisierung einer inferentiellen Distanz ebenfalls unbeabsichtigte
Ableitungen zustande kommen können.

Möglicherweise unter dem Eindruck dieser Kritik sieht [Touretzky 87b] nun
sogar einen Vorteil in der Mehrdeutigkeit. Die eindeutige Lösung — Is-a oder
Is-not-a — reduziert ja die mögliche Information, die das Vererbungsnetz bietet.
Möglicherweise ist es sinnvoll, aus den Widersprüchlichkeiten ableiten zu können,
daß man hinsichtlich der Eigenschaft einen unsicheren Kandidaten vor sich hat.
Für die Auswertung dieser Netze unterscheidet er zwischen dem Skeptiker, der
bei widersprüchlichen Aussagen beide Aussagen verwirft, und demjenigen, der
möglichst alle Informationen aus dem Netzwerk holt. Er zeigt dabei auch, daß
selbst der Skeptiker nicht immer die gewünschten sicheren Ergebnisse erhält.

Die Frage ist, inwieweit die Probleme der Vererbungsnetze repräsentativ für
alle realisierten Vererbungskonzepte sind. Kann dadurch eine Subklasse definiert
werden wie in [Touretzky 84]: „ . . . *A* is a subclass of *B* if there is an inheritance
path from *A* to *B*"? [Brewka 87] verneint dies. Die Kanten entsprechen nur einer
intuitiven Bedeutung: *A*'s sind typische *B*'s. Deshalb versucht er statt mit Vererbungsnetzen durch die Formalisierung eines vereinfachten Frame-System durch
Circumscription seine Erkenntnisse zu gewinnen.

Den Abschluß hat die Diskussion damit nicht gefunden. Weiter sind Fragen
zu lösen, wie bestimmte Elemente abzubilden sind und welche Logik-Ansätze
sich dazu am besten eignen. Zahlreiche Hinweise auf die aktuelle Literatur bieten [Brewka 93] und [Bibel 93]. [Brewka 93] behandelt speziell das nichtmonotone
Schließen, [Bibel 93] geht dazu auch stärker auf die Vererbungsnetze ein. Etwas
älter ist [Touretzky 86], dafür bietet es die ausführlichste Darstellung der Vererbungsnetze.

Den Praktiker mögen die kleinen Schritte und die Eingeschränktheit der Diskussion überrascht haben. Tatsächlich ist es häufig so, daß ein Autor in einer angekündigten Abbildung des Formalismus X auf den Formalismus Y idealisierte und vereinfachte Formen verwendet. Das kann ärgerlich sein, wenn man beispielsweise in den idealisierten Frames nicht mehr die Frames aus seinem kommerziellen System erkennt.

Trotzdem demonstriert gerade diese kontroverse Artikelserie die Dienstleistung für den Leser. Anhand der Formalisierung durch die Logik können zahlreiche Sachverhalte mit großer Klarheit im Vergleich zu den eher informellen Vererbungsbeschreibungen der Semantischen Netze und Frames dargestellt und ein Problembewußtsein erzeugt werden. Kommerzielle Systeme lassen den Entwickler in dieser Hinsicht im Stich. Dort ist nur die Beschreibung der Funktionalität der Vererbungsmöglichkeiten zu erwarten, über den tieferen Gehalt muß sich der Entwickler selbst Gedanken machen.

4.3.6   Umsetzung auf dem Rechner

Auf den ersten Blick scheint die Implementierung der Logik einfach zu sein, sind doch Repräsentation und Ableitungsmechanismen klar beschrieben. Die Problematik liegt aber darin, daß die Ableitungsmechanismen ziellos Ergebnisse produzieren. Aufgrund der Vollständigkeit des Kalküls können so unendlich viele „wahre" Formeln produziert werden, wovon fast alle für den jeweiligen Zweck völlig unnütz sind.

Für das Gebiet der klassischen Logik sind aber schon früh Verfahren gefunden worden, um dieser Problematik zu begegnen (siehe dazu [Walther 93]). Bekanntestes Zeugnis dafür ist die Programmiersprache *Prolog (für: Programming in Logic)*, die auf einem dieser Verfahren basiert. Für die vorgestellten Logiken des nichtmonotonen Schließens existiert dagegen in ihrer allgemeinsten Form nachweislich kein korrektes und vollständiges Beweisverfahren, das immer terminiert. D.h. es gibt keinen Algorithmus, der mit einer Menge von Prämissen P und einer Formel A genau dann mit „ja" endet, wenn A aus P ableitbar ist. Das ist ein Nachteil gegenüber der klassischen Logik, wo garantiert ist, daß der Algorithmus „irgendwann" die Ableitbarkeit feststellt.

Im Fall des nichtmonotonen Schließens ist man deshalb gezwungen, entweder handhabbare Untermengen der Logiken zu identifizieren oder existierende nichtmonotone Systeme zu analysieren und festzustellen, ob ihre Resultate im Sinne der Logiken interpretierbar sind. Bei der zweiten Lösung erhielte man demnach aus einer entsprechenden Formalisierung eines Frame-Systems einmal eine ordentliche Semantik für dieses System und gleichzeitig einen speziellen logischen Beweiser.

Allerdings kann auch auf die Sprache Prolog ausgewichen werden. Obwohl für die klassische Logik gedacht, verfügt Prolog nämlich über einige außerhalb dieser Logik liegende Erweiterungen, wovon eine diese Möglichkeit begründet. Es handelt sich um die *Negation als Mißerfolg (negation-as-failure)*. Sie bewirkt, daß ein Prolog-Programm

```
vogel(hansi).
kann_fliegen(V) :- vogel(V), not(pinguin(V)).
```

auf die Abfrage

```
? kann_fliegen(hansi).
```

mit **yes** antwortet. `not(pinguin(hansi))` gilt nämlich schon dann als erfüllt, wenn sich aus der Wissenbasis nicht `pinguin(hansi)` herleiten läßt. Ließe sich `pinguin(hansi)` aus der Wissenbasis herleiten, etwa in dem wir diese Klausel hinzufügen, wäre die Antwort **no**. Die Grundlage dieser Nichtmonotonie-Eigenschaft ist die *Annahme der Weltabgeschlossenheit (closed-world-assumption)*: Was die abgeschlossene Welt der Wissensbasis nicht kennt, ist falsch.

Wie [Bibel 93] ausführt, handelt es sich bei diesem Prolog-**not** nicht um eine logische Negation, sondern um ein Meta-Prädikat. Die von ihm angegebene Definition enthält mit dem *cut* ebenfalls eine außerhalb der klassischen Logik liegende Erweiterung und beruht weiter darauf, daß die Klauseln von oben nach unten abgearbeitet werden:

```
not(X) :- call(X), !, fail.
not(X).
```

Obwohl es sich also bei Prolog im Grunde genommen um eine logische Programmiersprache handelt, ist man bezüglich der Nichtmonotonie in derselben Situation wie bei Frame-Systemen. Man muß erst die Eignung der Prolog-Erweiterungen als Beweiser für nichtmonotones Schließen formal nachweisen. Verweise auf Arbeiten in diese Richtung finden sich wieder in [Brewka 93] und [Bibel 93].

4.4   KL-ONE

KL-ONE (Knowledge Language One) ist ein Wissensrepräsentationsformalismus, der von *Ronald Brachman* „more or less in the tradition of semantic networks and frames" Anfang der 80er Jahre bei *Bolt, Beranek and Newman* entwickelt wurde.

Im Wissenschaftsbetrieb hat KL-ONE aufgrund seiner guten theoretischen Fundierung eine besondere Stellung erlangt. Die Spracheigenschaften sind dort außerordentlich häufig beschrieben und diskutiert worden, der Formalismus wurde mehr oder weniger angepaßt zur Wissensrepräsentation in zahlreichen KI-Systemen verwendet und es existieren mehrere Neuentwicklungen von Sprachen, die auf KL-ONE aufbauen.

4.4.1   Die Ebene der Vererbung

Ein Manko einzelner Formalismen der Semantischen Netze war oft, daß ihre Grundelemente vom eigentlichen Anwendungsfeld bestimmt waren. Im Fall der Verarbeitung natürlicher Sprache wurden so deren mangelnde Definiertheit in den Formalismus transportiert. Stattdessen schlägt [Brachman 79] eine klare Trennung einzelner, aufeinander aufbauender Ebenen vor. Diese Trennung wird auch der Grundgedanke von KL-ONE sein:

- Die unterste Ebene bildet die *Implementierungs-Ebene*. Bei einem Semantischen Netz sind beispielsweise die Kanten auf dieser Ebene nur bestimmte Zeiger, die auf Knoten verweisen.

- Darüber befindet sich die *logische Ebene*. Die Knoten bezeichnen hier Prädikate und Aussagen. Die Kanten bezeichnen logische Beziehungen wie „und", „Untermenge" und „es gibt".

- Die dritte Ebene nennt Brachman die *epistemologische Ebene*. Sie erlaubt die Definition von *Wissen-Strukturierenden Primitiven*. Der Vererbungsmechanismus ist auf auf dieser Ebene erklärt. Netze dieser Ebene bezeichnet *Structured Inheritance Networks (SI-Nets)*.

- Als viertes kommt nun die *konzeptuelle Ebene*. Sie ist gekennzeichnet durch eine kleine Menge von einer bestimmten natürlichen Sprache unabhängiger Elemente. Beispiele sind primitive Objekt- und Aktionstypen sowie einfache Beziehungen.

• Erst die fünfte Ebene ist dann sprachspezifisch. Brachman nennt dies die *linguistische Ebene.*

Zwischen den einzelnen Ebenen sind die Aspekte *Neutralität, Adäquatheit* und *Semantik* zu beachten. Neutralität und Adäquatheit bedeutet, daß die untere Ebene die obere in ihrer Entwurfs- und Definitionsflexibilität nicht einschränkt und ihr dazu ausreichende Sprachmittel bereitstellt. Die Semantik schließlich soll angeben, was die einzelnen Elemente der jeweiligen Ebene bedeuten.

KL-ONE ist im Kern ein Beispiel für ein Strukturiertes Vererbungsnetz, entstammt also der epistemologischen Ebene. Das Vererbungsnetz soll zur Definition der Begriffe der Anwendungswelt mit Hilfe der Beziehung zu anderen Begriffen dienen. Im Gesamtsystem wird hier die Terminologie festgelegt, dieser Bereich wird manchmal auch als *T-Box* bezeichnet. Daneben gibt es einen assertionalen Teil, die *A-Box*, mit der konkrete Einzelfakten dargestellt und bearbeitet werden können.

4.4.2 Konzepte und Rollen

Im Vererbungsnetz werden die Knoten mit den Begriffen bzw. Konzeptnamen versehen. Die Kanten, die die Beziehung zu den für die Definition des Konzepts notwendigen anderen Konzeptknoten herstellen, werden *Rollen* genannt. Die Verbindung zu den Frames ergibt sich, wenn man das einzelne Konzept als Frame und die Rollen als Slots ansieht. Die Verbindung der Rollen zu anderen Konzepten kann man als analog der Beschreibung erlaubter Werte von Slots betrachten.

Verschiedene Arten von Konzepten

Wie bei der Unterscheidung von Klassen- und Instanzen-Frames gibt es bei KL-ONE eine Unterscheidung von *generischen* und *individuellen Konzepten.* Die den Klassen entsprechenden generischen Konzepte sind selbst wieder unterschieden: *Primitive Konzepte* gelten als noch nicht vollständig definiert; die vom Netz gelieferte Beschreibung ist zwar notwendig, aber nicht hinreichend. Die Beschreibung der *definierten Konzepte* ist dagegen notwendig und hinreichend. Beide Arten von generischen Konzepten treten gemeinsam im Netz auf, wobei die primitiven Konzepte in der grafischen Darstellung durch einen Stern gekennzeichnet sind.

Rollen mit Beschreibungen

Wie aus dem Vergleich mit den Slots schon hervorging, lassen sich mit den Rollen
die Eigenschaften, Teile usw. des Konzepts darstellen. Wie die Slots wird die Rolle
benannt, beispielsweise könnte ein Konzept `Ladeeinheit` die Rolle `beinhaltet`
haben. Der Wertebereich von `beinhaltet`, der sogenannte *RoleSet*, wird durch
die Verbindung mit dem Konzept `Packstueck` angegeben. Neben dieser Einschränkung des Wertebereichs sind noch weitere Rollenrestriktionen beschreib-
bar. So kann eine Minimalzahl und eine Maximalzahl von Packstücken angeben
werden, die gleichzeitig als Erfüller der Rolle für eine Ladeeinheit eingetragen werden können. Auch Beziehungen zwischen Rollen lassen sich ausdrücken. Führen
wir etwa eine Reihenfolge von Packstücken durch Rollen wie `erstes_Packstueck`,
`zweites_Packstueck` usw. ein, dann kann man angeben, daß sich die Werte zweier Rollen voneinander unterscheiden.

Individualisierung

Die Beziehung zwischen dem generischen und dem individuellen Konzept wird
über eine *Individualisierungsbeziehung* hergestellt. Die Individuen selbst — also
beispielsweise eine bestimmte Ladeeinheit oder ein bestimmtes Packstück — sind
mit einer eigenen Rolle, der *IRole*, verbunden. Die Verbindung zur entsprechenden Rolle der generischen Konzepte wird durch eine von der IRole ausgehende
satisfies-Kante dargestellt.

4.4.3   Vererbung bei KL-ONE

Generische Konzepte können ein oder mehrere direkte generische Oberkonzep-
te (*superconcepts*) haben. Die Hierarchie führt zu dem vorgegebenen obersten
Konzept `Thing`. Ererbt werden von den oberen Konzepten alle Rollen mit ihren
Restriktionen. In den Unterkonzepten können neue Rollen hinzukommen oder die
ererbten Rollen geändert werden. Dabei ist aber immer die Besonderheit der Vererbung von KL-ONE zu beachten: Alle Unterkonzepte müssen von allen Eltern
subsumiert werden können.

Analog dem Subtypgedanken

D.h. jedes Individuum eines Unterkonzepts muß auch als Individuum der Ober-
konzepte eingesetzt werden können und dort alle Restriktionen erfüllen. Das Unterkonzept muß demnach eine speziellere Beschreibung als diejenigen der Ober-
konzepte darstellen. Erreicht wird dies so, wie es schon anhand des Subtyps
erläutert wurde: Sollen Rollen geändert werden, dürfen die Restriktionen nur
verschärft werden. Als Spezialisierung gilt auch, wenn dem Unterkonzept neue
Rollen hinzugefügt werden. Üblicherweise ist deshalb ein Konzept mit mehreren direkten Oberkonzepten spezieller als seine Eltern, da es durch die multiple
Vererbung mehr Rollen als jedes einzelne Oberkonzept enthält.

Sollten im Fall der multiplen Vererbung Konflikte entstehen, ist die Grund-
regel einfach: Sie muß so gelöst werden, daß das neue generisches Konzept von
allen seinen Eltern subsumiert werden kann, ansonsten ist die Konfliktlösung ge-
scheitert. Die Konfliktauflösung erfolgt demnach bei KL-ONE durch eine *gezielte
Verfeinerung (refinement)*.

Einschränkungen der Rollen

Im einfachsten Fall kann die Einschränkung einer Rolle dadurch geschehen, daß
in dem Unterkonzept die Maximalzahl möglicher Füllwerte der Rolle weiter eingeschränkt wird. Z. B. könnte man eine **Ladeeinheit_mit_einem_Packstueck** aus
einer **Ladeeinheit** durch die Einschränkung der Maximalzahl der Packstücke
ableiten. Eine Veränderung des Minimums ist in KL-ONE nicht vorgesehen.

Eine weitere Möglichkeit stellt die Einschränkung des Wertebereichs der Rolle
dar. Z. B. kann man als mögliche Erfüller der Rolle **beinhaltet** nur eine Untermenge der Packstücke zulassen. Weiter kann eine Rolle *differenziert* werden. Dies
bedeutet eine Aufspaltung einer Rolle, z. B. könnte **beinhaltet** in die Rollen
angebrochenes_Packstueck und **komplettes_Packstueck** aufgeteilt werden. Zu
beachten ist die Höchstzahl der möglichen Werte einer aufzuspaltenden Rolle. Ist
diese eins, kann nicht mehr aufgespalten werden.

Vor- und Nachteile des Verfahrens

Schon bei der Einführung der Subtypthematik wurde darauf hingewiesen, daß
freizügige Vererbungsmöglichkeiten recht problematische Hierarchien entstehen

lassen können. Schränkt man diese Möglichkeiten aber ein, kann die fehlende Flexibilität dazu führen, daß der Vererbungsmechanismus unnütz wird. Bei KL-ONE zeigt sich der Nachteil der fehlenden Flexibilität in einer Ausrichtung auf bestimmte Anwendungen, in denen formal fundiert Beschreibungen von fachsprachlichen Terminologien repräsentiert werden sollen, bei denen überschreibbare Standardannahmen nicht vorkommen. Im Fall, daß im Netz nur Klassen repräsentiert werden, aber keine Objekte vorkommen und keine Widersprüche zugelassen sind, spricht man auch von *Taxonomien* und *taxonomischer Vererbung*.

Einen Vorteil dieser Beschränkungen kennen wir aus dem vorherigen Abschnitt: Die Formalisierung dieses Vererbungssystems ist einfacher und kann mit der klassischen Logik erfolgen. Weiter macht das Fehlen von Inkonsistenzen die Aussagekraft des Vererbungsnetzes stärker, die ererbten Eigenschaften lassen sich unmittelbar aus seiner Struktur ablesen. Schließlich legt diese Einschränkung sogar die Grundlage für eine automatische Klassifizierung von Konzepten auf Grund ihrer Merkmale. Neben der Hilfe bei der Konsistenzprüfung können mit dem *Klassifikator* auch manche zur Beantwortung von Anfragen notwendigen Inferenzen auf den Zeitpunkt des Netzaufbaus verlegt werden. Allerdings ist die Sprache schon so mächtig, daß bestimmte dieser Inferenzen nicht mehr entscheidbar sind. Deshalb sind manche KL-ONE-artige Systeme mit eingeschränkter Syntax implementiert worden.

4.4.4 Weitere Entwicklung

Der besondere Beitrag von KL-ONE ist vor allem in der Herausarbeitung von Strukturtypen wie Konzept und Rolle sowie den strukturierenden Operationen wie Spezialisierung, Beschränkung, Differenzierung, Subsumtion und Klassifizierung zu sehen. Darüber hinaus beschreibt [Brachman 85] auch Möglichkeiten, den Konzepten Prozeduren zuzuorden. Mit ihnen soll „eine Art von objektorientierter Programmierung" realisierbar sein. Die bei den Programmiersprachen aufgeworfenen Probleme bei der Vererbung und Redefinition werden in der Regel nicht näher ausformuliert. Ähnlich steht auch der assertionale Teil eher im Hintergrund.

In späteren Sprachen wie *KRYPTON*, *NIKL* oder *BACK* blieb der terminologische Teil im wesentlichen an KL-ONE orientiert. Der assertionale Teil ist dagegen stärker ausgebaut und basiert in der Regel auf prädikatenlogischen Konstrukten. Im noch etwas formaleren Bereich gehören Arbeiten auf dem Gebiet der *terminologischen Logiken* zu der Hinterlassenschaft von KL-ONE. Aktuelle Problemstellungen terminologischer Logiken beschreibt [Baader 92], dort sind auch zahlreiche Literaturhinweise zu KL-ONE-Nachfolgesystemen zu finden.

4.5 KEE

KEE (Knowledge Engineering Environment) ist ein Werkzeug für die Erstellung von Expertensystemen, das seit 1983 kommerziell von der Firma *IntelliCorp* vertrieben wird. Nach Angaben von IntelliCorp wurde KEE mit über 5000 Entwicklungssystemen zum erfolgreichsten Produkt für Expertensysteme weltweit.

4.5.1 Unüberschaubar viele Möglichkeiten

KEE stellt ein hybrides System dar, das auf der Basis von LISP entwickelt wurde und dessen vielfältige Möglichkeiten durch Frames integriert sind. Es läßt sich objektorientiert programmieren, in dem man den Slots LISP-Methoden zuordnet. Man kann sein Wissen auch in einer Regelsprache ablegen und durch einen Schlußfolgerungsmechanismus abarbeiten lassen, wobei allein die Möglichkeiten dieser Komponente komplexer sind als diejenigen des in Kapitel 4.2.4 zitierten OPS 5.

Weiter existiert mit dem *ATMS (Assumption based Truth Maintenance System)* ein *Begründungsverwaltungssystem* und es können verschiedene Versionen der Wissensbasis (sogenannte *Welten*) dargestellt werden. Zudem gibt es noch eine KEE-eigene logikorientierte Sprache *TellAndAsk*, mit der die Wissenbasis außer mit LISP und der grafischen Schnittstelle befragt werden kann.

Die grafische Schnittstelle selbst läßt kaum Wünsche offen. Frame-Hierarchien können in eigenen Fenstern angezeigt, einzelne Frames angeklickt und deren Inhalt inspiziert werden. Leicht sind Benutzerschnittstellen mittels *Active Images* zu erstellen. Mit ihnen lassen sich Darstellungen von Schaltern und Meßanzeigen auf den Bildschirm praktizieren und einzelnen Slots zuordnen. Die dem Wertebereich der Slots angepaßten Grafiken können jetzt zum Anzeigen des Slotinhalts verwendet werden. Mit den Schaltern kann man zudem durch Umstellen mit der Maus den Slotinhalt verändern.

Die Integrationsfunktion der Frames ist einmal darin zu sehen, daß die einzelnen Komponenten wie Regeln, Welten etc. auf den Daten in den Frames aufbauen und mit ihnen arbeiten. Zum anderen wird nicht nur das Benutzerwissen, sondern auch das Systemwissen von KEE in den Frames gespeichert. Beispielsweise sind die Vererbungsregeln ebenso wie die genannten Grafikelemente in einzelnen Frames abgelegt. Neben diesem ursprünglichen Systemwissen legt KEE aber beispielsweise auch die vom Benutzer neu erstellten Regeln automatisch in Frames ab.

Ähnlich wie in Smalltalk kann auf die System-Frames vom Entwickler zugegriffen werden. Allerdings sind nicht wie in Smalltalk alle Klassen in einer gemeinsamen Hierarchie untergebracht. Stattdessen existieren einzelne *Wissensbasen (Knowledgebases, KB)*, in denen die Frames thematisch gruppiert untergebracht sind. Es gibt mehrere vom System bereitgestellte Wissensbasen, wie z. B. für die vordefinierten Grafikelemente oder die Abspeicherung der Regeln.

4.5.2   Der Aufbau von Framehierarchien

Die Frames von KEE heißen dort nicht Frame, sondern *Unit*. Die Attribute der Units werden durch die schon bekannten *Slots* realisiert. Auch in KEE gibt es eine Unterscheidung zwischen Klasse *(Class Units)* und Instanzen *(Member Units)* einer Klasse. Im großen Unterschied zu den bislang beschriebenen Systemen sind diese beiden Eigenschaften in KEE aber nicht sauber getrennt. So kann die Instanz einer Class Unit selbst wieder Class Unit von anderen Member Units sein. Diese Beziehung zwischen Eltern- und Kind-Unit wird mit einem *Member Link* hergestellt. Die Beziehung zum Aufbau einer Subklassenbeziehung heißt *Subclass Link*.

Über diese beiden Verbindungen werden die sogenannten *Member Slots* von der übergeordneten zur untergeordneten Unit weitervererbt. Es gibt noch eine zweite Art von Slots, die *Own Slots*, die nicht vererbt werden. Ein Member Slot bleibt bei der Vererbung entlang des Subclass Links ein Member Slot, außer man greift ein und definiert ihn zum Own Slot um. Dann wird ab dieser Unit die Vererbungskette unterbrochen. Wird der Member Slot entlang eines Member Links weitergegeben, wird er automatisch zum Own Slot.

Unitbeziehung	Slottyp der übergeordneten Unit	Slottyp der untergeordneten Unit
Subclass Link	Member Slot	Member Slot
Member Link	Member Slot	Own Slot
Subclass Link	Own Slot	—
Member Link	Own Slot	—

Eine Unit kann Member oder Subclass von mehreren anderen Units sein, es ist also eine multiple Vererbung realisiert.

Vergleicht man die Regeln mit dem Klassen- und Vererbungsschema aus den Programmiersprachen, müßten Hierarchien in KEE folgenden Einschränkungen unterworfen werden, um sie auf Klassenhierarchien in einer der behandelten Programmiersprachen abbilden zu können:

- Eine Unit darf nur Member (Instanz) höchstens einer anderen Unit sein.

- Wenn eine Unit Member einer anderen Unit ist, darf sie nicht gleichzeitig durch einen Subclass Link mit einer Unit verbunden sein.

- In einer Member Unit dürfen keine zusätzlichen Slots definiert werden.

- Member Slots der Class Units sollen nicht mit Werten belegt werden.

- Klassenvariablen von Programmiersprachen wie C++ oder Smalltalk müssen als Own Slots in den Class Units realisiert werden. Die fehlende Vererbung entlang der Subklassenhierarchie ist dabei durch wiederholte Definition nach-zubilden. Alle anderen Slots sind als Member Slots zu realisieren.

Grundsätzlich bleibt es aber Aufgabe des Benutzers, sich über das Abbildungs-schema seines Wissens auf die Unit-Hierarchie Gedanken zu machen. Manchmal werden bestimmte Realisierungen nahegelegt, z.B. lassen sich Änderungen von einer Welt in eine andere nur durch die Veränderung der Werte von Own Slots darstellen, während die Werte der Member Slots stabil bleiben müssen. Anderseits gibt es ausgefeilte Vererbungsmechanismen für die Wertbelegungen der Member Slots, die eine ausgiebige Nutzung verschiedener Möglichkeiten nahelegen.

4.5.3 Die verschiedenen Facets eines Slots

Die Slots sind durch zahlreiche *Facets* näher beschrieben:

Das Facet VALUES

Die Werte von Member und Own Slots werden im Facet VALUES des Slots untergebracht. Die Abbildung dieser Werte sollte man sich in Form einer LISP-Liste vorstellen, d.h. bei mehreren Werten hat man im Unterschied zu einer Menge eine definierte Reihenfolge. Anstelle von Werten können diesem Facet auch Methoden zugeordnet werden. Sie bestehen aus LISP-Funktionen. Wie schon erwähnt wurde, stellt dies kein Problem für die Speicherorganisation dar, weil LISP-Funktionen auch als LISP-Listen angesehen werden können. KEE stellt die erforderlichen Mechanismen bereit, damit diese Funktionen interpretiert und damit objektorientiert programmiert werden kann.

Das Facet VALUECLASS

Der LISP-Ursprung legt nahe, daß die Slots untypisiert sind. Tatsächlich kann man beliebige Kombinationen von Zahlen, Zeichenketten oder Listen von Werten entsprechend den LISP-Konventionen eintragen. Häufig legt aber die Bedeutung, die man dem Slot zugemessen hat, eine Einschränkung nahe. Diese kann in KEE auf vielfältige Weise ausgesprochen werden. Die Einschränkungen veranlassen KEE die Slotbelegungen zu prüfen und bei Verletzungen den Entwickler zu warnen. Man kann aber die Warnung übergehen und trotzdem einen fehlerhaften Wert eintragen (Philosophie: der Entwickler wird schon wissen, was er tut). Einige der möglichen Einschränkungen sind:

- Der Slotwert muß die Instanz einer angegebenen Klasse bezeichnen.

- Der Slotwert muß die Subklasse einer angegebenen Klasse bezeichnen.

- Der Slotwert muß in einer angebenen Werteliste oder in einem angegebenen Intervall von Werten enthalten sein.

- Der Slotwert darf nicht in einer angebenen Werteliste oder in einem angegebenen Intervall von Werten enthalten sein.

Diese Beschreibungen können miteinander durch Vereinigungs- und Schnittmengenoperationen verbunden und ineinander geschachtelt werden.

Die Facets CARDINALITY.MIN *und* CARDINALITY.MAX

Diese beiden Facets geben die kleinste und die höchste Anzahl der Werte an, die im Slot gleichzeitig eingetragen sein können.

Das Facet DEFAULT

Die im DEFAULT-Facet angegebenen Werte werden dann als Slot-Wert eingetragen, wenn im Facet VALUES lokal kein Wert gesetzt und auch keiner ererbt wurde.

Das Facet INHERITANCE

Dies Facet enthält den für die Slotwerte spezifizierten Vererbungsmechanismus, die *Inheritance Role*. Von KEE vorgegebene Möglichkeiten werden im folgenden Unterabschnitt beschrieben.

Das Facet COMMENT

Enthält Benutzerkommentare bezüglich des Slots.

Das Facet AVUNITS

Das Facet AVUNITS ist zur Zuordnung der *Active Values* vorgesehen, so heißen in KEE die in Kapitel 4.2 eingeführten Dämonen. Neben den dort genannten Auslöseereignissen wie dem schreibenden und dem lesenden Zugriff auf den Slot können von den Active Values auch wertunabhängige Aktionen wie die Umbenennung und das Kopieren des Slots überwacht werden.

Daneben können KEE-Dämonen für spezifische Verwendungszwecke wie die Regelverarbeitung oder die Welten definiert werden. Der Entwickler gibt die auszuführende Prozedur und das auslösende Ereignis an. KEE legt die Prozedur als Methode in der Wissenbasis ActiveValues ab. Über das Facet AVUNITS wird die Verbindung vom überwachten Slot zur Unit der Methode realisiert. Diese indirekte Zuordnung ermöglicht es, die Methode auch noch für andere Slots zu verwenden.

Das Facet **ACTIVEIMAGES**

Über dieses Facet kann der Slot mit den schon erwähnten Schaltern und Meßanzeigen versehen werden.

4.5.4 Die verschiedenen Möglichkeiten zu erben

Die folgenden Möglichkeiten beschreiben die von KEE vorgegebenen unterschiedlichen Vererbungsmechanismen. Einer davon wird im Facet **INHERITANCE** eingetragen und bestimmt die Werte des Facets **VALUES**. Die Vererbung der übrigen Facets wird über einen Systemparameter ebenfalls durch einen der Mechanismen gesteuert. Alle Vererbungsmechanismen sind innerhalb der KEE-Wissensbank **KEEROLES** als Instanzen der Klasse **INHERITANCE.ROLES** definiert. Werden weitere Vererbungsmechanismen gewünscht, kann man sie mit neuen Instanzen der Klasse **INHERITANCE.ROLES** erzeugen.

Die Inheritance Role **OVERRIDE.VALUES**

Der am meisten eingesetzte Vererbungsmechanismus ist **OVERRIDE.VALUES**. Ist kein lokaler Wert eingetragen, wird er mittels einer *Vorrangregelung* ermittelt. Basis ist die LISP-Liste, in der die Namen der Eltern der Unit gespeichert sind. Aus ihrer Reihenfolge wird die Reihenfolge der übergeordneten Units ermittelt. Wenn in der ersten übergeordneten Unit ein Wert eingetragen ist, wird der verwendet. Ist kein Wert gesetzt, wird derjenige der zweiten übergeordneten Unit gesucht usw.

Die Inheritance Role **UNION**

Die Werte der Unit werden mit denen ihrer direkten Vorfahren vereinigt. Sollten dadurch doppelte Werte entstehen, werden diese Werte nur einmal im Slot abgelegt. Die Reihenfolge der vereinigten Werte ist im Slot wie folgt: Zuerst kommen die in der Unit gesetzten Werte, dann diejenigen der ersten übergeordneten Unit, dann diejenigen der zweiten usw.

Die Inheritance Role `RUNION`

Ausgeschrieben heißt diese Inheritance Role *reverse union*. Sie bildet wie `UNION`
eine Vereinigungsmenge der Werte, deren Reihenfolge ist aber genau umgedreht.

Die Inheritance Role `UNIQUE.VALUE`

Hier wird die Wertvererbung von den Vorfahren verhindert. Maßgeblich sind nur
lokal bei der Unit gesetzte Werte. Wenn kein Wert eingetragen wurde, ist der
Inhalt des Slots `UNKNOWN`, d. h. bei einer Abfrage durch ein LISP-Programm wird
eine leere Liste (= `nil`) übergeben.

Die Inheritance Role `MAXIMUM`

Hier wird das Maximum aus den lokal gesetzten Werten und den Werten der
direkten Vorfahren genommen. Außer aus Zahlen kann ein von der internen Darstellung abhängiges Maximum aus Zeichenketten ermittelt werden.

Die Inheritance Role `MINIMUM`

Das ist das Gegenstück zu `MAXIMUM`: Hier wird das `MINIMUM` aus den lokal gesetzten
Werten und den Werten der direkten Vorfahren ermittelt und zum Slotwert.

Die Inheritance Role `SAME.VALUES`

Diese Inheritance Role erlaubt nur die Vererbung bzw. lokale Eingabe von identi-
schen Werten. Hat die Unit in diesem Slot keinen lokalen Wert, müssen zumindest
die vererbten Werte gleich sein. Wenn dies nicht erfüllt ist, erfolgt eine Warnung.

Konfliktauflösung bei den übrigen Facets

Wie erwähnt steuern die Mechanismen nicht nur das Facet `VALUES`, sondern über
einen änderbaren Systemparameter auch die Vererbung der übrigen Facets. Standardeinstellung für fast alle diese Facets ist `OVERRIDE.VALUES`. Einzige Ausnahmen sind die Facets `CARDINALITY.MIN` und `CARDINALITY.MAX`. Im ersten Fall

ist die Inheritance Role **MAXIMUM**, im zweiten Fall **MINIMUM**. Normalerweise entscheidet demnach die Reihenfolge der Eltern, nur bei der Kardinalität sind Einschränkungen ähnlich wie bei KL-ONE maßgeblich.

Redefinition von Methoden

Methoden werden normalerweise analog den Werten vererbt, Standardeinstellung ist **OVERRIDE.VALUES**. Besonderheiten sind in den Redefinitionsmöglichkeiten zu finden, man kann dabei nämlich die ererbte Prozedur unverändert lassen und den neuen Programmtext vor, hinter oder um (also zugleich vor und hinter) den ererbten Code setzen. Wo die neuen Teile hinkommen wird dadurch angegeben, daß sie mit **BEFORE**, **AFTER** oder **WRAPPER** eingeleitet werden. Im Fall der Umschließung wird durch **WRAPPERBODY** angegeben, wo der ererbte Teil hinkommen soll. Das Verfahren ist folglich genau umgekehrt wie dasjenige, das Simula mit **inner** realisiert hat (s. Kapitel 3.1.4).

4.5.5 Weitere Entwicklung

KEE ist deutlich als hauptspeicherorientiertes LISP-System charakterisiert. Das gilt sowohl für die Vorteile an Flexibilität als auch für seine Grenzen. Pauschale Angaben über die praktikable Anzahl möglicher Units sind zwar schwierig, sie dürfte aber üblicherweise nicht über 10000 Stück liegen. Den Platzproblemen muß auch die Realisierung der Vererbung Rechnung tragen: Solange einem ererbten Slot kein lokaler Wert zugewiesen wurde, erhält er bei der betreffenden Unit auch keinen Speicherplatz zugeordnet, sondern wird auf das Attribut der relevanten Oberklasse verwiesen. Diese Lösung wird dadurch erleichtert, daß Slots intern als selbständige Strukturen realisiert sind.

Mitte der 80er Jahre, als die KI als wichtige Zukunftstechnologie galt und finananziell stark unterstützt wurde, standen eigens entwickelte LISP-Rechner für diese Systeme zur Verfügung, die durch die spezielle Hardware einige Nachteile ausgleichen konnten. Die rasante Entwicklung bei den Standardsystemen ist inzwischen über diese Rechner hinweggegangen, aktuelle Angebote von KEE-Umgebungen sind ganz an Unix-Rechner angepaßt, wobei Client-Server-Architekturen unter X-Windows unterstützt werden.

Unix-Rechner sind mehr die Welt von C und C++, LISP-Systeme stellen in solch einem Umfeld oft einen Fremdkörper dar. Wohl deshalb wird KEE gegenwärtig durch das in C programmierte *PRO-KAPPA* abgelöst. Die Entwicklung weg von LISP ist nicht untypisch, das zeigt das ebenfalls auf LISP basierende *KnowledgeCraft*, ebenfalls ein hybrides System mit ähnlichen Leistungsmerkmalen. Hier werden die Zukunftshoffnungen auf das in C++ programmierte *ROCK* gesetzt.

Die Arbeit mit den neuen Systemen muß man sich derart vorstellen, daß die vormaligen LISP-Funktionen dem Benutzer nun als C bzw. C++-Funktionen zur Verfügung stehen. Mit diesen Funktionen können weiter Frames, Slots und Framehierarchien zur Laufzeit erzeugt werden. Bei ihrer Einbindung in die eigenen Programme holt uns das Thema „allgemeine Datenstrukturen" ein: Die C++-Nachbildungen der LISP-Funktionen liefern als Ergebnis Listen von Werten. Unstandardisierte Listenklassen können später Anpassungsarbeiten notwendig machen.

ROCK und PRO-KAPPA sind im Vergleich zu KnowledgeCraft und KEE kaum bekannt. Als eigenständige Systeme stehen sie neueren Entwicklungen im Datenbankbereich gegenüber, die gegenüber den Verhältnissen Anfang der 80er Jahre wesentlich mehr Möglichkeiten bieten. Eine umfassendere Beschreibung von KEE bietet [Wolf 91]. Zu *KAPPA-PC* (der KAPPA-Variante für den PC) ist ein *Demo Guide* von der Firma IntelliCorp erhältlich.

4.6 Zusammenfassung

Einen besonderen Stellenwert hat die Vererbung in der Künstlichen Intelligenz vor allem innerhalb der Wissensrepräsentation. Hier steht die Vererbung von Eigenschaften im Vordergrund. Dadurch ist das Wissen besser strukturierbar und Suchprozesse können unterstützt werden, außerdem wird Speicherplatz gespart.

4.6.1 Ähnlichkeiten und Abweichungen

Im Hinblick auf die Vorkenntnisse aus den Programmiersprachen sticht besonders Objektzentriertheit einzelner Repräsentationsformen in das Auge. Vor allem die Frames sind den dortigen Klassen verblüffend ähnlich. Das zeigt auch die Tabelle mit der Gegenüberstellung der beiden System-Beispiele. Beim Formalismus KL-ONE offengelassene Punkte wurden durch in Klammern gesetzte Lösungen

	KL-ONE	KEE
Sprache objekt-orientiert oder Erweiterung	(O)	O
strenge Typ-bindung der Variablen	ja	nein
Definition von Klassenframes zur Laufzeit	(ja)	ja
Vererbungsart	multipel	multipel
Konfliktauflösung	gezielte Verfeinerung	Vorrangregelung
Vererbung von Variablen	ja	ja
Vererbung von Klassenvariablen	nein	nein
Vererbung von Prozeduren	ja	ja
Polymorphie bei Neudefinition von Prozeduren	(ja)	ja
Klassifikator	ja	nein
Umgebung in Vererbung miteinbezogen	(nein)	ja

des auf der Basis KL-ONE implementierten EPEX-Systems ergänzt (EPEX wird ausführlich in [Walter 89] beschrieben).

Allerdings gibt es selbst bei den Frames mit ihrer größten Objektzentriertheit wichtige Unterschiede zu objektorientierten Programmiersprachen: Das Beispiel KEE zeigt, wie die Vererbung von Eigenschaften durch zahlreiche Möglichkeiten zur Vererbung von Werten unterstützt wird. Die Implementierung der Slotvererbung trägt dabei dem oben genannten Interesse an der Speicherplatzersparnis Rechnung. Beide Gesichtspunkte haben in objektorientierten Programmiersprachen keine oder kaum Bedeutung.

Weiter fallen die ausgiebigen Beschreibungsmöglichkeiten der Slotwerte auf,
die ebenfalls weitervererbt und gegebenenfalls überschrieben werden können. Der
Zweck ist dabei nicht allein auf die Werte gerichtet. Die Beschreibungen stellen
auch ohne Werte schon eine wichtige Information für die Wissensverarbeitung dar.
So kann es für bestimmte Aufgaben wichtig sein, zu wissen, ob ein bestimmter
Slot überhaupt vorhanden ist und mit welchen Werten er belegt werden kann.
Als ein Beispielprogramm, das mit diesen Beschreibungen arbeitet, wurde der
Klassifikator von KL-ONE genannt.

Der einfache Zugriff auf die Attribute ist also in der KI eher erwünscht. Deshalb entfallen auch die Schutzmechanismen der Klassen, mit denen dort die ursprünglich bei den Modulen entwickelten Ziele einer schmalen Schnittstelle weiter
verfolgt werden sollen. Trotzdem ist die Nähe zwischen Frame-Klassen und programmiersprachlichen Klassen noch so groß, daß kommerzielle Frame-Systeme
wie KEE oft zusätzlich die objektorientierte Programmierung gestatten. Umgekehrt lassen sich solche Systeme aber auch einfach in objektorientierte Programme
einbinden, wie die Beispiele der auf C++ basierenden Frame-Systeme zeigten.

Schließlich ist darauf zu verweisen, daß die Grundgedanken von Typen und
Subtypisierung auch in der KI wiederzufinden sind. Aber auch hier wird diesem
Gedanken auf unterschiedliche Weise Rechnung getragen: KL-ONE besitzt einen
in dieser Richtung sehr restriktiven Vererbungsmechanismus. KEE dagegen bietet
die Möglichkeit, beliebig viele unterschiedliche Vererbungsregeln zu implementieren. Der Freiheit von KEE steht die sicherere Aussage über die Vererbungsbeziehungen in KL-ONE gegenüber, die durch die Formalisierbarkeit gewonnen wurde.
Außerdem wird bei KL-ONE durch die restriktiven Vererbungsregeln der Klassifikator möglich.

4.6.2 Das Thema Wiederverwendung

Wenn mit den neueren KI-Systemen Frame-Hierarchien einfach in objektorientierte Programme eingebunden werden können, soll auch die Frage nach der Wiederverwendung untersucht werden. Vielleicht braucht man die Wissensbasis nicht
selbst erstellen, sondern kann sie analog den Klassenbibliotheken günstig kaufen?
Die Antwort ist, daß weder der Boom im Bereich der Objektorientiertheit noch
der Bedarf innerhalb der KI bislang zu einem Markt von Wissensbasen geführt.
Aber man arbeitet an der Verbesserung der Wiederverwendbarkeit.

[Hemmann 93] stellt den gegenwärtigen Stand mit zahlreichen weiterführen-

den Literaturhinweisen dar. Die verschiedenen Gebiete, denen im Hinblick auf die
Wiederverwendbarkeit ein Augenmerk gewidmet werden muß, zeigen die komplexere Problematik der Wissensbasen im Vergleich zu Klassenbibliotheken:

- Entwicklung von Standard-Vokabularen mit domänenbezogenen Begriffen
  und Aussagen über deren Beziehungen untereinander.

- Standardisierung von Wissensrepräsentationssystemen.

- Entwicklung eines Wissensaustauschformates *(Knowledge Interchange For-
  mat — KIF)*.

- Erarbeitung Standardsprache für Wissensbasen analog der Sprache SQL bei
  den relationalen Datenbanksystemen.

- Charakterisierung von allgemeingültigen Problemlösungsmethoden.

4.6.3 Trends

Im Zusammenhang mit den nichtmonotonen Logiken und KL-ONE wurde schon
erwähnt, daß zu diesen Themengebieten weiter wissenschaftliche Arbeit geleistet
wird. Sie befaßt sich etwa mit der Weiterentwicklung von Logiken, der Diskussion auf ihre Eignung für Vererbungssysteme und mit Fragen der Berechenbarkeit.
Bei den zahlreich eingesetzten Frame-Systemen ergeben sich inzwischen zusätzlich
genügend Anforderungen aus der Praxis. Hier sind die schon angeführte Wiederverwendung oder die Abkehr von LISP zu nennen. Weiter findet sich auch ein
Zukunftsthema aus der Programmierung, nämlich in Form der verteilten Künstlichen Intelligenz.

Daneben haben in den letzten Jahren weitere Repräsentationsformen das Interesse auf sich gezogen. Das betrifft vor allem die *konnektionistischen Netze*
und die *unscharfe (fuzzy) Logik*. Konnektionistische Netze ähneln den semantischen Netzen. Allerdings sind die Knoten gleichartig und über gewichtete Kanten verbunden. Bei positiver (anregender) Gewichtung bewirkt eine Kante beim
Nachbarknoten eine Energiezunahme, bei negativer (hemmender) Gewichtung eine Energieabnahme. Abgesehen von den Gewichten werden keine Kantentypen
unterschieden, Vererbung kann also nicht mehr direkt abgebildet werden.

Mit der unscharfen Logik sollen ungenaue Aussagen „wie das Lager ist ziemlich voll" ausgedrückt werden können. Man geht also von den zwei Möglichkeiten „wahr" (1) und „falsch" (0) zu Wahrheitswerten wie „ziemlich wahr" (0,9) über. Anwendungen finden sich vor allem im Bereich der unscharfen Steuerungsregelung, bei der die Ausgabevariablen des Systems als Eingabevariablen der Steuerung unscharf verknüpft werden. Im Beispiel könnte der Belegungsgrad des Lagers als Eingabevariable für den Vertrieb und die Fertigung verwendet werden. Ist das Lager zu voll, müssen Sonderangebote erfolgen und die Produktion heruntergefahren werden. Das Problem in der Praxis ist das Stellen der Parameter. Bei welchem Lagerfüllgrad soll die Produktion wie weit heruntergefahren werden?

Möglicherweise tritt dann der Logikformalismus in den Hintergrund. D.h. man hat eine so einfache Verknüpfungsstruktur, daß es praktisch nur auf die Parameter ankommt und man es eigentlich mit *fuzzy control* und nicht mit fuzzy Logik zu tun hat. Muß man sich tatsächlich mit der fuzzy Logik beschäftigen, erhebt sich die Frage wie das logische „und", „oder" usw. geeignet realisiert wird. Wie wir gesehen haben, baut Vererbung erst auf diesen Verknüpfungen auf. Ausgereifte Beschreibungen der Wechselwirkungen von unscharfer Logik und Vererbung werden in diesem noch vergleichsweisen jungen Gebiet erst in Zukunft ein Thema sein.

4.6.4 Einleitend genannte Ziele

Betrachten wir zum Schluß die eingangs genannten Ziele

- Ausdrucksstärke

- Korrektheit

- Vollständigkeit

Es wurde darauf hingewiesen, daß in den Semantischen Netzen und den Frames eine Klärung dieser Punkte zunächst versäumt wurde. KEE treibt dies in das Extrem: Der Entwickler kann selbst neue Vererbungsregeln hinzufügen; Vererbung ist dann tatsächlich nur das, „what the code does with it". Allerdings ist eine Klärung möglich, wie anhand von Logik und dem Beispiel KL-ONE gezeigt wurde. Die notwendigen Ausdrucksmittel für die Vererbung konnten mit den Sprachmitteln der Prädikatenlogik bzw. der nichtmonotonen Logiken bestimmt werden. Fragen der Korrektheit lassen sich auf dieser Basis befriedigend beantworten.

Probleme sind allerdings hinsichtlich der Vollständigkeit aufgetaucht. Die Vollständigkeit fordert ja, daß das Ableitungssystem alles aus dem System ableiten kann, was sich an Fakten aus dem gespeicherten Wissen folgern läßt. Hier stoßen wir aber auf Berechenbarkeitsprobleme, und das selbst bei der restriktiven und deshalb vergleichsweisen einfachen Vererbung von KL-ONE. Es zeichnen sich hier also auch gewisse Grenzen ab, die ihre Bedeutung auch für andere Gebiete haben können.

4.6.5 Literatur

Der Wissensrepräsentation widmen sich vergleichsweise viele Werke mit unterschiedlichen Schwerpunkten. In der Darstellung von [Reimer 91] befinden sich besonders umfangreiche Teile zu den Semantischen Netzen und Frames mit ausführlichen Literaturhinweisen.

[Bibel 93] ist eine ausgesprochen logikorientierte Übersicht. Nützlich vor allem, wenn man sich für die Abbildung der Sprachkonstrukte anderer Formalismen auf logische Ausdrücke interessiert. Außerdem findet sich hier eine ausführliche Beschreibung der aktuellen Entwicklungen im Gebiet der Logik.

Anfänger, die in diesem Kapitel ihre Liebe zur Logik entdeckt haben, sollten sich allerdings erst mit dem Klassiker [Genesereth 89] beschäftigen. Dieses Werk enthält neben einer Einführung in die Logik ebenfalls einiges zu Vererbung, nicht-monotonen Logiken usw.

Neueste Informationen liefert die Zeitschrift *KI*, das Organ des Fachbereichs *Künstliche Intelligenz* der *Gesellschaft für Informatik (GI)*. Inhalt sind wissenschaftliche Beiträge, Projekt- und Tagungsberichte und Hinweise auf Veranstaltungen, KI-Markt und neue Literatur.

5 Datenbanksysteme

Datenbanksysteme (DBS) dienen der Beschreibung, Speicherung und Wiedergewinnung von umfangreichen Datenmengen. Datenbanksysteme werden auch etwas genauer als *Datenbankverwaltungssysteme (DBMS,* von *Data Base Management System)* bezeichnet, weil sie die Verwaltungsprogramme für die *Datenbasis* bzw. die *Datenbank* bereitstellen.

Inzwischen haben sich die Datenbanksysteme als Kern betrieblicher *Informationssysteme* zur Kontrolle und Steuerung der für die Unternehmen notwendigen Daten und Verarbeitungsprozesse etabliert. Auch für ein automatisches Hochregallager wie in unserem Beispiel werden wir in der Praxis ein Datenbanksystem als Dreh- und Angelpunkt erwarten können.

Ersichtlich wird diese Funktion beispielsweise dadurch, daß das Programm zum Befördern eines Ladehilfsmittel den zugehörigen Fahrauftrag mit Quelle und Ziel aus der Datenbank holt. Nach der Abarbeitung des Auftrags wird das Programm den Vollzug in der Datenbank festhalten, in dem es dort die entsprechenden Umbuchungen vornimmt.

Ihre zentrale Stellung haben erst Datenbanksysteme jüngeren Datums erreicht. Die frühesten Rechnersysteme wurden nur für numerische Berechnungsaufgaben eingesetzt und waren für die Haltung von Massendaten nicht geeignet. Als dann die Datenhaltung einsetzte, entstanden erst einmal eigenständige Lösungen, die das eigentliche Anwendungsproblem mit allen Aspekten der Datenverwaltung zusammenfaßten. Das bedeutete ursprünglich, daß man sowohl seine Ein- und Ausgabeprozeduren selbst schrieb als auch für die Speicherung seiner Daten auf den externen Medien selbst verantwortlich war.

Die Bewältigung dieser Aufgaben unterstützen in der Folge einfache Betriebssystemoperatoren zur Standardisierung von Zugriffsmethoden. Später wurden dann *Dateiverwaltungssysteme* für die Änderung, Sortierung und Aufbereitung von Daten einer einzelnen Datei eingeführt.

Erst die darauf folgenden Systeme werden als *allgemeine Datenbanksysteme* bezeichnet. Wie die Abbildung 5.1 zeigt, haben die Anwendungsprogramme jetzt keinen direkten Zugang mehr zu der Datenbasis.

Damit muß sich der Anwendungsentwickler noch weniger um die eigentlichen

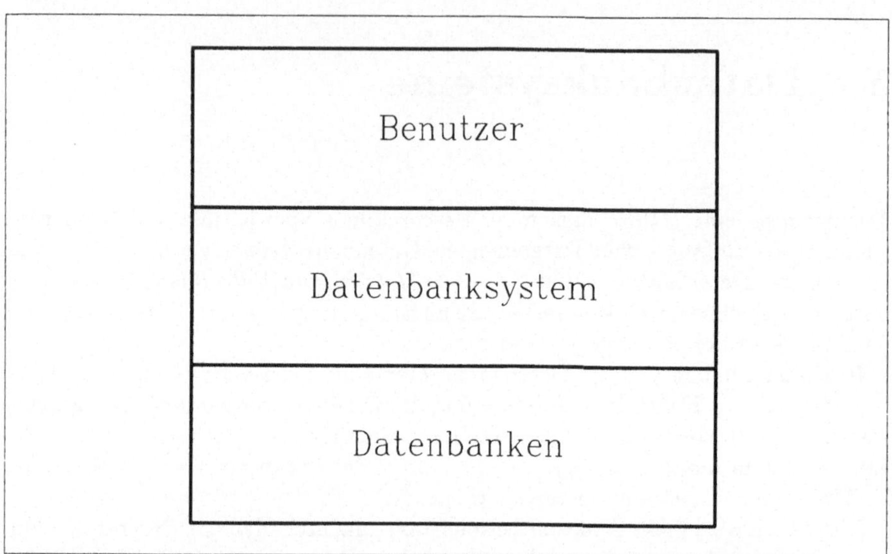

Bild 5.1 Das Datenbanksystem zwischen Benutzern und Datenbanken

Datenverwaltungsaspekte kümmern. Zum anderen können bis zu einem gewissen Grad Daten umorganisiert werden, ohne daß die Anwendungsprogramme davon betroffen werden. Wegen dieser Vorteile ist die *Datenunabhängigkeit* der Anwendungsprogramme ein wichtiges Ziel bei den Datenbanksystemen.

Zusätzlich läßt sich durch die Verwaltung der Daten an einer Stelle erreichen, daß dieselben Daten nicht mehrfach von verschiedenen Anwendungsprogrammen gehalten werden. Außer der damit verbundenen Redundanz wäre hier vor allem die Gefährdung der *Datenkonsistenz* ein Problem.

Wir wollen aber wieder einige dieser Ziele im Zusammenhang ansehen:

- Datenunabhängigkeit:
  Änderungen an der physischen Organisation der Daten sollen möglich sein, ohne daß deshalb auch Änderungen an den Anwendungsprogrammen notwendig sind.

- Datenkonsistenz:
  Bei der Darstellung der Unternehmenswirklichkeit soll eine logische Übereinstimmung der Dateninhalte gewährleistet sein. Wenn zum Beispiel für

einen Auftrag Ware auf einem Ladehilfsmittel reserviert wird, darf der Auftrag nicht zurückgenommen werden, ohne daß die Ware wieder freigegeben wird. Datenbanksysteme können hier durch die Beschreibungsmöglichkeit und Kontrolle von *Integritätsbedingungen* helfen.

- Datensicherheit:
  Die Daten haben für das Unternehmen einen hohen Wert. Sie müssen auch bei Hardware-Fehlern so gesichert sein, daß notfalls ein Wiederaufsetzen auf einen möglichst aktuellen Stand mit konsistenten Daten möglich ist.

- Datenschutz:
  Die Daten müssen vor unberechtigtem Zugriff geschützt werden. Dazu sind verschiedene Benutzergruppen mit unterschiedlichen Rechte und Paßwörtern zu vereinbaren. In der Regel übernimmt diese Aufgabe ein *Datenbankadministrator*, der sich auch den Fragen der Datenbankinstallation und -sicherung widmet.

- Geschwindigkeit:
  Es herrschen enge Zeitrahmen. Dabei steht in der Regel weniger die Zeit für das Gesamtsystem als vielmehr die Einzelleistungen im Vordergrund. Wenn die Verbuchung einer Entnahme eine halbe Stunde dauert, übersteigt der Arbeitslohn des Kommissionierers schnell den Gewinn für die zusammengestellte Ware.

Wie Datenbanksysteme diese Ziele unterstützen, soll im ersten Abschnitt dieser Kapitels näher betrachtet werden.

Danach widmen wir uns mehrere Abschnitte den *relationalen Datenbanksystemen*. Sie basieren auf dem *relationalen Datenmodell* (ein *Datenmodell* dient der Beschreibung aller in der Datenbank enthaltenen Daten und ihrer Beziehungen untereinander). Das relationale Datenmodell gilt als „flach", das bedeutet, es gibt (noch) keine Mittel, um Vererbungsbeziehungen direkt auszudrücken. Wir wollen sehen, warum man trotzdem versucht hat, Vererbungsbeziehungen mit dem relationalen Modell darzustellen und welche Schwierigkeiten sich dem entgegenstellen. In Zukunft ist Abhilfe in Aussicht — relationale Datenbanksysteme sollen im Rahmen von *objektorientierten Erweiterungen* mit der Vererbung bereichert werden. Wir wollen uns diese Entwicklungen ansehen.

Den Abschluß dieses Kapitels soll ein Blick auf die *objektorientierten Datenbanksysteme* bilden. Hier gibt es eine Wiederbegegnung mit dem Gedankengut der objektorientierten Programmiersprachen.

5.1 Merkmale eines Datenbanksystems

Ein wesentliches Kennzeichen von Datenbanksystemen ist die *Dauerhaftigkeit (Persistenz)* der abgelegten Daten. Allerdings haben die Dateiverwaltungssysteme aus der Einleitung schon einen Hinweis darauf gegeben, daß die dauerhafte Abspeicherung von Daten aus einem Programm noch kein Datenbanksystem macht. Zur besseren Abgrenzung sollen einige Merkmale von Datenbanksystemen aufgeführt werden; mehr zu den angesprochenen Punkten findet sich in [Lockemann 87].

5.1.1 Ein- und Ausgabe

Datenbanksysteme besitzen eigene Sprachen zur Beschreibung und Manipulation der Daten, die in die Datenbank eingebracht werden. Mit einer solchen Sprache sind zudem allgemeine Verwaltungsaufgaben wie die Vergabe von Benutzerrechten zu bewerkstelligen. Die direkte Kommunikation mittels dieser Datenbanksprache über eine Schnittstelle für sogenannte *Ad-hoc-Abfragen* wird aber im normalen Betrieb eher selten sein. Speziell in unserem Lagerbeispiel erfolgen stattdessen häufige Zugriffe aus Hintergrundprogrammen wie der Anlagensteuerung auf die Datenbank. Die Zugriffe werden ermöglicht durch in die Programmiersprache *eingebettete Datenbankbefehle.*

Auch der Kommissionierer wird keine Ad-hoc-Abfragen einsetzen. Für seine Verbuchungen werden ihm Bildschirmmasken angeboten, in die er seine Werte eingeben und dann quitieren kann. Interaktive Maskengeneratoren unterstützen die schnelle Erstellung dieser Masken. Der Generator unterstützt die Zuordnung der Maskenfelder zu den Datenfeldern in der Datenbank, zudem lassen sich die Verbuchungen in einer an die Datenbank angepaßte Sprache bewerkstelligen. Um den Kommissionierer nach der Quittierung auch noch mit einem Beleg zu versehen, benötigt man *Report-Generatoren.* Wieder kann interaktiv der spätere Ausdruck gestaltet und die Druckfelder den Datenfeldern zugeordnet werden.

5.1.2 Transaktionen und Sperren

Buchungen sind eine sehr häufig vorkommende Art der Datenmanipulation. Typischerweise handelt es sich dabei um mehrere Anweisungen: Der Entlastung ein oder mehrerer Konten folgt die Belastung anderer Konten. Würde nur eine Entlastung stattfinden und durch Stromausfall o.ä. keine Gegenbuchung erfolgen, geriete die Datenbank in einen inkonsistenten Zustand.

Um dies zu vermeiden, lassen sich Folgen von Datenbankoperationen zu *Transaktionen* zusammenfassen. Eine derartige Transaktion hat nur als Einheit Wirkung nach außen, d.h. erst bei ihrem erfolgreichen Abschluß wird diese Wirkung nach außen sichtbar. Diese Wirkung soll dann nicht mehr verloren gehen, außer die Transaktion wird durch eine andere Transaktion ausdrücklich widerrufen. Im Programm beendet man die Transaktion im allgemeinen mit einem `commit`-Befehl. Manchmal ist es stattdessen notwendig, die Transaktion abzubrechen und alle gemachten Änderungen zurückzunehmen. Beispielsweise wenn eine erste Buchung durchgeführt wurde, aber die Gegenbuchung nicht erfolgen kann. Dieses Zurücksetzen auf den Zustand zu Beginn der Transaktion geschieht mit einem `rollback` bzw. einem `abort`.

Transaktionen können durchaus länger dauern, wenn besonders aufwendige Anweisungen zusammengefaßt werden. Im Mehrbenutzerbetrieb sind dann leicht Situationen denkbar, in denen verschiedene sich zeitlich überlappende Transaktionen auf dieselben Daten verändernd zugreifen wollen. Solange keine Transaktion beendet ist, sieht in diesem Fall jede Anwendung nur den ursprünglichen Zustand der Daten sowie die eigenen Änderungen. Sollen etwa zwei Programme denselben Artikel reservieren, ist es gut möglich, daß beide auf dasselbe freie Packstück im Lager stoßen und eine Reservierung für dieses Packstück eintragen wollen. Derartige Probleme lassen sich vermeiden, indem eine Transaktion die Daten bis zu ihrem Abschluß *sperrt*. Die anderen Transaktionen gehen dann entweder in einen Wartezustand oder beschäftigen sich mit einer anderen Aufgabe. Die Sperrmechanismen sind recht komplex, man denke an zwei Transaktionen, die sich gegenseitig Daten sperren und in einen Wartezustand gegangen sind. Datenbanksysteme sollten diese *Deadlock-Situationen* erkennen und auflösen können.

Neben Fragen der Konsistenzerhaltung haben Transaktionen ihren Stellenwert auch für die Datensicherheit. Beendete und in der Datenbank festgeschriebene Transaktionen können in Log-Dateien eingetragen und physisch getrennt von der Datenbank gespeichert werden. Wird die Datenbank durch einen Hardware-Fehler zerstört, kann eine alte Sicherung wiedereingespielt und die zwischenzeitlichen Änderungen mit den Log-Dateien nachvollzogen werden. Auf diese Weise läßt sich die konsistente Datenbasis zum Zeitpunkt der letzten beendeten Transaktion wieder rekonstruieren.

5.1.3 Datenwörterbuch

Neben den Daten müssen auch *Daten über die Daten* abgespeichert werden. Man nennt diese Daten *Metadaten*, sie finden ihren Platz im *Datenwörterbuch (Data Dictionary)*. Umfassen soll das Datenwörterbuch

- alle Angaben über die Definition, Struktur und Benutzungsvorschriften der Daten wie Namen und zulässige Wertebereiche, logische Beziehungen, Integritäts- und Zugriffsregeln etc. und

- alle Angaben über Speicherung, Codierung und Auffinden der Daten wie Adreß- und Längenangaben, Feldtypen, Zugriffspfade und physische Plazierung in der Datenbank.

In der Literatur finden sich oft Vorstellungen von der Aufnahme weiterer Funktionen zur Kontrolle und Benutzung der Datenbank. Darunter fallen z.B. die Verwaltung von Informationen über die Herkunft, aktuelle Benutzung und Änderung der Daten oder die Namen und Charakteristika von Anwendungsprogrammen.

Zum Thema Integritätsbedingungen ist darauf hinzuweisen, daß neben deklarativen Angaben im Datenwörterbuch manchmal auch prozedurale Beschreibungen durch *Trigger* möglich sind. Vergleichbar mit den Dämonen der KI bestehen sie aus einem Block von Anweisungen, die beim Eintreffen einer bestimmten Bedingung ausgeführt werden.

5.1.4 Indizes und Optimierer

Häufig wird auf zusammenhängende Datensätze fast nur über die Werte eines kleinen Teil der Datenbankfelder zugegriffen. Auf die Daten eines Auftrags etwa über die Auftragsnummer, auf die Daten eines Lagerplatzes über die Lagerplatzkoordinaten. Um die Zugriffszeit nicht linear mit der Anzahl der Daten steigen zu lassen, kann für derartige Werte ein *Index* angelegt werden. Durch Indizes wird die Zugriffszeit wesentlich verkürzt, sie steigt dann nur noch logarithmisch mit der Anzahl der Daten. Der verbesserten Zugriffszeit steht allerdings ein erhöhter Aufwand bei Änderungsoperationen entgegen.

Besonders wenn mit einer mächtigen und flexiblen Abfragesprache verschiedene Daten verknüpft werden können, muß das Datenbanksystem aus mehreren möglichen Zugriffspfaden selbst auswählen. Zu diesem Zweck steht ein mehr oder weniger effektiver Optimierer zur Verfügung. In der Regel bietet das Datenbanksystem auch Hilfsprogramme an, mit der die gewählten Zugriffspfade und die Kosten einzelner Abfragen ermittelt werden können. Erweisen sich häufig benötigte Abfragen als besonders aufwendig, können sie dann entweder umgestaltet oder andere Indizes für die Daten vereinbart werden.

5.2   Relationale Datenbanksysteme

Das relationale Datenmodell wurde 1970 durch einen Artikel von *Edgar F. Codd* eingeführt ([Codd 70]). Die dort beschriebenen abstrakten Prinzipien für das Management von Datenbanken führten zunächst zu dem Entwurf geeigneter Sprachen für dieses Modell. Erst in der Folge entstanden verschiedene Prototypen von relationalen Datenbanksystemen.

Für den Praxiseinsatz ausreichend stabile und mit akzeptablem Laufzeitverhalten ausgestattete Datenbanksysteme standen Anfang der 80er Jahre zur Verfügung. Sie erwiesen sich als außerordentlich erfolgreich und konnten bis zum Ende der 80er Jahre die Vertreter der anderen klassischen Datenmodelle im Bereich der Neuentwicklungen fast völlig verdrängen. Bis heute behielten die relationalen Datenbanksysteme ihre dominierende Stellung bei.

5.2.1   Grundlage ist eine Tabellenstruktur

Eine Voraussetzung dieses Erfolgs war die einfache Grundstruktur des relationalen Modells. Sie ist in Form von *Tabellen* allgemein geläufig. Es entspricht der Grundidee des Relationenmodells, so strukturiert *alle Daten* zu speichern. Schon bei der Installation des Datenbanksystems werden deshalb automatisch einige Systemtabellen für die Metadaten des Datenwörterbuchs erzeugt, zu denen im Laufe der Zeit Tabellen für die Anwendungsdaten hinzukommen.

In der ersten Beispieltabelle `Ladeeinheiten` ist die identifizierende Ladeeinheiten-Nummer zusammen mit dem Standort abgelegt:

Ladeeinheiten

LE-Nummer	Gasse	Seite	Hoehe	Laenge
4712	2	1	1	1
4714	1	2	4	5
4713	1	1	1	1
...	...	...	...	...

Bei der Definition der Tabellen werden eindeutige Tabellen- und Spaltennamen festgelegt. Außerdem sind die Wertebereiche der einzelnen Spalten anzugeben. Hierfür stehen die am meisten benötigten Typen zur Verfügung: CHAR, REAL, INTEGER, DATE, TIME usw. Bei der Spaltendefinition können dabei passende Größen ausgewählt werden, etwa CHAR(10) oder INTEGER(2).

Normalerweise gibt es aber keine komplexeren Typen wie Mengen o.ä. und es dürfen auch keine eigenen Typen definiert werden. Weiter gibt es keine Zeigertypen, mit denen sich direkte Verweise auf Datensätze in anderen Tabellen realisieren lassen. Die Identifizierung und der Zugriff auf einzelne Zeilen erfolgt stattdessen über die *Werte* ausgewählter Spalten.

Dabei wird eine Spalte oder eine minimale Gruppe von Spalten *Schlüsselkandidat* genannt, wenn deren Werte die Eindeutigkeit der einzelnen Zeile einer Tabelle garantieren. Einer der Schlüsselkandidaten wird als *Primärschlüssel* ausgewählt. Im Beispiel ist die LE-Nummer einziger Schlüsselkandidat und wird deshalb zwangsläufig Primärschlüssel.

Die Lagerplatzkoordinaten sind in dieser Tabelle kein Schlüsselkandidat, weil wir in unserer Anwendung die Belegung spezieller Plätze mit mehreren Ladeeinheiten möglich machen wollen. In diesem Fall könnte eine bestimmte Ladeeinheit nicht mehr über ihre Lagerplatzkoordinaten identifiziert werden.

Dagegen wären die Lagerplatzkoordinaten in einer Tabelle zur Verwaltung der Lagerplätze sowohl Schlüsselkandidat als auch der geeignete Primärschlüssel:

Lagerplaetze

Gasse	Seite	Hoehe	Laenge	Platzsperre
1	2	4	5	N
2	1	1	1	N
1	1	1	1	J
...	...	...	...	...

Wie gesagt, es sind keine Referenzen von einer zur anderen Tabelle vorgesehen. Will man wissen ob der Platz einer bestimmten Ladeeinheit **4713** gesperrt ist, muß man deshalb Lagerplatz- und Ladeeinheitentabelle über die Spaltenwerte der Lagerplatzkoordinaten verknüpfen. Um diese Beziehung darstellen zu können, muß also die eine Tabelle mit Spalten versehen werden, die denselben Definitionsbereich wie ein Schlüsselkandidat der anderen Tabelle haben. Diese Spalten — hier die Lagerplatzkoordinaten in der Tabelle **Ladeeinheiten** — werden als *Fremdschlüssel* bezeichnet.

Bedenkt man diese Orientierung an Spalten und Spaltenwerten, so wird überraschen, daß bei einer objektorientierten Sichtweise die Tabellen die Rollen von *Klassenbeschreibungen*, die Zeilen die Rollen der *Instanzen* einnehmen sollen. Zum Vergleich: In den Instanzen einer Klasse beschreiben die Variablen nur den *Zustand* des Objekts, nicht seine *Identität*. Weiter kann die Verknüpfung von Instanzen verschiedener Klassen über Referenzen erfolgen. Das intern verwendete Zeigerformat wird dabei für alle Klassen dasselbe sein.

Bei den Tabellen sind dagegen die Schlüssel in der Regel unterschiedlich und von der Anwendung abhängig: Mal ist es eine **CHAR(20)**-Spalte, z.B. ein Name, mal ist es ein **INTEGER(4)** für die **LE-Nummer**, mal sind es mehrere **INTEGER** für die Lagerplatzkoordinaten. Zu fragen ist auch, wie der von den typisierten objektorientierten Sprachen bekannte Zusammenhang zwischen Typen und Klassen im relationalen Modell hergestellt werden soll, wo bislang noch keine zusätzlichen Typdefinitionen vorgesehen sind. Wir werden also im weiteren Verlauf noch einige ungewohnte Lösungen erwarten können.

5.2.2 Sprache

Formal sind die Datensätze einer Tabelle als geordnete n-Tupel $\langle d_1, d_2, \ldots, d_n \rangle$ darstellbar. Mit $d_i \in D_i$ für $1 \leq i \leq n$ beschreiben diese Tupel dann eine *Relation* über den n Wertebereichen $D_1, D_2, \ldots, D_n$ der Spalten. Die Zeilen der Relation werden deshalb oft als *Tupel* bezeichnet. Die Spalten nennt man auch *Attribute*, die Wertebereiche *Domänen*.

Mit den Relationen als Basis können deren formale Grundlagen aus dem Bereich der Mathematik genutzt werden. Diese Fundierung zeigt ihre Vorteile vor allem in den Sprachen mit ihren Operatoren zur Selektion, Projektion und zur Verbindung von Tabellen.

Unter diesen Sprachen hat sich das schon im frühen Prototyp *System R* eingesetzte *SQL* zunächst zu einem „De-facto-Standard" entwickelt. Seit 1987 gibt es auch einen offiziellen SQL-Standard, der inzwischen mit SQL-92 weitergeführt wurde. Allerdings führten offene Punkte im ersten offiziellen Standard zu zahlreichen firmenspezifischen Weiterentwicklungen, die heute stark vom neuen Standard abweichen. Der größte gemeinsame Nenner der real existierenden Datenbanksysteme ist deshalb immer noch der Standard von 1987 ([Weber 93]).

Datenabfrage und -manipulation

Basis von SQL ist die *Relationenalgebra.* Der grundlegende Charakter der Operatoren ist deskriptiv, sie sind nicht auf Kontrollstrukturen wie Iteration und Rekursion angewiesen oder durch vordefinierte Zugriffsstrukturen beschränkt. Ein Eindruck mag folgende Abfrage nach dem Feld `Platzsperre` des Lagerplatzes von Ladeeinheit **4712** geben:

```
SELECT Platzsperre FROM Ladeeinheiten A, Lagerplaetze B
   WHERE LE-Nummer = 4712 AND A.Gasse = B.Gasse AND A.Seite =
      B.Seite AND A.Hoehe = B.Hoehe AND A.Laenge = B.Laenge;
```

Eine solche Verknüpfung von Tabellen wird auch als *Join* bezeichnet. Sie ist sehr aufwendig verglichen mit Abfragen, die nur eine Tabelle betreffen, besonders wenn viele Zeilen aus jeder Tabelle betroffen sind.

Ergebnis einer solchen Abfrage ist eine (gegebenenfalls leere) *Menge.* Werden mehrere Werte geliefert, ist deshalb ihre Reihenfolge nicht vorherbestimmt, außer man wünscht eine sortierte Ausgabe:

```
SELECT LE-Nummer FROM Ladeeinheiten ORDER BY LE-Nummer;
```

Der `SELECT`-Befehl wird mit Abstand am meisten verwendet. Wichtig sind aber auch der `INSERT`-Befehl zum Eintrag, der `UPDATE`-Befehl zur Änderung und der `DELETE`-Befehl zum Löschen bestehender Zeilen.

Die Operationen mittels `UPDATE`, `INSERT` und `DELETE` werden zunächst nur in einem Puffer ausgeführt. Erst nach einem diesen Anweisungen folgenden `COMMIT` wird die Transaktion beendet und alle Änderungen in die Datenbasis übernommen. Mit `ROLLBACK` können die noch nicht bestätigten Änderungen wieder zurückgenommen werden.

Der deskriptive Ansatz von SQL hat es EDV-Laien erleichtert, sich in diese Sprache einzuarbeiten, und ist mit zu einem Grund für den Erfolg relationaler Datenbanksysteme geworden. Auf der anderen Seite sind die imperativen Programmiersprachen gar nicht oder nur schlecht auf die Verarbeitung von Mengen eingerichtet. Für diese Problematik hat sich die Bezeichnung *Impedance Mismatch* eingebürgert, der sich in einem umständlichen Transformationsschritt bei der Einbettung von SQL-Befehlen in C oder Cobol-Programme äußert.

Datendefinition und Datenkontrolle

Ähnlich einfach wie die Datenmanipulation sind auch die Befehle zur Datendefinition. Mit

```
CREATE TABLE Lagerplaetze (
  Gasse         INTEGER(2),
  Seite         INTEGER(1),
  Hoehe         INTEGER(2),
  Laenge        INTEGER(2),
  Platzsperre   CHAR(1));
```

kann die Tabelle erstellt werden. Zu Einzelspalten oder einer Gruppe von Spalten lassen sich dann Indizes erzeugen. Mit UNIQUE wird dabei ausgedrückt, daß die Indexwerte die Zeile eindeutig identifizieren. Das ist bei den Schlüsseln der Fall:

```
CREATE UNIQUE INDEX ON Lagerplaetze (Gasse, Seite, Hoehe, Laenge);
```

Diese Tabelle gehört demjenigen, der sie erstellt hat. Sollen Zugriffsrechte an andere Benutzer vergeben werden, geschieht dies mit GRANT und der genauen Angabe des Rechts (also etwa SELECT, INSERT oder UPDATE). Mit REVOKE lassen sich die Rechte wieder zurücknehmen.

Angabe von Integritätsbedingungen

Im Vergleich zu einer Klasse kann eine Tabelle nicht durch Methoden und selbstdefinierte Typen beschrieben werden. Der Mangel eigener Typdefinitionen drückt sich z.B. dadurch aus, daß dem System nicht der Unterschied zwischen den

Integer-Spalten für die Platzkoordinaten und der Integer-Spalte für die Ladeeinheitennummer beizubringen ist. Man kann die Spalten problemlos miteinander vergleichen und gegebenenfalls einen Gassen-Integer als Ladeeinheitennummer verwenden.

Sieht man von diesen Unzulänglichkeiten ab, bietet der aktuelle SQL-Standard inzwischen ganz passable Beschreibungsmöglichkeiten für Integritätsbedingungen. Domänen können wie folgt angegeben werden:

```
GASSE  INTEGER(2) NOT NULL;
```

Das besagt, daß in dieser Spalte immer ein Wert stehen muß (NOT NULL, NULL entspricht etwa „leer") und es sich dabei um eine höchstens zweistellige Integerzahl handeln darf. Außerdem kann für die Spalte ein Standardwert vereinbart werden. Weiter sind komplexe Angaben von Intervallgrenzen möglich:

```
CHECK ((GASSE BETWEEN 1 AND 10 AND LAENGE < 50) OR (GASSE > 10 AND
LAENGE < 30))
```

Zur Sicherung der Objektidentität durch den Primärschlüssel war bislang ein UNIQUE INDEX für die identifizierenden Spalten nötig. Ein mehrfaches Eintragen desselben Schlüsselwerts verursacht dann einen Indexfehler. Entsprechend dem Standard bieten die meisten Datenbanksysteme inzwischen die Vereinbarung eines PRIMARY KEY an.

Ein komplexes Thema ist die *referentielle Integrität*. Dabei geht es um die verschiedenen Aspekte der Schlüssel-Fremdschlüsselbeziehung. Fände beispielsweise jemand in unserem Lager auf einem bestimmten Platz statt der in der Datenbank angegebenen Ladeeinheit 4712 die Nummer 4713, könnte er kurzentschlossen die falsche Datenzeile löschen oder einfach die Nummer berichtigen. Neben vielen anderen Problemen hätte dies zur Folge, daß sämtliche Zeilen von anderen Tabellen in der Luft hängen, in denen 4712 als Fremdschlüssel eingetragen ist.

Zur Abwendung dieser Probleme bietet ein Teil der Datenbanksysteme die Überwachung der Fremdschlüsselbeziehung an. Das Verhalten bei Lösch- oder Überschreibungsversuchen läßt sich dann genauer spezifizieren, etwa daß der Löschversuch bei bestehenden Fremdschlüsselwerten abgewiesen wird oder daß die abhängigen Werte ebenfalls gelöscht oder überschrieben werden.

Schließlich ist noch auf die Trigger als Mittel der Integritätssicherung hinzuweisen. Wenn sie angeboten werden, kann man sie üblicherweise mit den verschiedenen Datenbankmanipulationen wie INSERT, DELETE und UPDATE verknüpfen. Mit Triggern lassen sich dann komplexe Integritätsprüfungen realisieren, beispielsweise auch eigene Sicherstellungen der referentiellen Integrität. Komplexere Beschreibungsmöglichkeiten können allerdings auch nachteilig sein, etwa wenn die Zusammenhänge in den vormals einfach strukturierten Datenbanken zunehmend undurchschaubar gemacht werden.

5.2.3 Normalformen

In einem Beispiel in Kapitel 2.5 wurde für die Klasse Regalbediengeraet festgestellt, daß sie besser in einer Kundenbeziehung anstatt in einer Subklassenbeziehung zur Klasse Teleskopgabel stände. Hier soll mit der zu dem relationalen Modell entwickelten *Normalformenlehre* eine fundiertere Begründung für diese Aussage nachgereicht werden, denn bei den Tabellen ergibt sich oft ein ähnliches Problem: Sollen bestimmte Spalten noch in eine Tabelle aufgenommen werden oder bildet man aus ihnen eine zweite Tabelle und realisiert die Beziehung zur ersten über einen Fremdschlüssel?

1. Normalform Die erste Normalform besagt, daß die Spaltenwerte elementar sein sollen. D.h. es sollen keine mehrwertigen Attribute realisiert werden, etwa in dem man eine Spalte mit CHAR(200) definiert und da hinein Wertelisten steckt. Ladeeinheiten mit mehreren Packstücken unterschiedlicher Artikel würden so ein Verfahren nahelegen:

Ladeeinheiten

LE-Nummer	Artikel-Nummmern	Anzahl
4711	1174 1274 1374	22 33 44
...	...	...

Das erlaubt die erste Normalform nicht, die relationalen Operatoren sind dafür nicht ausgelegt. Sollen unterschiedliche Packstückinhalte der Ladeeinheit unterschieden werden können, ist eine zweite Tabelle Packstuecke notwendig, die die Ladeeinheitennummer als Fremdschlüssel enthält.

2. Normalform Für die weiteren Normalformen benötigen wir den Begriff der *funktionalen Abhängigkeit*, die eine Werteabhängigkeit zwischen Spalten beschreibt. Beispielsweise sind alle Spalten von dem Schlüssel funktional abhängig, denn nach der Definition bestimmen die Schlüsselwerte eindeutig die Werte der anderen Spalten.

Das wird mit der Tabelle `Lagerplaetze` noch einmal deutlich. Fügt man dort eine Spalte hinzu, mit der ausgedrückt werden soll, ob die Gasse des betreffenden Platzes für Wartungsarbeiten o.ä. gesperrt worden ist, so ist dieser Spaltenwert per Definition vom Schlüssel funktional abhängig.

Lagerplaetze

Gasse	Seite	Hoehe	Laenge	Platzsperre	Gassensperrung

Selbstverständlich reicht schon die Spalte `Gasse` für die funktionale Abhängigkeit aus. Man spricht in diesem Fall einer minimalen Spaltenkombination von einer *vollen funktionalen Abhängigkeit*. Die zweite Normalform fordert jetzt, daß alle Nichtschlüssel-Spalten von ihren Schlüsseln voll funktional abhängig sind.

Ein Grund dafür ist direkt sichtbar: Statt nur einen Wert pro Gasse zu verwenden, müssen in der obigen `Gassensperrung`-Lösung für eine Gasse mehrere hundert Sperrkennzeichen gesetzt werden. Dieses Phänomen wird auch als *Update-Anomalie* bezeichnet. Etwas subtiler sind die *Insert-* und *Delete-Anomalien*, wie sie beispielsweise bei einer Um- oder Neuorganisation des Lagers vorkommen können: So kann keine Gassensperrung eingetragen werden, ohne daß ein Lagerplatz angelegt wurde, umgekehrt verschwindet die Information über eine Gassensperrung, wenn der letzte Lagerplatz gelöscht wurde. Die Spalte `Gassensperrung` sollte mithin nicht in der Lagerplatztabelle realisiert werden.

3. Normalform Im nächsten Beispiel wurde die Tabelle `Ladeeinheiten` um zwei neue Spalten erweitert. `LHM-Typ` soll angeben, ob es sich bei dem Ladehilfsmittel der Ladeeinheit um eine Palette, eine Gitterbox usw. handelt. `LHM-Preis` sei von `LHM-Typ` funktional abhängig. D.h. aus dem Wert des Typs folgt der des Preises.

Ladeeinheiten

LE-Nummer	LHM-Typ	LHM-Preis

Diese Tabelle ist in zweiter Normalform, trotzdem bestehen dieselben Probleme wie im vorigen Beispiel. Solange man etwa einen bestimmten LHM-Typ noch nicht im Lager stehen hat, kann man auch noch nicht seinen Preis eintragen. Ursache ist hier eine *transitive Abhängigkeit* der Spalte LHM-Preis über die Spalte LHM-Typ vom Schlüssel LE-Nummer. Die dritte Normalform fordert deshalb, daß zwischen Nichtschlüsselspalten und einem Schlüssel keine transitiven Abhängigkeiten bestehen dürfen. Auch in diesem Fall sollte der LHM-Preis aus der Ladeeinheitentabelle entfernt werden.

Dieselbe Situation wäre gegeben, wenn im eingangs zitierten Beispiel die Attribute der Teleskopgabel in die Klasse Regalbediengeraet aufgenommen würden, da alle Eigenschaften über den Identifikator der Teleskopgabel transitiv vom Identifikator der Klasse Regalbediengeraet abhängig wären.

Wir wollen es damit bewenden lassen. [Lockemann 87] beschreibt noch die vierte Normalform und die *Boyce-Codd-Normalform*. Allerdings lassen sich auch hier die Anomalien nicht völlig vermeiden, so daß die Normalformenlehre noch weiter ausgedehnt wurde. In der Praxis wird die Normalisierung aber nicht so weit getrieben. Wie nämlich die obigen Beispiele gezeigt haben, führen schon die ersten drei Normalformen zu vielen Tabellen. Deshalb steht den Vorteilen bei Änderungsoperationen ein Nachteil bei den Leseoperationen gegenüber, da ja dort die verstreuten Daten mit zeitaufwendigen Verbindungsoperationen wieder zusammengefaßt werden müssen.

5.2.4 Semantische Datenmodelle

Die Gestaltung der Tabellenstruktur einer Datenbank ist Teil des *logischen Entwurfs*, das Ergebnis wird als das *logische Schema* oder *Datenbankschema* bezeichnet. Ein solches Datenbankschema kann leicht mehrere hundert Tabellen enthalten; die Beziehungen innerhalb der Datenbank und zu dem repräsentierten Geschehen der Anwendungswelt werden dann undurchsichtig.

Man schaltet deshalb häufig einen *konzeptuellen Entwurf* mit *semantischen Datenmodellen* vor. Das Ergebnis kann dann je nach verwendetem Datenmodell und Werkzeug mehr oder weniger rechnerunterstützt in Tabellendefinitionen übertragen werden. Danach kann die Beschreibung des konzeptuellen Entwurfs für die Schulung und die Dokumentation weiterverwendet werden.

Unter den semantischen Datenmodellen kommt den *Entity-Relationship-Modellen* eine besondere Stellung zu. Sie gelten heute als eines der meistverwendetsten Entwurfshilfsmittel. Häufig werden sie nur im Zusammenhang mit dem relationalen Datenbankentwurf beschrieben. Sie können aber auch für andere Datenbankmodelle eingesetzt werden. Zudem ist ihr Gedankengut auch in eher an der Datensicht ausgerichtete objektorientierte Entwurfsmethoden eingeflossen.

Die Entity-Relationship-Modelle gehen auf [Chen 76] zurück. In der Folge sind zahlreiche Abarten des ursprünglichen Modells erschienen. Gemeinsam ist die Feststellung der relevanten Objekte der Anwendungswelt und ihre Zusammenfassung zu Entitätstypen. Die Entitätstypen können durch Beziehungen verbunden werden. Das Ergebnis läßt sich dann grafisch darstellen.

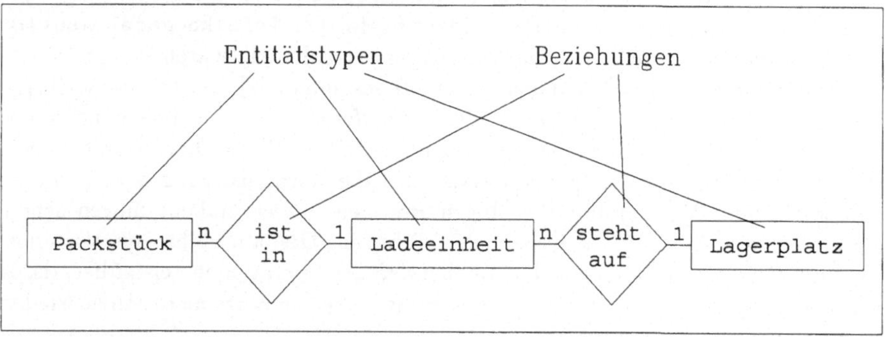

Bild 5.2   Entity-Relationship-Diagramm

Man erkennt eine gewisse Verwandtschaft zu den semantischen Netzen. Wie dort erleichtert die gute grafische Darstellbarkeit das Verständnis, was gegenüber den spartanischen Tabellendefinitionen besonders gut zur Geltung kommt. Individuen werden in den Grafiken nicht dargestellt. Sie können zwar in das Modell aufgenommen werden, spielen aber eher eine untergeordnete Rolle, da ja vor allem der konzeptuelle Entwurf einer Datenbank im Vordergrund steht.

Entitätstypen und Beziehungen werden durch Attribute näher beschrieben. Aus den Attributen ergeben sich bei der Abbildung auf eine relationale Datenbank die Spalten, aus jedem Entitätstyp wird eine Tabelle. U.u. sind die Attribute des konzeptuellen Entwurfs noch nicht identifizierend. Man muß dann noch einen Schlüssel hinzufügen (z.B. eine **LE-Nummer**). Aus komplexeren Beziehungen werden ebenfalls eigene Tabellen, wobei neben den der Beziehung zugeordneten Attributen auch die Identifikations-Spalten der in Beziehung stehenden Entitätstypen als Schlüssel aufgenommen werden.

5.3 Vererbung und relationale Datenbanksysteme

In letzter Zeit haben *objektorientierte Schnittstellen* verstärkt von sich reden gemacht. Sie lassen sich aus objektorientierten Programmen heraus ansprechen und übernehmen die Speicherung der Instanzen in relationalen Datenbanksystemen. Allerdings hat man sich schon wesentlich früher Gedanken darüber gemacht, wie hierarchische Strukturen und die Vererbung auf das relationale Modell abgebildet werden können.

Ein Grund für die Bemühungen ist in direkten Erfordernissen aus der abzubildenden Problemwelt zu sehen. Häufig kann man eine große Anzahl relativ gleichartiger Objekte zusammen mit ein paar nur gering unterschiedlichen Untergruppen identifizieren. Will man beispielsweise ein Lager für ein breiteres Spektrum von Artikeln verwenden, ergibt sich schnell die Notwendigkeit zusätzliche Bereiche wie z.B. für Gefahrgüter oder Groß- und Sperrigteile einzuführen. Jeder zusätzliche Bereich wird zusätzliche Attribute im Datenbankschema notwendig machen, etwa die Angabe einer Gefahrgutklasse oder detailliertere Platzabmessungen für die Groß- und Sperrigteile.

5.3.1 Erweiterte Entity-Relationship-Modelle

Um die Verhältnisse beim Entwurf besser modellieren zu können, sind verschiedene *erweiterte Entity-Relationship-Modelle* entwickelt worden, mit denen Vererbungsbeziehungen zwischen einzelnen Entitätstypen ausgedrückt werden können. Über diese Vererbungsbeziehungen erhält dann wieder der untergeordnete Entitätstyp die Attribute des übergeordneten.

Zur Illustration wollen wir mit *SERM* ([Sinz 88]) nur eines dieser erweiterten Entity-Relationship-Modelle herausgreifen. Die Abb. 5.3 zeigt die grafische Darstellung einer Spezialisierung der Artikelstammdaten in Kaufteile und Teile aus der Eigenfertigung.

Die Spezialisierung wird zur feineren Modellierung weiter differenziert: Im ersten Fall sagt man aus, daß die Menge der Kaufteile zusammen mit den Teilen aus der Eigenfertigung genau die Menge der Artikelstammdaten ergibt. Die Schnittmenge von Kaufteilen und der Eigenfertigung ist leer. Im zweiten Fall ist die Schnittmenge wieder leer, die Vereinigung muß nur eine Teilmenge der Artikelstammdaten ergeben. Die auf Instanzen bezogenen Modellierungsmöglichkeiten dürfen nicht verwundern, schließlich sind die Instanzen die Daten und damit der

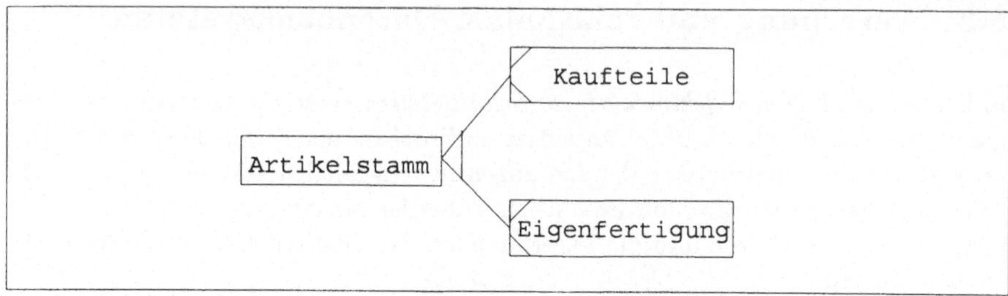

Bild 5.3 Generalisierung in SERM

Gegenstand der Datenbanksysteme. Zugleich ist das ein Hinweis darauf, geeignete Sprachmittel für die gemeinsame Manipulation von Ober- und Unterklasseninstanzen nicht aus dem Auge zu verlieren.

5.3.2 Objektorientierte Ansätze beim logischen Entwurf

Die mit erweiterten Entity-Relationship-Modellen erstellten konzeptuellen Schemata müssen irgendwann auf ein logisches Schema abgebildet werden. Dies wird durch manche *CASE-Tools* unterstützt, die dann für eine Subklassenbeziehung sogar mehrere Tabellenvarianten anbieten. In der Regel führt dies, ähnlich wie bei den objektorientierten Schnittstellen, zu *objektorientierten* Lösungen. Im Kern entspricht in solchen Ansätzen einer Klasse genau eine Tabelle. Die Subklassen sind wieder Tabellen und erben die Spalten ihrer Oberklassen (Tabellenbeispiele folgen im einem späteren Unterabschnitt).

Zu objektorientierten Ansätzen gelangt man aber nicht nur mittelbar: man kann auch versuchen, die Anwendung objektorientiert zu entwerfen und das Ergebnis ohne den Zwischenschritt des konzeptuellen Entwurfs auf ein logisches Schema zu übertragen. Mit Abstrichen kann man schon in [Smith 77] einen Vorläufer dieser Bestrebungen sehen. Kern der dortigen Überlegungen ist, wie man die Daten in dem eigentlich flachen Relationenmodell hierarchisch strukturieren kann. Diese Arbeit ist noch ganz dem relationalen Gedankengut verhaftet. Ein ordentliches Objekt wird dort beispielsweise als Ergebnis einer normalisierten Tabelle definiert. Daran problematische Punkte wie die Objektidentität o.ä. werden nicht beschrieben. Weiter ist die Darstellung ganz auf die Daten konzentriert und läßt prozedurale Aspekte völlig außer acht.

Spätere Arbeiten stehen stärker unter dem Einfluß der Objektorientiertheit.

Dabei sind unterschiedliche Schwerpunkte zu erkennen. [Blaha 88] beschäftigt sich beispielsweise vorwiegend mit einer objektorientierten Entwurfmethode für relationale Datenbanken, wobei er deren Auswirkungen auf das Datenbankschema unter eingangs genannten Kriterien wie der Zugriffsgeschwindigkeit und der Datenkonsistenz betrachtet. [Boettcher 89] sieht sich eher der parallel verlaufenden Entwicklung der objektorientierten Datenbanken und ihren Möglichkeiten zur Attributvererbung gegenüber. Seine Arbeit beschreibt einen Vererbungsmechanismus für Attribute und deren Integritätsbedingungen. Er verwendet dabei eine eigene Datenbanksprache, die er für die Vererbungszwecke erweitert.

5.3.3 Nutzung der Datenbank für die Wissensrepräsentation

Ein weiterer Anlaß für die Abbildung von Vererbungsbeziehungen auf relationale Datenbanksysteme war der Wunsch, die effiziente Hintergrundspeicherverwaltung der Datenbanksysteme für die Abspeicherung von Frames aus den eher hauptspeicherorientierten KI-Systemen zu nutzen. [Abarbanel 87] beschreibt eine solche Anbindung für KEE (KL-ONE-Liebhaber finden eine entsprechende Arbeit für KL-ONE in [Addanki 88]). Das Datenbankschema entsteht bei [Abarbanel 87] nach folgender Regel: Jede Klassen-Unit wird auf eine Tabelle abgebildet. Diese Tabelle enthält eine Spalte zur Identifizierung der Instanz-Unit und jeweils eine Spalte für jeden in der Kardinaltität auf einen Wert beschränkten Slot. Eine Instanz der Klassen-Unit wird durch eine Zeile in der Tabelle repräsentiert:

Unit-Identifikator	Erster einwertiger Slot	Zweiter einwertiger Slot	...

Für jeden mehrwertigen Slot der Klassen-Unit gibt es eine eigene Tabelle mit einer Spalte für den Unit-Identifikator und einer Spalte für den Slot-Wert, für jeden Wert des Slots wird eine Zeile eingetragen:

Unit-Identifikator	Slot-Wert

Im KI-Zusammenhang steht auch eine etwas exotische Arbeit von [Jagadish 89]. Er versucht die Vererbungsnetze mit Ausnahmen aus Kapitel 4.4 in das relationale Modell einzubringen. Ergebnis sind Tabellen der folgenden Art:

	Objekte und Objektklassen	Flugfähigkeit
+	∀ Ding	fliegt nicht
−	∀ Vögel	fliegt nicht
+	∀ Vögel	fliegt
−	∀ Pinguin	fliegt
+	∀ Pinguin	fliegt nicht
−	Tweety	fliegt nicht
+	Tweety	fliegt nicht

Mit + und − wird die aus den Vererbungsnetzen bekannte Überschreibung von Eigenschaften ausgedrückt. Die Allquantifizierungen geben an, wann es sich um eine Klasse handelt. Gegenüber den ursprünglichen Vererbungsnetzen findet eine saubere Trennung zwischen Klasse, Instanz und Attribut statt, möglicherweise eine Reaktion auf die dort erwähnte Kritik von [Brewka 87] am fehlenden Ausdruck der Subklassenbeziehung.

Der Tabelleninhalt konzentriert sich auf die Veränderungen der Eigenschaften im Vererbungsgang. [Jagadish 89] bezeichnet es gerade als Vorteil, nicht zu allen Knoten im Vererbungsnetz explizit angeben zu müssen, ob sie eine bestimmte Eigenschaft haben. Er weist darauf hin, daß in seinem Ansatz zusätzliche Attribute durch Hinzufügen weiterer Spalten realisiert werden können. Allerdings wird stillschweigend nur von einwertigen Attributen ausgegangen.

Sowohl [Abarbanel 87] als auch [Jagadish 89] gehen neben der Angabe des Tabellenschemas auch ausführlich auf weitere Gesichtspunkte ein, wobei der besondere Stellenwert auf den notwendigen Datenbankoperationen liegt. Daneben werden auch Integritätsbedingungen, Redundanz u.ä. angesprochen.

Interessant ist, daß trotz beträchtlicher Probleme beide Autoren keine Kritik am relationalen Modell üben. Stattdessen sind sie bemüht, die Konformität ihres Ansatzes mit diesem Modell zu betonen. [Abarbanel 87] legt etwa die 3. Normalform seiner Tabellen dar (was natürlich nur der Fall ist, wenn schon die Klassen-Frames auf dieses Ziel hin entworfen wurden).

[Jagadish 89] betont den „natural way", auf dem seine Hierarchien das relationale Modell erweitern. Nicht den besten Eindruck macht dabei, daß seine Beispieltabellen wie in unserem obigen Beispiel einen Informationsgehalt durch die Abfolge der Zeilen suggerieren, nämlich die hierarchische Unterordnung der jeweiligen Objekte. Entsprechend dem relationalen Modell sind diese Zeilen aber als Menge anzusehen, die entsprechende Information muß demnach auf andere Weise gewonnen werden.

5.3.4 Eine große Anzahl von Alternativen

Betrachten wir nun einige Datenbankschemata im Zusammenhang. Dabei soll jeweils eine Artikelhierarchie wie in Abbildung 5.4 dargestellt werden. Der Einfachheit halber sei der Identifikator jeder Instanz deren Artikelnummer.

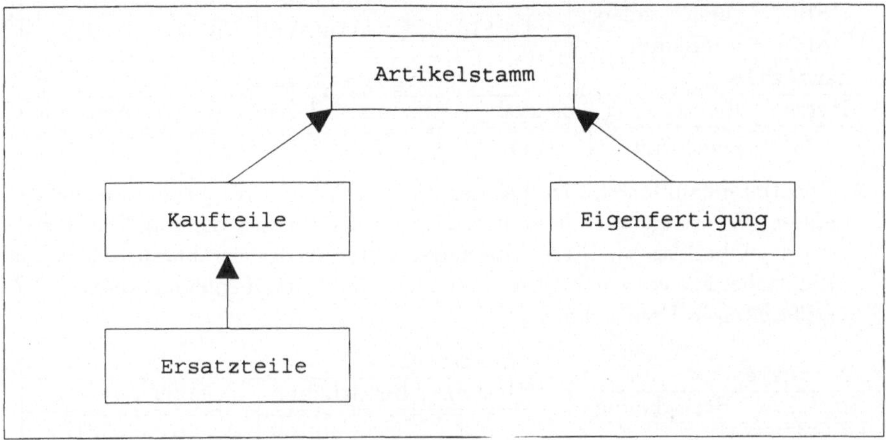

Bild 5.4 Artikelhierarchie

Die folgende große Auswahl an Alternativen sollte man nicht als Vorteil ansehen — sie unterstreicht eher die „Flachheit" des relationalen Modells und dessen Widerstreben gegenüber einer einheitlichen und eleganten Lösung.

Objektorientierte Ansätze

Oben deutete sich schon an, daß die *objektorientierten Ansätze* die vorherrschende Rolle spielen. Bei ihnen wird in der Regel für jede Klasse eine Tabelle definiert. Eine Spalte dient für den Identifikator der Instanz, die anderen Spalten für die Attribute.

1. Bei der ersten Alternative zum objektorientierten Ansatz wird jede Instanz, außer in ihrer eigentlichen Klassentabelle, auch mindestens einmal in Tabellen aller ihrer Oberklassen eingetragen. Diese Speicherung spart bei Zugriffen Join-Operationen ein. Jede Tabelle enthält sowohl für die lokal definierten

als auch für die ererbten Attribute jeweils eine Spalte. Bei mehrwertigen Attributen wie `Teil_von` wird für jeden Wert eine Zeile eingetragen.

Artikelstamm

Instanz	Bezeichnung
815	Werbematerial
816	Leuchtmittel
817	Lampe

Ersatzteile

Instanz	Bezeichnung	Lieferant	Teil_von
816	Leuchtmittel	KTL	817
816	Leuchtmittel	KTL	718

Kaufteile

Instanz	Bezeichnung	Lieferant
816	Leuchtmittel	KTL

Eigenfertigung

Instanz	Bezeichnung	Kostenstelle
817	Lampe	718

2. Das Datenbankschema ist bei der zweiten Alternative genau wie bei der ersten. Es erfolgt aber jetzt kein Eintrag der Instanz mehr in den Tabellen der Oberklassen. Diese Alternative wurde in der erwähnten Arbeit von [Boettcher 89] verwendet. Die Redundanz sinkt, dafür muß man höhere Zugriffszeiten in Kauf nehmen.

Artikelstamm

Instanz	Bezeichnung
815	Werbematerial

Ersatzteile

Instanz	Bezeichnung	Lieferant	Teil_von
816	Leuchtmittel	KTL	817
816	Leuchtmittel	KTL	718

Kaufteile

Instanz	Bezeichnung	Lieferant

Eigenfertigung

Instanz	Bezeichnung	Kostenstelle
817	Lampe	718

3. In der dritten Alternative wird wieder jede Instanz mindestens einmal in ihrer Klassen-Tabelle und in allen Tabellen ihrer Oberklassen eingetragen. Jede Tabelle enthält aber nur Spalten für die lokal definierten Attribute. Der Vorteil ist, daß innerhalb einer Tabelle auf die Namen und Attributwerte der Instanzen der Subklassen zugegriffen werden kann, außerdem ist die Redundanz gering. Der Nachteil ist allerdings, daß ein Gesamtbild einer Instanz nur durch das Absuchen mehrerer Tabellen erhalten werden kann:

Artikelstamm

Instanz	Bezeichnung
815	Werbematerial
816	Leuchtmittel
817	Lampe

Ersatzteile

Instanz	Teil_von
816	817
816	718

Kaufteile

Instanz	Lieferant
816	KTL

Eigenfertigung

Instanz	Kostenstelle
817	718

4. In der vierten Alternative enthält jede Tabelle als Spalten wieder nur die lokal definierten Attribute. Für jede Instanz wird jeweils eine Zeile in die Tabelle ihrer Klasse eingetragen, in die Tabellen der generelleren Oberklassen wird nur eine Zeile eingetragen, wenn dort ein Attribut zusätzlich definiert wurde. Da in allen vorgestellten Klassen ein Attribut neu definiert wurde, ändert sich im Beispiel gegenüber der dritten Alternative nichts.

Die bisherigen vier Möglichkeiten gehen davon aus, daß die Instanzen der Oberklasse nicht unbedingt eine Vereinigung der Instanzen der Subklasse darstellen müssen. Stattdessen kann man wie [Oertly 89] davon ausgehen, daß nur Klassen ohne Subklassen Instanzen besitzen dürfen. D.h. die Klassenhierarchie ist ganz entsprechend der einen Alternative von SERM modelliert (s. Kapitel 5.3).

Unter diesen Voraussetzungen schlägt [Oertly 89] zunächst die oben beschriebene dritte Alternative vor. Also zu jeder Klasse eine Tabelle, in der nur die lokal definierten Attribute als Spalten realisiert werden. Die Werte jeder Instanz werden jeweils in der Tabelle ihrer Klasse und ihrer direkten und indirekten Oberklassen eingetragen.

Sein weiterer Vorschlag entspricht der zweiten Alternative. Nur daß bei ihm die für die Oberklassen definierten Tabellen entfallen können, da in sie ja doch keine Instanzen eingetragen werden:

5. Nur für diejenigen Klassen der Hierarchie gibt es Tabellen, die keine Subklassen haben. Sie haben Spalten für die lokal definierten und die ererbten Attribute:

Eigenfertigung

Instanz	Bezeichnung	Kostenstelle
817	Lampe	718

Ersatzteile

Instanz	Bezeichnung	Lieferant	Teil_von
816	Leuchtmittel	KTL	817
816	Leuchtmittel	KTL	718

Der domänenorientierte Ansatz

Beim *domänenorientierten Ansatz* wird für jedes Attribut einer Klasse eine Tabelle definiert. Für jeden Attributwert existiert eine Zeile in der Tabelle. Hier wird zusätzlich eine Tabelle für die Zuordnung der Instanzen zu ihren Klassen notwendig.

Instanz_von_Klasse

Instanz	Klasse
815	Artikelstamm
816	Kaufteile
817	Eigenfertigung

6. Für jedes (auch ererbte) Attribut einer Klasse wird jeweils eine Tabelle erzeugt. Für jeden Attributwert existiert eine Zeile in der Attribut-Tabelle für die spezialisierteste und alle generelleren Klassen. Für die Attribute **Bezeichnung**, **Kostenstelle**, **Lieferant** und **Teil_von** würden dazu die folgenden Tabellen benötigt:

Artikel_Bezeichnung

Instanz	Wert
815	Werbematerial
816	Leuchtmittel
817	Lampe

Eigenfertigung_Bezeichnung

Instanz	Wert
817	Lampe

Kaufteil_Bezeichnung

Instanz	Wert
816	Leuchtmittel

Ersatzteil_Bezeichnung

Instanz	Wert
816	Leuchtmittel

Eigenfertigung_Kostenstelle

Instanz	Wert
817	718

Kaufteil_Lieferant

Instanz	Wert
816	KTL

Ersatzteil_Lieferant

Instanz	Wert
816	KTL

Ersatzteil_Teil_von

Instanz	Wert
816	817
816	718

7. Wieder wird für jedes Attribut einer Klasse jeweils eine Tabelle erzeugt. Für jeden Attributwert existiert eine Zeile in der Attribut-Tabelle der zugehörigen Klasse.

Artikel_Bezeichnung

Instanz	Wert
815	Werbematerial

Eigenfertigung_Bezeichnung

Instanz	Wert
817	Lampe

Kaufteil_Bezeichnung

Instanz	Wert

Ersatzteil_Bezeichnung

Instanz	Wert
816	Leuchtmittel

Eigenfertigung_Kostenstelle

Instanz	Wert
817	718

Kaufteil_Lieferant

Instanz	Wert

Ersatzteil_Lieferant

Instanz	Wert
816	KTL

Ersatzteil_Teil_von

Instanz	Wert
816	817
816	718

8. Nur für jedes lokal erzeugte Attribut einer Klasse wird jeweils eine Tabelle erzeugt, in die auch die Werte der Unterklassen eingetragen werden:

Artikel_Bezeichnung

Instanz	Wert
815	Werbematerial
816	Leuchtmittel
817	Lampe

Eigenfertigung_Kostenstelle

Instanz	Wert
817	718

Kaufteil_Lieferant

Instanz	Wert
816	KTL

Ersatzteil_Teil_von

Instanz	Wert
816	817
816	718

Misch- und Sonderfälle

Daß damit die Möglichkeiten noch nicht erschöpft sind, haben die Ansätze aus dem Bereich der Wissensrepräsentation von [Abarbanel 87] und [Jagadish 89] gezeigt.

9. [Abarbanel 87] setzt sowohl den objekt- als auch den domänenorientierten Ansatz ein. Er erstellt für jede Klasse eine Tabelle, in der für alle ererbten und neudefinierten einwertigen Attribute eine Spalte vorhanden ist. Die mehrwertigen Attribute werden dagegen domänenorientiert in jeweils einer eigenen Tabelle gespeichert, wobei immer ein Wert pro Zeile eingetragen wird. Die zu einer Instanz gehörende Information wird nur in die zu ihrer eigentlichen Klasse gehörenden Tabellen eingetragen.

10. [Jagadish 89] propagiert eine Art Kreuzung von objekt- und domänenorientiertem Ansatz, der nur unter dem Gesichtspunkt der Vererbungsnetze und der dort dominierenden Bedeutung der Überschreibung von Eigenschaften zu verstehen ist.

Außerdem ist auch eine Art „komprimierter objektorientierter Ansatz" denkbar. Er entstammt ebenfalls der Arbeit von [Oertly 89] und findet sich in ähnlicher Form auch bei [Smith 77].

11. Alle Klassen ohne Oberklasse haben Spalten für ihre lokal definierten Attribute sowie für alle Attribute ihrer direkten und indirekten Unterklassen. Für die Subklassen gibt es keine Tabellen. Jede Instanz ist mit einer Zeile in einer solchen Klasse vertreten, wenn sie dieser Klasse oder einer direkten oder indirekten Unterklasse angehört.

`Artikelstamm`

Instanz	Bezeichnung	Lieferant	Kostenstelle	Teil_von	Typ
816	Leuchtmittel	KTL	—	999	Kaufteile
816	Leuchtmittel	KTL	—	999	Kaufteile
817	Lampe	—	718	—	Eigenfertigung

5.3.5 Realisierung einer Vererbungsschnittstelle

Da die gängigen relationalen Datenbanksysteme bislang keine Vererbung unterstützen, müssen die meisten Operationen zur Datenmanipulation und zur Definition der oben angegebenen Datenbankschemen durch eine Abfolge von SQL-Befehlen realisiert werden. Es bietet sich an, diese Befehlsfolgen in eine Programmiersprache einzubetten. Operationen wie die Erzeugung einer Klasse oder der Eintrag einer Instanz können dann jeweils durch eine Prozedur realisiert werden. Die Funktionsaufrufe lassen sich dann ähnlich wie bei dem in Kapitel 4.5.5 beschriebenen Verfahren von ROCK in Programme einbinden. Außerdem kann auf ihrer Grundlage eine Schnittstelle für Ad-hoc-Anweisungen erstellt werden.

Die Realisierung einer Vererbungsschnittstelle wird einfacher, wenn das Datenbanksystem gute Fomulierungsmöglichkeiten für Integritätsbedingungen bietet. Das trifft besonders im Fall von Wertebereichseinschränkungen der Attribute und bei der Sicherstellung der referentielle Integrität von über mehrere Tabellen verteilten Instanzen-Daten zu. Sollte das Datenbanksystem hier zuwenig anbieten, muß man selbst eine Art Datenwörterbuch-Erweiterung realisieren und die Verwaltungsarbeit übernehmen. Zusätzlicher Entwicklungsaufwand ist zu leisten, wenn die multiple Vererbung möglich sein soll. Im obigen Beispiel wurde aus Komplexitätsgründen nicht darauf eingegangen, grundsätzlich steht dem aber nichts im Wege.

Zu der Wahl aus den vorgestellten Datenbankschemen ist anzumerken, daß die domänenorientierten Ansätze durchaus mit den objektorientierten konkurrieren können, insbesondere wenn mehrwertige Attribute abgebildet werden sollen. Dennoch ist eine Gegenüberstellung der einzelnen Ansätze, wie sie beispielsweise noch in [Walter 89] zu finden ist, heute in dieser Form kaum noch sinnvoll. Der nächste Abschnitt wird nämlich zeigen, daß mit SQL3 die Entscheidung zugunsten einer objektorientierten Lösung entschieden ist. Mit dem neuen Standard werden durch weitere Sprachmittel auch die Probleme behebbar sein, die bislang für eine domänenorientierte Lösung gesprochen haben.

5.4 Objektorientierte Erweiterungen relationaler Datenbanksysteme

Die deutlich erkennbaren Probleme mit der Abbildung von komplexen, durch Vererbung strukturierte Objektklassen haben den Gedanken an *objektorientierte Erweiterungen* des relationalen Modells nahegelegt. Diese Erweiterungen werden einen wesentlichen Bestandteil der Neuerungen im zukünftigen SQL-Standard *SQL3* ausmachen, mit dessen Verabschiedung etwa 1996/97 gerechnet wird.

Nach bisherigen Erfahrungen kann es dann je nach Datenbanksystem einige Zeit dauern, bis eine Standard-konforme Version verfügbar ist. Dennoch kann man schon jetzt auf Datenbanksysteme mit objektorientierten Erweiterungen zurückgreifen. Sie sind in der Regel aus der Forschungstätigkeit entstandene Prototypen und deshalb nicht für den Praxiseinsatz vorbereitet wie kommerzielle Produkte. Wir werden im Anschluß an SQL3 mit *Postgres* ein Beispiel kennenlernen.

5.4.1 SQL3

Obwohl sich die Entwicklung von SQL3 noch im Fluß befindet, sind die Vorstellungen zu den objektorientierten Erweiterungen doch schon sehr detailliert, so daß es sich lohnt, einen Zwischstand wiederzugegeben ([Pistor 93]). Man beachte dabei, daß SQL3 weitgehend aufwärtskompatibel zu dem gegenwärtigen Standard SQL-92 werden soll.

Zusätzliche Datentypen

Wie bei den imperativen Programmiersprachen fehlen bislang bei den relationalen Datenbanksystemen geeignete Sprachmittel, um neue Datentypen zu implementieren. Dies soll mit SQL3 anders werden:

```
CREATE TYPE HRL_Platz

PUBLIC Gasse  INTEGER,
PUBLIC Seite  INTEGER,
PUBLIC Hoehe  INTEGER,
PUBLIC Laenge INTEGER,
```

```
EQUALS DEFAULT,

CONSTRUCTOR FUNCTION HRL_Platz(:egasse INTEGER, :eseite INTEGER,
    :ehoehe INTEGER, :elaenge INTEGER)
  DECLARE :platz HRL_Platz;
  BEGIN
    :platz.gasse  := :egasse;
    :platz.seite  := :eseite;
    :platz.laenge := :elaenge;
    :platz.hoehe  := :ehoehe;
    RETURN(:platz);
  END;
END FUNCTION;
```

Im Beispiel finden wir wieder die Platzkoordinaten zusammengefaßt. Sie werden
als *Attribute* oder als *Spalten* bezeichnet und können durch *Operationen* ergänzt
werden. Hier beschränken wir uns auf einen Konstruktor als einzige Operation.
Die Verwendung von PUBLIC weist auf die Anlehnung an C++ hin; außer diesem
Schlüsselwort können auch PROTECTED und PRIVATE mit der von dort bekannten
Bedeutung verwendet werden.

Der neue Typ kann dann bei einer Tabellendefinition eingesetzt werden:

```
CREATE TABLE Lagerplaetze (
  Platz           HRL_Platz,
  Platzsperre     CHAR(1),
  ... );
```

Danach lassen sich Werte in die Tabelle eintragen:

```
INSERT INTO Lagerplaetze VALUES (HRL_Platz(1,1,1,1),'J');
```

Wichtig sind Möglichkeiten, um die üblichen Vergleiche wie „=" weiter verwenden
zu können. Das geschieht durch eine Operator-Überladung. Im Beispiel erfolgt sie
für das „=" durch die implizite Angabe einer EQUALS-Funktion, so daß folgende
Abfrage möglich ist:

```
SELECT Platzsperre FROM Lagerplaetze
  WHERE Platz = HRL_Platz(2,2,2,2);
```

Zur Terminologie ist anzumerken, daß besonders im Datenbankbereich ein derart erstellter Typ selbst vereinfachend als abstrakter Datentyp (*ADT*) bezeichnet wird. Das ist etwas irreführend, da tatsächlich nur die Implementierung des abstrakten Datentyps gemeint ist (siehe dazu auch Kapitel 2.1.2).

Objektidentität

Jede nach solch einem neuen Typ gebildete Instanz enthält automatisch das Attribut OID für einen eindeutigen Objektidentifikator. Der Wert von OID wird vom System zusammen mit dem Objekt erzeugt und kann vom Benutzer nicht verändert werden. Mittels der Objektidentifikatoren muß jetzt nicht mehr der Weg über die Bezeichnung der Fremdschlüsselspalten zur Verbindung von Tabellen gegangen werden:

```
CREATE TYPE Ladeeinheit
  (PUBLIC LE-Nummer, Platz REF(HRL_Platz));

CREATE TABLE Ladeeinheiten OF Ladeeinheit
  (FOREIGN KEY(Platz) REFERENCES Lagerplaetze);
```

Das Beispiel demonstriert die mit den neuen Typen mögliche kompakte Tabellendefinition. Wie man sieht, kann der Typ die Tabelleneigenschaften nicht vollständig beschreiben, so ist hier anzugeben, in welcher Tabelle sich der Fremdschlüssel befindet.

Da für die Tabelle Ladehilfsmittel kein Primärschlüssel angegeben wurde, erhält der OID implizit diese Rolle. Mit den Verweisen auf Objektidentifikatoren lassen sich dann auch Verknüpfungen von Daten verschiedener Tabellen wesentlich einfacher als mit den umständlichen Join-Operatoren gestalten.

Subtypen und Subtabellen

Typen können auch als Subtyp von einem oder mehreren Obertypen vereinbart werden.

```
CREATE TYPE  Kaufteil UNDER Artikel;
```

Der Subtyp erbt alle Attribute und Operationen seiner direkten Vorgänger. Operationen können in Subtypen redefiniert werden. Konflikte bei Namensgleichheit sind durch Umbenennung aufzulösen. Wie in Eiffel entfällt diese Pflicht, wenn sich die Attribute bzw. Operationen auf einen gemeinsamen Vorgängertyp zurückführen lassen. Ebenfalls wie in Eiffel bleibt die semantische Beziehung durch die Umbenennung gewahrt. So wird der gemeinsame Ursprung von Attributen oder Operationen auch dann erkannt, wenn auf dem Vererbungsweg Umbenennungen erfolgt sind.

Nach bisherigem Stand ist es *nicht* möglich, mittels einem Obertypen eine Tabelle zu definieren und dieser Tabelle dann Instanzen des Untertyps zuzuweisen. Stattdessen muß zu der betreffenden Tabelle eine *Subtabelle* erstellt werden, in die die Instanz eingetragen werden kann:

```
CREATE TABLE Artikelstamm OF Artikel;
```

```
CREATE TABLE Kaufteile UNDER Artikelstamm OF Kaufteil;
```

Generell gilt, daß die Subtabelle die Spalten ihrer Obertabelle erbt. Wird eine Instanz in die Subtabelle eingetragen, ist sie in der Folge bei Abfragen unter demselben OID auch in der Obertabelle zu finden. Wird eine Instanz in der Obertabelle gelöscht, wird sie auch in den Subtabellen gelöscht. Bei der Anwendung der Operationen auf die Instanzen erfolgt eine dynamische Bindung.

Generische Typen und Typbibliotheken

Der Aufbau von Typbibliotheken wird durch generische Typen analog den generischen Klassen unterstützt:

```
CREATE TYPE TEMPLATE Paar (:T TYPE)
  (vorbereich :T, nachbereich :T);
```

```
CREATE TABLE Start_Ziel OF Paar(HRL_Platz);
```

SQL3 stellt als Ausgangsbasis schon einige vordefinierte Typschablonen wie SET und LIST zur Verfügung. [Demuth 94] weißt darauf hin, daß die starken Ausdrucksmittel schon jetzt genutzt werden, um generische Typen für die sogenannten *Non-Standard-Datenbankanwendungen* zu beschreiben. Letzteres sind Datenbankanwendungen, die sich bislang nur unzulänglich auf das bisher für die

Standard-Systeme übliche Schema relativ kleiner, einfacher und zahlreicher Objekte abbilden ließ.

Ein Beispiel ist der Multimedia-Bereich, in dem unstrukturierte große Objekte wie Dokumente, Bilder oder Videosequenzen üblich sind. Hier wurde von der ISO ein *SQL/Multimedia-Projekt* in das Leben gerufen, in dem für verschiedene Multimedia-Anwendungen Datentypen normiert werden sollen. Sollte sich dies als Trend erweisen, müßte mit der Fertigstellung des Standards eine größere Menge definierter Typen zur Verfügung stehen.

5.4.2 Postgres

Postgres wird seit 1986 unter der Leitung von *Michael Stonebraker* an der *University of California* in der Nachfolge von Ingres entwickelt. Postgres vertritt zwar wie SQL3 den Ansatz der objektorientierten Erweiterungen einer relationalen Basis, seine Sprachmittel sind aber bislang weder mit SQL noch dem vorläufigen Standard von SQL3 kompatibel.

Datentypen

Wieder kann man die vom Datenbanksystem angebotenen Datentypen selbst erweitern, allerdings auf etwas originelle Weise. Von der äußeren Repräsentation der Werte erfolgt eine Abbildung auf eine Zeichenkette. Hierzu müssen Namen von C-Funktionen für die Konvertierung von der externen in die interne Darstellung und umgekehrt angegeben werden:

```
DEFINE TYPE HRL_Platz IS (INTERNALLENGTH=8,
  INPUTPROC=zahlinstring, OUTPUTPROC=stringinzahl)
```

HRL_Platz läßt sich danach in Tabellendefinitionen verwenden. Felder können dabei sogar als ARRAY vereinbart werden. SET's sollen erst in Zukunft möglich sein.

An die neuen Typen lassen sich auch Operationen binden:

```
DEFINE OPERATOR abstand(HRL_Platz,HRL_Platz) RETURNS HRL_Platz
  IS (PROC=abstandproc, ASSOCIATIVITY=left)
```

Hier ist ebenfalls die implementierende Prozedur anzuführen. Außerdem erfolgen weitere Angaben zur Assoziativität, Vorrangregelung usw. des neuen Operators. Dann kann er eingesetzt werden:

```
REPLACE Lagerplaetze(platz=abstand(platz,(2,2,2,2)))
```

Funktionen

Prozeduren kann man auch direkt an ein Attribut binden. Diese Prozeduren heißen in Postgres *Funktionen*; man vereinbart sie unter Angabe der Operandentypen, der verwendeten Programmiersprache und gegebenenfalls der Datei, in der die Prozedur abgelegt wird. Im Beispiel wurde als Sprache das SQL-Pendant von Postgres *Postquel* verwendet:

```
DEFINE FUNKTION le_auf_platz IS
  (LANGUAGE='POSTQUEL', RETURNTYPE=INT4) ARG IS (HRL_Platz) AS
  'RETRIEVE (Ladeeinheiten.LE-Nummer)
    WHERE Ladeeinheiten.platz = $1'
```

Die Bindung an das Attribut erfolgt über einen Zwischenschritt. Zunächst wird eine neue Domäne in Form eines Aufrufs mit den aktuellen Zeilenwerten definiert:

```
DEFINE TYPE belegt_mit IS RETRIEVE (VAL=le_auf_platz ($.platz))
```

Die Tabelle `Lagerplaetze` läßt sich jetzt um ein weiteres Attribut erweitern, das mit dieser Domäne definiert wird. Die Prozedur ermittelt dann automatisch die aktuelle Belegung des jeweiligen Lagerplatzes und stellt sie bei Abfragen zur Verfügung.

Vererbung

Postgres setzt ganz auf eine Entsprechung von Tabellen und Klassen. Dementsprechend werden die Tabellen als Klassen, die Zeilen als Instanzen bezeichnet. Die Objektidentität orientiert sich infolgedessen an einzelnen Tabellenzeilen und nicht an Typausprägungen: Jede Instanz bekommt einen systemweit eindeutigen und unveränbaren Objektidentifikator `OID`.

Demgemäß setzt auch die Vererbung bei den Tabellen an: Sie können als Subtabelle einer oder mehrerer Obertabellen definiert werden:

```
CREATE Artikelstamm

CREATE Kaufteile INHERITS (Artikelstamm)
```

Die Subtabelle erbt alle Attribute ihrer übergeordneten Tabellen. Die Definition
einer widersprüchlichen Hierarchie ist dabei nicht erlaubt, Konflikte sind deshalb
ausgeschlossen. Ererbte Attribute können in Unterklassen redefiniert werden. Im
Unterschied zu SQL3 gelten die Instanzen einer Subtabelle nicht automatisch als
Instanz ihrer Obertabelle. Das kommt in den einzelnen Operationen zur Geltung.
So ist bei einer Abfrage ein * notwendig, um auch die Instanzen der Subtabellen
einzubeziehen.

```
retrieve (A.Bezeichnung)
  from A in Artikelstamm*
```

Läßt man * weg, werden nur die Bezeichnungen der Instanzen von `Artikelstamm`
ausgegeben.

In Zukunft entsprechend SQL3

Ein Datenbanksystem wie Postgres als objekorientiertes System anzusehen, wird
etwas befremden. Das wird vor allem deutlich, wenn man die Trennung von Klassen und Typen bedenkt. SQL3 widmet den Typen einen größeren Stellenwert,
man kann dort sogar neue Typen annähernd mit Tabellen zur Deckung brin-
gen. Weil man es aber nicht *muß*, ist man dort zu einer doppelt zu führenden
Hierarchie von Typen und Tabellen gelangt.

Postgres will sich in Richtung auf den vorläufigen SQL3-Standard ändern. Eine
dann kommerzielle Version ist schon angekündigt. Bisher konnte man Versionen
für verschiedene Unix-Rechner frei über FTP-Server beziehen. Beschreibungen
von Postgres finden sich u.a. in [Stonebraker 91], [Heuer 92] und [Lockemann 93].
[Heuer 92] und [Lockemann 93] enthalten neben Postgres Beschreibungen weiterer relationaler Datenbanksysteme mit objektorientierten Erweiterungen.

5.5   Objektorientierte Datenbanksysteme

Statt sich mit objektorientierten Erweiterungen des relationalen Modells zu mü-
hen, kann man den entgegengesetzten Weg versuchen und aufbauend auf der

Grundstruktur einer objektorientierten Programmiersprache diese „irgendwie"
mit der Datenbankfunktionalität erweitern. Das ist Anfang der 80er Jahre geschehen und hat bald zu ersten *objektorientierten Datenbanksystemen (OODBMS)*
geführt.

Zweifellos werden dadurch manche Mankos der gängigen relationalen Datenbanksysteme elegant behoben. Allerdings hat die aktuelle Zugkraft des Wortes
„Objektorientiertheit" dazu geführt, in objektorientierten Datenbanksystemen
manchmal die Lösung *aller* drängenden Probleme zu sehen. Diese Erwartungen
sind schwierig zu erfüllen, denn einmal muß im Bereich der Anwendungen mit
kleinen, einfach struktrierten Objekttypen die Leistungsfähigkeit der ausgereiften relationalen Datenbanksysteme erreicht werden. Dagegen sind die Fälle, in
denen sich das relationale Modell als unzureichend erwiesen hat, untereinander
recht unterschiedlich. Zu fragen ist, ob es für sie überhaupt eine einheitliche (objektorientierte) Lösung gibt.

5.5.1 Merkmale eines objektorientierten Datenbanksystems

Die Vielfalt der Anforderungen legt verschiedene Schwerpunkte bei der Entwicklung eines Datenbanksystems nahe. Die Wahlfreiheit wird durch die bekannten
unterschiedlichen Ansätze aus dem Bereich der objektorientierten Programmiersprachen unterstützt, auf die als Grundlage zurückgegriffen werden kann. Um in
dem dadurch provozierten Wildwuchs die Definition eines objektorientierten Datenbanksystems nicht ganz den Werbeabteilungen zu überlassen, erschien vor einigen Jahren ein „Object-Oriented Database System Manifesto" ([Atkinson 89]).
Dort werden bestimmte Merkmale gefordert, aus dem Bereich der objektorientierten Programmiersprachen findet sich:

- Komplexe Objekte sollen realisiert werden können.

- Objekte sollen eine Identität haben.

- Objekte sollen eingekapselt werden können.

- Objekte sollen durch Typen oder Klassen beschrieben werden können.

- Die Klassen oder Typen sollen in einer Hierarchie von ihren Vorgängern
  erben können.

- Dabei soll die Redefinition, das Überladen und spätes Binden möglich sein.

- Die verwendete Sprache soll berechnungsvollständig sein (das alte SQL war nicht berechnungsvollständig).

- Vom Benutzer hinzugefügte Typen sollen genauso eingesetzt werden können wie die vordefinierten Typen des Datenbanksystems.

Die weiteren obligatorischen Merkmale beschreiben typische Datenbankfunktionalitäten:

- Das System sollte über ein Hintergrundspeicher-Management verfügen, um sehr große Datenbanken verwalten zu können (dazu gehören schnelle Zugriffswege durch Indexe, Trennung der logischen von der physischen Ebene usw.).

- Das System soll den Mehrbenutzerbetrieb zulassen (das erfordert eine Benutzerverwaltung, Sperren usw.).

- Bei Hardware- oder Software-Fehlern soll wie in anderen Datenbanksystemen auf einen konsistenten Stand wiederaufgesetzt werden können.

- Eine Ad-hoc-Abfragemöglichkeit der Daten soll vorhanden sein.

Diese Forderungen entsprechen also wirklich einer Kombination der Konzepte aus dem Bereich der objektorientierten Programmiersprachen mit den üblichen Dienstleistungen eines Datenbanksystems. Hinsichtlich der Vererbung werden wir deshalb im wesentlichen Übernahmen aus dem Bereich der objektorientierten Programmiersprachen erwarten können.

5.5.2 GemStone

GemStone wird seit 1983 von der Firma *Servio Corporation* auf der Basis von Smalltalk entwickelt und ist ab 1987 als erstes objektorientiertes Datenbanksystem kommerziell verfügbar gewesen.

Architektur von GemStone

In den Architekturänderungen gegenüber Smalltalk spiegeln sich die Erfordernisse eines Datenbanksystems wider. Die Arbeit wurde auf verschiedene Prozesse aufgeteilt, wobei schon in der frühen, von [Meier 86] beschriebenen Version ein Client-Server-Betrieb im Rechnernetz möglich war.

Die zentrale Stellung hat der Prozess für die Datenbanküberwachung (*Stone*). Er übernimmt die Hintergrundspeicherverwaltung und besorgt eindeutige Objektidentifikatoren, wenn neue Objekte erzeugt werden. Weiter organisiert er das Sperren von Objekten und das Festschreiben von Transaktionen für den Mehrbenutzerbetrieb. Zudem sind hier die Mechanismen realisiert, um nach einem Hardware-Fehler wieder auf einen alten Zustand aufzusetzen.

Mit Stone sind als Daten-Server-Prozesse die *Gems* verbunden. Sie sorgen für die effiziente Objektsuche in der Datenbank, wobei sie auch den Datenschutz gewährleisten. Jeder Gem-Prozess ist genau einem Client zugeordnet, dem er eine konsistente Arbeitsumgebung bereitstellt.

OPAL

Zur Definition des Datenbankschemas, für die Datenmanipulation und für Ad-hoc-Abfragen wird die Sprache *OPAL* (neuerdings *Smalltalk DB*) eingesetzt. Sie ähnelt stark Smalltalk, auch die von dort bekannte Terminologie wird in GemStone weiterverwendet. Man erzeugt also wieder verschiedene Klassen mit Methoden usw., wobei diese Aufgabe in der Regel zweigeteilt sein wird: Eine Klasse dient der Beschreibung und späteren Erzeugung der Instanzen, die andere Klasse dient als Behälter dieser Instanzen:

```
Object subclass: 'Ladeeinheiten'

instVarNames: #('lenummer' 'platz' 'bestehtAus')
classVars: #()

constraints: #[#[#leNummer,Integer],
              #[#platz,HrlPlatz]],
              #[#bestehtAus,SetofPackstuecke]].

Set subclass: 'SetOfLadeeinheiten'
    constraints: Ladeeinheiten.
```

`Object` ist wie in Smalltalk die oberste aller Klassen, an Smalltalk lehnen sich auch die angebotenen Container-Klassen wie `Set` an. Über die Vererbung von den Container-Klassen werden dann Operationen wie `select` und `remove` zur Datenmanipulation ererbt.

Eine Besonderheit gegenüber Smalltalk sind die `constraints`, mit ihnen *kann* eine Typisierung der Variablen durchgeführt werden. Sie dürfen dann nur mit Instanzen der angegebenen Klassen belegt werden. Im Beispiel darf `platz` deshalb nur noch mit Instanzen von `HrlPlatz` belegt werden (`HrlPlatz` können wir uns wie in Kapitel 3.2.1 definiert vorstellen). `SetofPackstuecke` bezeichnet eine Container-Klasse für die Packstücke.

Die `constraints` müssen nicht immer verwendet werden, GemStone wird also nicht zu einem typisierten System. Tatsache ist aber, daß sich manche Aufgaben nur mit typisierten Feldern sinnvoll lösen lassen. Bestimmte Möglichkeiten dürfen deshalb nur nach einer `constraints`-Angabe genutzt werden. So ein Fall ist die Erzeugung eines Indexes für ein Feld. Typen müssen auch angegeben werden, wenn beliebig lange Pfadausdrücke der Art

```
meinLhm.platz.platzSperre
```

verwendet werden sollen. Durch diese Pfadausdrücke lassen sich Operationen wie Abfragen komfortabler gestalten. Ansonsten finden die bekannten Nachrichten-Versende-Schemata weiter Verwendung. Beispielsweise werden die vom Benutzer erzeugten Objekte durch die Nachricht

```
System commitTransaction
```

in der Datenbank festgeschrieben. Sofern anderen Benutzern für diese Objekte ein Zugriffsrecht erteilt wurde, sind die Objekte für sie ab der Festschreibung sichtbar. Statt die Daten festzuschreiben, läßt sich die Transaktion auch durch `abortTransaction` abbrechen. Die gemachten Änderungen werden dann zurückgenommen und eine neue Transaktion gestartet. Die referentielle Integrität wird dadurch gewährleistet, daß nur Referenzen auf Objekte gelöscht werden können. Analog Smalltalk beseitigt GemStone automatisch diejenigen Objekte, auf die keine Referenzen mehr vorhanden sind.

Vererbung

Im wesentlichen bleiben die Vererbungsregeln wie in Smalltalk: Jede Klasse hat genau eine Oberklasse. Es gibt also nur die einfache Vererbung, Konflikte sind deshalb nicht zu lösen. Wie schon oben zu sehen war, ist `Object` wieder die oberste Klasse. Auch die parallele Metaklassenhierarchie wurde beibehalten und die

Klassen werden darum auch in GemStone als Objekte angesehen. In Unterklassen
können die Methoden redefiniert werden. Die Bindung erfolgt dann wieder dynamisch zur Laufzeit. Die neu hinzugekommenen Möglichkeiten, Felder näher zu
beschreiben, ergeben neue Möglichkeiten bei der Vererbung. Die Beschreibungen
können beispielsweise restriktiver gemacht werden.

Interessant sind die vollzogenen Änderungen der Klassenbibliothek gegenüber
derjenigen von Smalltalk. Es mußten neue Klassen mit Methoden für die typi-
schen Datenbankaufgaben hinzukommen. Zu nennen sind hier Klassen für die
Transaktionskontrolle, den Besitz und die Vervielfältigung von Objekten, die Au-
torisierung, die Benutzerprofile und die Indexerzeugung. Dagegen entfielen auch
Klassen, weil deren Funktionalität nicht mehr notwendig oder durch die neue Architektur nicht mehr praktikabel war. Beispiele sind Klassen für den Dateizugriff,
die Kommunikation und die Bildschirmmanipulation.

Umgebung

OPAL ist berechnungsvollständig und für allgemeine Programmieraufgaben geeignet. Zusätzlich gibt es aber auch Schnittstellen zu C, C++ und Smalltalk,
wobei die C-Schnittstelle auch zur Verbindung mit anderen imperativen Sprachen wie Pascal, Fortran und Cobol eingesetzt werden kann. GemStone selbst ist
in C programmiert. Weiter gibt es Schnittstellen zu relationalen Datenbanksystemen. Durch SQL-Abfragen erhaltene Zeilen von Relationen werden durch sie in
Mengen von Objekten übertragen.

Traditionell lag eine Stärke von Smalltalk im Bereich der Benutzeroberflächen.
Dieses Plus sollte GemStone beibehalten. Neben den bekannten Browsern zum
Durchstöbern der Klassenbeziehungen gibt es beispielsweise eine Entwicklungsumgebung, mit der der Benutzer, ohne Quelltexte schreiben zu müssen, am Bildschirm grafische Anwendungen erstellen kann. Erhältlich ist GemStone für die
verbreitetsten Unix-Rechner. Als Clients können neben Unix-Rechnern Macintosh II und IBM PC's verwendet werden.

5.5.3 GOM

GOM (Generic Object Model) ist ursprünglich an der *Universität Karlsruhe* unter der Leitung von *Alfons Kemper* und *Guido Moerkotte* entstanden und wird

gegenwärtig unter Mithilfe von Forschergruppen anderer Universitäten weiterentwickelt.

Im Kern stellt GOM eine eigenständige objektorientierte Datenbankprogrammiersprache dar, bei der einige Ähnlichkeiten mit Eiffel erkennbar sind. Mit Bedacht wurde aber nicht direkt auf eine gängige Programmiersprache aufgesetzt, da man sich durch die eigene Entwicklung bessere Voraussetzungen für die Spezifika von Datenbankanwendungen erhoffte.

Objekte werden durch Typen beschrieben

In GOM werden die individuellen Objekte durch Instanziierung eines Typs erzeugt. Der Typ wird wie folgt beschrieben:

```
persistent type HRL_Platz supertype ANY is
public Gasse->,Seite->,Hoehe->,Laenge->
body [Gasse, Seite, Hoehe, Laenge: integer;]
operations
  declare HRL_Platz: integer, integer, integer, integer -> void;
implementation
  define HRL_Platz(egasse, eseite, ehoehe, elaenge)
  begin
    self.Gasse := egasse;
    self.Seite := eseite;
    self.Laenge := elaenge;
    self.Hoehe := ehoehe;
  end define HRL_Platz;
  define ...
end type HRL_Platz
```

ANY steht an der Spitze der Typhierarchie. Gibt man zu einem Typ keinen Obertyp an, wird wie in Eiffel ANY automatisch zum direkten Obertyp. Im Beispiel ist deshalb **supertype ANY** redundant.

Die public-Klausel beschreibt die öffentliche Schnittstelle. Gasse->, Seite-> usw. bezeichnet sogenannte *Beobachter*, das sind vordefinierte Operationen, die automatisch zum Lesen der Felder erstellt werden. Außerdem werden Schreiboperationen generiert, die mit einem umgekehrten Pfeil analog Gasse<- anzugeben sind.

Die Struktur der Objekte eines Typs wird in der **body**-Klausel beschrieben. Im Beispiel geben die eckigen Klammern an, daß es sich um eine Tupelstruktur handelt. Neben Tupelstrukturen unterstützt GOM derzeit noch Mengen und Listen. Sie werden in der Form

```
persistent type HRL_Platz_Menge is
 body {HRL_Platz}
end type HRL_Platz_Menge

persistent type HRL_Platz_Liste is
 body <HRL_Platz>
end type HRL_Platz_Liste
```

angegeben, wobei in der Klammer der **body**-Klausel jeweils ein Typ zu stehen hat. Durch diese Strukturangaben erhält man für den Typ Operationen wie **select** zur Mengen- bzw. Listenverarbeitung bereitgestellt.

In der **operations**-Klausel sind alle selbst erstellten Operationen aufzuführen. Auf diejenigen Operationen, die nicht zugleich in der **public**-Klausel aufgeführt werden, kann von außen nicht zugegriffen werden. Eine Ausnahme stellt der Konstruktor **HRL_Platz** dar, er ist immer von außen zugreifbar und braucht deshalb nicht eigens freigegeben werden.

Vererbung in GOM

GOM will zwar einerseits die durch Vererbung und Subtypisierung gewonnene Flexibilität des Objektmodells wahren, versucht aber anderseits auch, eine größtmögliche Typsicherheit zu erhalten. Ergebnis dieses Unterfangens sind einige Verbote und Einschränkungen bei der Subtypbildung.

So verbietet GOM in tupelstrukturierten Typen die Redefinition von Feldern mit anderen Typen. Der Subtyp darf aber wieder durch zusätzliche Felder ergänzt werden. Die Elementtypen von Mengen und Listen dürfen in einem Subtyp ebenfalls nicht geändert werden, d.h. man hat wieder eine Menge bzw. eine Liste mit demselben Elementtyp. Subtypen von tupelstrukturierten Typen und von Mengen- und Listentypen können mit neuen Operationen versehen werden. Zudem ist die Redefinition bestehender Operationen nach bestimmten Regeln erlaubt.

Diese Regeln betreffen vorhandene Argumente und den Ergebnistyp einer Operation. Seien die Typen der Argumente und von dem Ergebnis wieder als ein Paar von Tupeln der Form $\langle A_1, \ldots, A_n \rangle, \langle E \rangle$ dargestellt.

Für das Tupelpaar $\langle B_1, \ldots, B_n \rangle, \langle F \rangle$ der redefinierten Operation im Subtyp muß gelten, daß jedes der beiden Tupel genauso viele Elemente wie das entsprechende Tupel der ursprünglichen Operation hat. Sind die Argumenttypen $\langle B_1, \ldots, B_n \rangle$ gegenüber der ursprünglichen Operation geändert, müssen sie *Obertypen* ihrer Entsprechungen im Tupel $\langle A_1, \ldots, A_n \rangle$ sein. Der Ergebnistyp $\langle F \rangle$ muß entweder derselbe Typ oder ein *Untertyp* des Ergebnistyps $\langle E \rangle$ der ererbten Operation sein.

Für die Argumenttypen gilt folglich in GOM eine *Kontravarianz-Regel*. Man vergleiche dazu die Regeln von Eiffel in Kapitel 3.4.4, dort gilt für die Argumenttypen eine *Kovarianz-Regel*.

Unter dem obersten Typ ANY durfte die Typhierarchie bislang nur durch einfache Vererbung gestaltet werden. In Zukunft soll auch die mehrfache Vererbung möglich sein. Die dann notwendige Konfliktauflösung soll wie bei KL-ONE durch Verfeinerung erfolgen. Im Fall GOM bedeutet das, daß die oben beschriebenen Redefinitionsbedingungen für die gleichnamigen Operationen aller Eltern gelten müssen.

Der Griff nach lokalem Know-How

Das Ziel des wissenschaftlichen Erkenntnisgewinns muß nicht den Blick auf die aktuellen Anforderungen der Praxis verstellen. Beispielsweise erhält GOM gegenwärtig eine C++-Schnittstelle entsprechend dem im folgenden Abschnitt beschriebenen ODMG-Standard. Oft ist zu den universitären Produkten ein kostengünstiger Zugang möglich, manche Systeme können sogar als Public-Domain-Software von FTP-Servern abgeholt werden. Ein Beispiel dafür ist das ebenfalls in Karlsruhe entstandene und mehr an C++ orientierte *OBST* (siehe [Casais 92]).

Einen Einblick in weitere Forschungsarbeiten im Rahmen des von der Deutschen Forschungsgemeinschaft geförderten Schwerpunktprogramms „Objektbanken für Experten" bietet [Bayer 92]. Über GOM und die dort entwickelten Implementierungstechniken ist viel in [Kemper 92] und [Kemper 93b] zu finden. Eine kurze Darstellung von GOM (ohne detaillierte Beschreibung der Vererbung) gibt [Kemper 93a].

5.5.4   Der Standard der ODMG

GemStone und GOM geben eine Vorstellung von der Variationsbreite objektorientierter Datenbanksysteme. Da inzwischen schon über zwanzig kommerzielle Systeme angeboten werden, ergibt sich für potentielle Käufer eine kaum zu bewertende Vielfalt. Die Befürchtung ist begründet, allen Aufwand für den Kauf, die Einarbeitung und entwickelte Software bei einer Marktbereinigung zu verlieren.

Standards sollten dem Käufer Investitionssicherheit versprechen und in der Folge zu größeren Markterfolgen führen. Diesem Argument sind mehrere Hersteller kommerzieller objektorientierter Datenbanksysteme gefolgt und haben sich in der *Object Database Management Group (ODMG)* zusammengefunden, einer Untergruppe der OMG.

Ein Ergebnis ist der ODMG-93-Standard, an dem die beteiligten Unternehmen ihre Systeme bis zum Jahr 1995 ausrichten wollen. Nach eigenen Angaben beherrschen diese Unternehmen etwa 90 % des Markts für objektorientierte Datenbanksysteme, deshalb sollten gute Aussichten für eine spätere Festschreibung durch ANSI und ISO bestehen. Zusätzliche Relevanz ist durch die Einbezogenheit in die OMG gegeben, die für die Konformität mit anderen Standards wie CORBA sorgt.

Ausgangspunkt sind Typbeschreibungen

Der ODMG-93-Standard besteht aus der formalen Definition der Grundkonzepte eines Objektmodells und einer Beschreibung von Einbettungen dieses Objektmodells in verschiedene Programmiersprachen. Die Grundkonzepte drücken sich durch die Vereinbarung von Sprachmitteln für Typen aus, mit denen Objekte beschrieben werden können. Jeder dieser Typen kann in den (erweiterten) Programmiersprachen mehrere Implementierungen haben. Der Standard regelt diese Einbettungen gegenwärtig für C++ und Smalltalk.

Zu Beginn der Typbeschreibung finden wir nähere Angaben über den Typ selbst bzw. die Gesamtheit der Instanzen. Im Beispiel wird hier ein Schlüsselfeld angeführt:

```
type Ladeeinheiten {
  key: le-nummer;
  instance properties:
    le_nummer: Integer;
```

```
    steht_auf: HRL_Platz inverse HRL_Platz::belegt_mit;
    besteht_aus: Set<Packstuecke> inverse Packstuecke::ist_in;
  instance operations:
      ...
}
```

Danach folgt die Beschreibung über die Struktur der Instanzen und ihre Operationen. Dabei fällt in den **instance properties** das Schlüsselwort **inverse** auf. Es sagt aus, daß es in den referenzierten Instanzen der angegebenen Typen Felder mit inversen Verweisen gibt. Im Beispiel muß deshalb der Typ **HRL_Platz** folgende Angabe enthalten:

```
belegt_mit: Set<Ladeeinheiten> inverse Ladeeinheiten::steht_auf;
```

Im Typ **Artikelpositionen** sollte dies zu finden sein:

```
ist_in: Ladeeinheiten inverse Ladeeinheiten::besteht_aus;
```

In den **instance operations** werden die Operationsaufrufe mit der Anzahl und den Typen der Argumente sowie möglichen Ausnahmen angegeben.

Vererbung bei Typen

Zu Beginn der Typbeschreibung können in einer **supertypes**-Klausel mehrere Obertypen angegeben werden. Der Untertyp erbt dann alle Felder und alle Operationen. Neue Felder und Operationen können hinzugefügt und bestehende redefiniert werden. Mögliche Konflikte werden durch Umbenennung gelöst, wobei wie bei Eiffel die semantische Beziehung zur ursprünglichen Operation erhalten bleibt.

Eine vordefinierte Typhierarchie besteht schon. Darin sind auch die üblicherweise in Datenbanksystemen zu findenden elementaren Typen wie **Integer** und **Float** und die häufig benötigten Zeittypen wie **Date** oder **Time** enthalten. Weiter natürlich die verschiedenen Behälter-Typen wie Mengen und Listen. Die Behälter-Typen sind dabei als generische Typen beschrieben. Ein Teil der vordefinierten Typen sind als virtuelle Typen charakterisiert, von denen keine Instanzen erzeugt werden dürfen. Ein weiteres Kennzeichen zeigt die Änderbarkeit von Typen an; mit diesem Charakteristikum lassen sich etwa **Integer** und **Float** vor Überarbeitungen durch den Anwendungsentwickler schützen.

Interessant ist, daß die Objektidentität in dieser Typhierarchie über die Vererbung geregelt wird. Da es keinen Sinn macht, Instanzen von `Integer` oder `Date` zusätzlich mit einem Objektidentifizierer zu versehen, werden nur die Instanzen von Typen in der Teilhierarchie unter dem Typ `Object` mit einem solchen versehen.

Anbindung an eine Programmiersprache

Bei der Sprachanbindung wurden folgende Ziele verfolgt:

- Das Typsystem von Programmiersprache und Datenbanksystem sollte einheitlich sein.

- Die Anbindung sollte sich an die Syntax der Programmiersprache anpassen.

- Die Anbindung sollte keine neuen Konstrukte einführen, deren Funktionalität schon in der Programmiersprache vorhanden ist.

Im Fall von C++ hat man sich die Umsetzung dieser Ziele in der Form von Spracherweiterungen um Schlüsselwörter wie `inverse` oder assoziative Abfragemöglichkeiten vorzustellen. Die obige Typhierarchie schlägt sich in zusätzlichen Datentypen wie `Date` oder `Time` und in zusätzliche Klassen wie die generischen Container-Klassen `Set` oder `List` nieder.

Die eigentlichen Datenbankfunktionalitäten werden ebenfalls durch Klassen sichtbar. So wird die Dauerhaftigkeit von Daten über die Vererbung von der Klasse `Persistent_Object` erreicht. D.h. alle Klassen, deren Instanzen in der Datenbank gespeichert werden sollen, müssen eine direkte oder indirekte Subklasse von `Persistent_Object` sein. Bereits implementierte „normale" C++-Klassen sind deshalb mittels Mehrfachvererbung um den Vorfahr `Persistent_Object` zu erweitern, um die Möglichkeit der Persistenz nutzen zu können.

Im Programmablauf muß zunächst eine Datenbank geöffnet und dann eine Transaktion gestartet werden, die dann durch `commit` (oder `abort`) zu beenden ist:

```
Database DB;
Transaction T;


DB.open("Lagerdatenbank");
```

```
T.start();
   ...
T.commit();
DB.close();
```

Die Syntax der Variablendeklaration weist darauf hin, daß auch `Database` und
`Transaction` als Klassen mit den notwendigen Operationen wie `open` und `commit`
realisiert sind.

Die in dem erweiterten C++ entstandenen Quelltexte durchlaufen erst einen
Vorübersetzer. Beschreibungen des Datenbankschemas werden von dort als Metadaten sofort in die Datenbank übernommen. Parallel dazu werden reine C++-
Programme erzeugt, in denen auch die zusätzliche Funktionalität zur Behandlung von Beziehungen, Indizes etc. automatisch implementiert wird. Eine kurze
Beschreibung dieser Sprachanbindung gibt [Gille 94], [Atwood 94] beinhaltet eine Zusammenfassung des Standards und die den Sprachanbindungen zugrunde
liegende Philosophie.

5.6   Zusammenfassung

Bei den Datenbanksystemen orientiert sich die Vererbung sichtlich an den objektorientierten Programmiersprachen. Besonders deutlich wird dies bei den objektorientierten Vertretern, die ja auch zu einem hohen Grad Erweiterungen der
Grundschemata objektorientierter Programmiersprachen um die Datenbankfunktionalität darstellen. Ebenfalls sichtbar wird diese Wurzel im Vergleich mit den
KI-Systemen, wenn man beispielsweise an den unterschiedlichen Stellenwert der
Kapselung denkt.

Zukünftige Gemeinsamkeiten mit KI-Systemen sind dagegen in der Tendenz
weg von einfachen Beschreibungsmöglichkeiten der Daten und hin zu einer größeren Modellierungsmächtigkeit erkennbar. Ähnlichkeiten gibt es auch im Bereich
der Wertvererbung. Die Gewichtung ist aber anders: Während der traditionel-
le Schwerpunkt der Datenbanksysteme auf effizienten Abfrage- und Änderungs-
möglichkeiten großer Datenmengen diese Werte in den Mittelpunkt stellt, sind
KI-Systeme auch stark auf die Auswertung und Manipulation der ererbten Klassenbeschreibungen ausgerichtet. Mithin spielen etwa Suchprozesse im Sinne der
Klassifikator-Aufgaben von KL-ONE bei Datenbanksystemen kaum eine Rolle.

Das Argument der Speicherplatzersparnis ist ebenfalls von eher untergeordneter Bedeutung.

Bekannte und unbekannte Konzepte

Durch die Ursprünge der objektorientierten Datenbanksysteme bei den objektorientierten Programmiersprachen gibt es im engeren Bereich der Vererbungsregeln wenig Neues. Allerdings ist interessant zu beobachten, wie die Datenbankfunktionalität durch Ausdifferenzierung bestehender und Hinzufügen neuer Klassen realisiert werden kann.

Dagegen wirkt die Übertragung objektorientierter Vorstellungen auf gängige relationale Datenbanksysteme ungewohnt; die Tabellen sind als Stellvertreter der Klassen überfordert. Sichtbar wird dies besonders bei den einzelnen Datenbankschemata zur Realisierung der Vererbung: Hier entstand mehr Redundanz, da eine größere Verletzung der Normalformenlehre, und dort eine Aufspaltung in zu viele Tabellen. Domänenorientierte Ansätze erscheinen als gleichwertige Varianten, obwohl bei ihnen die Tabellen *nicht* den Klassen gleichgesetzt werden.

Die Argumente für die domänenorientierten Ansätze werden allerdings durch die mehrwertigen Attribute, Typdefinitionsmöglichkeiten und Referenzen von SQL3 verloren gehen. Doch bleiben viele Fragen offen, denkt man an die Trennung von Tabellen und Typen mit getrennter Tabellen- und Typenhierarchie, die Verträglichkeit von objektorientiertem und relationalem Gedankengut oder die Notwendigkeit, sich außer in einer „normalen" Programmiersprache in einem immer umfangreicher werdenden SQL bewegen zu müssen, während bei objektorientierten Datenbanksystemen eine Programmiersprache mit wenigen Ergänzungen ausreichend ist.

Trends

Im Zusammenhang mit innovativen Datenbanksystemen fallen häufig die Stichworte Multimedia, Non-Standard-Datenbankanwendungen, Client-Server-Architektur und verteilte Datenbanken.

Für das Gebiet Multimedia liegen die Stärken der Vererbung im Zusammenspiel mit den anderen objektorientierten Konzepten auf der Hand, wenn man etwa an die Ausführungen zu Smalltalk denkt. Die klassischen Datenbankmodelle haben sich dagegen lange an der Verarbeitung einfach strukturierter Daten orientiert.

	SQL3	Postgres	GemStone	GOM	ODMG-93
System objekt-orientiert oder Erweiterung	E	E	O	O	O
Typbegriff mit Klassen bzw. Tabellen parallel	Nein	Nein	Ja	Ja	Ja
strenge Typ-bindung der Variablen	Ja	Ja	Nein	Ja	Ja
Vererbungsart	multipel	multipel	einfach	multipel	multipel
Konflikt-auflösung	Umbe-nennung	—	—	Verfein-erung	Umbe-nennung
Vererbung von Variablen	ja	ja	ja	ja	ja
Vererbung von Prozeduren	ja	ja	ja	ja	ja
Polymorphie bei redefinierten Prozeduren	ja	ja	ja	ja	ja
Klassen- bzw. Tabellen-definition zur Laufzeit	ja	ja	ja	ja	ja
Umgebung in Vererbung miteinbezogen	nein	nein	nein	nein	nein

Erst in der jüngsten Zeit bieten relationale Datenbanksysteme durch Grafikpakete und adäquate Speicherungsmöglichkeiten für sogenannte *BLOB's (binary large objects)* die Möglichkeit, beispielsweise zu den Stammdaten von Artikel auch deren Abbildungen in der Datenbank einzutragen und anzuzeigen.

Bei Non-Standard-Datenbankanwendungen wird häufig das Beispiel CAD angeführt. Dort werden bei den Grafik-Anforderungen und für die eher wenigen, dafür aber komplex strukturierten und beziehungsreichen Objekte ebenfalls die

Vorteile objektorientierter Konzepte deutlich. Es zeigen sich aber auch neue Problematiken, etwa die Verwaltung langer Transaktionen und verschiedener Versionen der einzelnen Modelle, wobei allerdings für die Versionsverwaltung auf hierarchische Strukturen zurückgegriffen werden kann.

Verteilte Architekturen werden sich auf den Einsatz der Objektorientiertheit ebenfalls förderlich auswirken. Um die Übertragungswege wenig zu belasten, liegt eine Vorverarbeitung der Datenmenge auf dem Server nahe. Konzepte kommen dem entgegen, bei denen Prozeduren bei den Daten angelagert werden können.

Einleitend genannte Ziele

Trotz der genannten Vorteile objektorientierter Systeme hat die Vererbung im Vergleich mit der KI oder dem zunehmenden Einsatz bei den Programmiersprachen noch eine vergleichsweise schwache Stellung.

Das liegt zum einen daran, daß das normale Tagesgeschäft noch vorwiegend aus einfach strukturierten Daten besteht und deshalb häufig kein Grund vorhanden ist, auf das bewährte relationale Modell zu verzichten. Blickt man auf die eingangs genannten Ziele wie

- Datenunabhängigkeit

- Datenkonsistenz

- Datensicherheit

- Datenschutz

- Geschwindigkeit

so können die relationalen Hersteller zudem aufgrund ihres Erfahrungsvorsprungs und ihrer Investitionsmöglichkeiten bei der Verwaltung einfach strukturierter Daten auf ausgefeilte Systeme mit hoher Geschwindigkeit und gleichzeitig guter Datensicherheit und gutem Datenschutz verweisen.

Objektorientierte und SQL3-konforme relationale Datenbanksysteme müssen hier erst nachziehen. Grundsätzlich sollten dann aber hinsichtlich Datensicherheit und Datenschutz keine Differenzen mehr bestehen. Bei der Geschwindigkeit werden die notwendigen Voraussetzungen für komplexe Objekte und die Vererbung zwar zusätzliche Kosten verursachen, im Fall entsprechender Anwendungen sollten sich dann aber entscheidende Zeitvorteile ergeben. Für klassische relationale Datenbanksysteme bleibt dagegen die Abbildung komplexer Objekte ein großes Manko. Ein bekanntes Beispiel ist die Verwaltung von Stücklisten, die man bislang häufig aus Geschwindigkeitsgründen auf älteren Datenbanksystemen belassen und nicht auf relationale Datenbanksysteme übertragen hat.

Vorteile bei Datenkonsistenz und Datenunabhängigkeit sollten sich ebenfalls mittelbar über eine in Zukunft komplexere Datenbanklandschaft mit komplexeren Objekten und Objektbeziehungen ergeben. Mittels Vererbungshierarchien strukturierte Typ- bzw. Klassenbibliotheken werden durch eine einheitliche Abstraktionsmöglichkeit helfen, den Überblick zu wahren und damit auch die Beschreibung von Konsistenzbedingungen beherrschbarer machen. Die größeren Modellierungsmöglichkeiten führen näher an die Anwendungswelt, was den Benutzer weiter von der physischen Realisierung wegführt und damit die Datenunabhängigkeit unterstützt.

5.6.1   Literatur

[Kemper 93b] und [Heuer 92] geben Einführungen in das Gebiet der objektorientierten Datenbanken. In [Heuer 92] sind vergleichende Darstellungen von zahlreichen objektorientierten Datenbanksystemen (u.a. GemStone und GOM) sowie von relationalen Datenbanksystemen mit objektorientierten Erweiterungen (u.a. Postgres) zu finden.

Objektorientierte Datenbanksysteme werden vor allem für den Unix- und PC-Bereich entwickelt, dasselbe gilt für die objektorientierten Vorreiter bei den relationalen Datenbanksystemen. Aktuelle Beschreibungen finden sich deshalb in Unix- und PC-Fachzeitschriften. Regelmäßige Beiträge zu objektorientierten Datenbanksystemen bietet die Zeitschrift *Objektspektrum*.

Empfehlenswert ist der *Datenbank Rundbrief*, das Mitteilungsblatt der *Fachgruppe Datenbanken* der *Gesellschaft für Informatik*. Dort stehen die objektorientierten Datenbanksysteme nicht allein im Vordergrund, es wird gleichermaßen auf aktuelle Entwicklungen bei anderen Datenbanksystemen eingegangen.

Glossar

Abstrakte Klasse Eine Klasse, von der keine Instanzen erzeugt werden sollen. Sie definiert Gemeinsamkeiten ihrer Unterklassen. Ein dieser Klasse entsprechender Typ wird als virtueller Typ bezeichnet.

Datenabstraktion (Data Abstraction) Die Datenabstraktion bezeichnet eine Konzentration auf die wesentlichen Eigenschaften der beteiligten Komponenten. Erst in einem zweiten Schritt rückt die Implementierung in den Vordergrund.

Dämonen Dämonen nennt man in der Künstlichen Intelligenz Prozeduren, die Attributen zugeordnet und bei bestimmten festgelegten Ereignissen aktiv werden.

Defaults Defaults sind Standardwerte, die in Attribute bei fehlender Belegung eingetragen werden. Defaults können vererbt werden und erfüllen dann im ererbten Attribut dieselbe Funktion.

Destruktor Prozedur zur expliziten Beseitigung von Instanzen in Systemen ohne automatische Speicherbereinigung.

Einfachvererbung Der Erbe darf nur höchstens einen direkten Vorgänger haben.

Entität Der Begriff stammt aus dem Datenbankentwurf und meint etwa dasselbe wie ein Objekt im allgemeinen Sinn. Sieht man beim relationalen Datenmodell Tabellen als Analogon zu Klassen an, entsprechen Entitäten und Entitätstypen allerdings nicht den Objekten und Objektklassen, da schwache Entitätstypen nur als Spalten von Tabellen und nicht als Tabellen dargestellt werden. Umgekehrt bilden manche Tabellen keine Entitätstypen, sondern nur Beziehungen zwischen Entitätstypen ab.

Entity-Relationship-Modell Inzwischen eine ganze Modellklasse für den konzeptuellen Datenbankentwurf. Die grafische Darstellung in Entity-Relationship-Diagrammen entspricht einem semantischen Netz mit den Entitäts-Typen des betrachteten Weltausschnitts als Knoten und derer Beziehungen als Kanten. Da mit diesen Modellen eine Datenabstraktion durchgeführt wird, können sie auch für den Entwurf objektorientierter Programmsysteme nützlich sein. Hierzu sind sie in der Regel um Darstellungsmöglichkeiten für hierarchische Beziehungen zwischen Entitäts-Typen ergänzt.

Generisches Objekt Ein generisches Objekt beschreibt die innere Struktur und die Operationen von Objekten, die nach diesem Bild erzeugt werden.

Instanz Exemplar, das gemäß einem vorgegebenen Muster, etwa einer Klasse, einem Typ o.ä. erzeugt (instanziiert) worden ist.

Klasse Eine Klasse dient zur Beschreibung einer Gruppe von gleichartigen Objekten.

Mehrfachvererbung Der Erbe kann mehrere direkte Vorgänger besitzen.

Metaklasse Eine Metaklasse dient zur Beschreibung von Klassen. Sie wird dann notwendig, wenn Klassen auch als Objekte angesehen werden.

Objekt Im Sinne objektorientierter Systeme sind Objekte abgeschlossene Einheiten, die eine Gesamtheit struktureller und prozeduraler Information darstellen, also einen Datenspeicher mit Verhaltensrepertoire.

Objektorientierte Analyse Die Analysephase beantwortet die Frage, *was* zu tun ist. Sie ist dann objektorientiert, wenn schon in dieser Anforderungsdefinition Bezug auf Objekte und Klassen genommen wird.

Objektorientierter Entwurf Der Entwurf legt fest, *wie* etwas zu tun ist. Im objektorientierten Entwurf entsteht die Struktur der Klassen und Objekte unter Einbeziehungen etwaiger Standardklassen und unter Berücksichtigung der späteren Wiederverwendbarkeit. Hier werden auch die Vererbungsbeziehungen festgelegt.

Objektorientierte Programmierung Das Programm ist so geschrieben, daß es durch Objekte und Klassen strukturiert wird. Die Objekte kommunizieren dabei mittels ihrer Methoden. Die Eigenschaften der Objekte werden durch die Klassenhierarchie bestimmt, der sie zugeordnet sind.

Redefinition (Overriding) Eine ererbte Prozedur oder Variable wird in der Unterklasse durch eine andere Implementierung bzw. Variablendefinition ersetzt.

Vererbung, partielle Bestimmte Merkmale der Elternklasse werden nicht an die Unterklasse weitervererbt.

Zusicherung (Assertion) Zusicherungen sind sprachspezifische Realisierungen von logischen Prädikaten, die Beziehungen zwischen Variablen innerhalb eines bestimmten Programmzustandes und Beziehungen zwischen verschiedenen Programmzuständen beschreiben.

Literaturverzeichnis

[Abarbanel 87] R. Abarbanel, M. Williams: *A Relational Representation for Knowledge Bases.* In: L. Kerschberg (Hrsg.): *Expert Database Systems.* The Benjamin/Cummings Publ. Co., 1987, S. 191–206

[Addanki 88] S. Addanki, A. Nigam: *KL-DB: Towards a Unified Approach to Knowledge Representation.* In: R. Meersman, A. Sernadas (Hrsg.): *Data and Knowledge.* North Holland, 1988, S. 1–15

[America 91] P. America: *A Behavioural Approach to Subtyping.* in [Lenzerini 91], S. 173–190

[Atkinson 89] M. Atkinson, F. Bancilhon, D. DeWitt, K. Dittrich, D. Maier, S. Zdonik: *The Object-Oriented Database System Manifesto.* Proc. DOOD '89, Kyoto, 1989

[Atwood 94] Thomas Atwood: *Der Objekt-DBMS-Standard.* Objektspektrum, 1/1994 S. 32–40 und 2/1994 S. 63–69

[Baader 92] F. Baader, H.-J. Bürckert, B. Hollander, A. Laux, W. Nutt: *Terminologische Logiken.* KI 3, 1992, S. 23–33

[Bayer 92] P. Bayer, T. Härder, P. Lockemann: *Objektbanken für Experten.* Springer, Berlin, 1992

[Bibel 93] Wolfgang Bibel, Steffen Hölldobler, Thorsten Schaub: *Wissensrepräsentation und Inferenz.* Vieweg, Wiesbaden, 1993

[Birtwistle 73] Birtwistle G.M., Dahl O.-J., Myhrhaug B., Nygaard K.: *SIMULA BEGIN.* Lund, Schweden: Studentliteratur. Goch, Deutschland: Bratt Institut für neues Lernen. Bromley, UK: Chartwell-Bratt Ltd.

[Blaha 88] M.R. Blaha, W.J. Premerlani, J.E. Rumbaugh: *Relational Database Design using an Object-Oriented Methodology.* Communications of the ACM, 1988, S. 414–427

[Boettcher 89] Stefan Böttcher: *Attribute Inheritance on Top of a Relational Database System.* IBM Deutschland GmbH, 1989

[Brachman 79] Ronald J. Brachman: *On the Epistemological Status of Semantic Networks.* In: Nicholas V. Findler (Hrsg.): *Associative Networks — Representation and Use of Knowledge by Computers.* Academic Press, New York, 1979, S. 3–50

[Brachman 83] Ronald J. Brachman: *What IS-A Is and Isn't: An Analysis of Taxonomic Links in Semantic Networks.* Computer, IEEE Computer Society, 10, 1983, S. 30–36

[Brachman 85] Ronald J. Brachman, Schmolze: *An Overview of the KL-ONE Knowledge Representation System.* Cognitive Science 9, 1985, S. 171–216

[Brewka 87] Gerhard Brewka: *The logic of inheritance in frame systems.* IJCAI 1987, S. 483–488

[Brewka 93] Gerhard Brewka: *Nichtmonotones Schließen.* In [Goerz 93], S. 55–85

[Buecker 93] M.C. Bücker, J. Geidel, M.F. Lachmann: *Objectworks. Smalltalk für Anfänger.* Springer, 1993

[Cardelli 84] L. Cardelli: *A semantics of multiple inheritance.* In: G. Khan, D.B. MacQueen, G. Plotkin (Hrsg.): *Semantics of Data Types.* Springer LNCS, 1984, S. 51–68

[Casais 92] E. Casais, M. Ranft, B. Schiefer, D. Theobald, W. Zimmer: *OBST — An Overview.* Technical Report FZI.039.1, Forschungszentrum Informatik (FZI), Karlsruhe, 1992

[Chen 76] P.P. Chen: *The entity-relationship model: toward a unified view of data.* ACM Trans. Database Syst. 1:1, 1976, S. 9–36

[Codd 70] Edgar F. Codd: *A Relational Modell of Data for Large Shared Data Banks.* Comm. ACM, 13(6), 1970, S. 377–387

[Codd 72] Edgar F. Codd: *Further normalization of the data base relational model.* In R. Rustin (Hrsg.): *Date Base Systems.*, Courant Computer Science Symposia Series. Vol. 6. Prentice-Hall, 1972, S. 33–64

[Collins 69] Allen M. Collins, M. Ross Quillian: *Retrieval time from semantic memory.* Journal of Verbal Learning and Verbal Behavior 8, 1969, S. 240–247

[Collins 72] Allen M. Collins, M. Ross Quillian: *Experiments on Semantic Memory and Language Comprehension.* In L.W. Gregg: *Cognition in Learning and Memory.* New York 1972, S. 117–137

[Coplien 92] James O. Coplien: *Advanced C++.* Addison-Wesley, Reading (Mass.), 1992

[Demuth 94] Birgit Demuth, Frank Demuth: *Intergalaktische Kommunikation. SQL3 — die Datenbanksprache für das Jahr 2000.* iX Multiuser-Multitasking-Magazin, März 1994, S. 50–61

[Dworaczek 94] Werner Dworaczek, Bernhard Karbe: *Nahaufnahme. Erweiterung des gcc: Objective C.* iX Multiuser-Multitasking-Magazin, Dezember 1994, S. 156–164

[Eisenecker 94] Ulrich W. Eisenecker, Robert Hirschfeld: *Eine Einführung in Hewlett-Packards Distibuted Smalltalk.* Objektspektrum, 5/1994, S. 20–28

[Etherington 83] D.W. Etherington, R. Reiter: *On Inheritance Hierarchies with Exceptions.* AAAI 1983, S. 104–108

[Fiedler 91] Jörg Fiedler, Karl F. Rix, Horst Zöller: *Objekt-orientierte Programmierung in der Automatisierung.* VDI Verlag, Düsseldorf, 1991

[Genesereth 89] M.R. Genesereth, N.J. Nilsson: *Logische Grundlagen der Künstlichen Intelligenz.* Vieweg, Braunschweig, 1989

[Gille 94] Marc Gille: *Die C++-Sprachanbindung im ODMG-93-Standard.* Objektspektrum, 2/1994 S. 70–73

[Goerz 93] Günther Görz (Hrsg.): *Einführung in die künstliche Intelligenz.* Addison-Wesley, Bonn, 1993

[Goldberg 81] Adele Goldberg et al.: *Special issue on Smalltalk-80.* Byte-Magazine, August 1981

[Goldberg 85] Adele Goldberg: *Smalltalk 80: The Interactive Programming Environment.* Addison-Wesley, Reading (Mass.), 1985

[Goldberg 89] Adele Goldberg, Dave Robson: *Smalltalk-80: The Language.* Addison-Wesley, Reading (Mass.), 1989

[Hailpern 87] B. Hailpern, V. Nguyen: *A Model for Object-Based Inheritance.* In: B. Shriver, P. Wegner: *Research Directions in Object-Oriented Programming.* MIT Press, 1987, S. 147–164

[Harmon 89] P. Harmon, D. King: *Expertensysteme in der Praxis.* Oldenbourg, München, Wien, 3. Auflage, 1989

[Hemmann 93] Thomas Hemmann: *Wiederverwendbare Wissenbasen.* Serie KI-Lexikon, KI 3, 1993, S. 57–58

[Hendrix 75] G.G. Hendrix: *Expanding the utility of semantic networks through partitioning.* Proc. of the 4th International Conference on Artificial Intelligence, 1975, S. 115–121

[Hetzel-Herzog] Walter Hetzel-Herzog: *Objektorientierte Softwaretechnik.* Vieweg, Braunschweig, 1994

[Heuer 92] Andreas Heuer: *Objektorientierte Datenbanken.* Addison-Wesley, Bonn, 1992

[Hoelzle 93] Urs Hölzle: *Integrating Indepently-Developed Components in Object-Oriented Languages.* In [Nierstrasz 93], S. 36–56

[Jagadish 89] H.V. Jagadish: *Incorporating Hierarchy in a Relational Model of Data.* Proc. ACM SIGMOD Conf. 1989, S. 78–87

[Jones 92] Rick Jones: *Extended type checking in Eiffel.* Journal of Object-Oriented Programming, Mai 1992, S. 59–62

[Josuttis 94] Nicolai Josuttis: *X Toolkit: Objektorientiertes Programmieren in C.* Objektspektrum, 3/1994 S. 35–37

[Juenemann 89] Reinhardt Jünemann (Hrsg.): *Materialfluß und Logistik.* Springer-Verlag, 1989

[Kasper 89] Evy und Roland Kasper: *Objektorientiertes Programmieren mit Smalltalk.* Vogel-Verlag, Würzburg, 1989

[Kemper 92] Alfons Kemper: *Zuverlässigkeit und Leistungsfähigkeit objektorientierter Datenbanken.* Informatik-Fachberichte Nr. 298, Springer, Berlin, 1992

[Kemper 93a] Alfons Kemper, Guido Moerkotte: *Basiskonzepte objektorientierter Datenbanksysteme.* Informatik Spektrum, April 1993, S. 69–80

[Kemper 93b] Alfons Kemper, Guido Moerkotte: *Object-Oriented Information Management for Advanced Applications.* Prentice Hall, Englewood Cliffs, 1993

[Kirkerud 89] Bjørn Kirkerud: *Object-Oriented Programming with SIMULA.* Addison-Wesley, Wokingham, 1989

[Kueffmann 94] Karin Küffmann: *Software-Wiederverwendung: Konzeption einer domänenorientierten Architektur.* Vieweg, Braunschweig, 1994

[LaLonde 91] Wilf LaLonde, John Pugh: *Subclassing $\neq$ subtyping $\neq$ is-a.* Journal of Object-Oriented Programming, Januar 1991, S. 57–62

[Lamprecht 88] Günter Lamprecht: *Einführung in die Programmiersprache Simula.* Vieweg, Braunschweig, 1988

[Lenzerini 91] Maurizio Lenzenrini, Daniele Nardi, Maria Simi
(Hrsg.): *Inheritance Hierarchies in Knowledge Representation
and Programming Languages.* Wiley 1991

[Liskov 87] Barbara Liskov: *Data abstraction and hierarchy.*
OOPSLA'87 (Addendum), SIGPLAN notices 23(5), S. 17-34,
1988

[Liskov 93] Barbara Liskov, Jeanette M. Wing: *A New
Definition of the Subtype Relation.* In [Nierstrasz 93],
S. 118–141

[Lockemann 87] P.C. Lockemann, J.W. Schmidt (Hrsg.):
Datenbank-Handbuch. Springer-Verlag, 1987

[Lockemann 93] Peter C. Lockemann: *Weiterentwicklung
relationaler Datenbanken für objektorientierte Anwendungen.*
Informatik Spektrum, April 1993, S. 81–88

[Nascimento 92] Claudio Nascimento, Jean Dollimore:
*Behavior maintenance of migrating objects in a distributed
environment.* Journal of Object-Oriented Programming,
September 1992

[Nierstrasz 93] Oscar M. Nierstrasz (Hrsg.): *ECOOP'93 —
Object-Oriented Programming.* 7th European Conference,
Kaiserslautern, Juli 1993, Proceedings

[Maida 87] A. S. Maida: *Frame Theory.* In S.C. Shapiro, D.
Eckroth (Hrsg.): *Encyclopedia of artificial intelligence.* John
Wiley and Sons, 1987, Bd. I, S. 302–312

[McCarthy 80] John McCarthy: *Circumscription — A Form of
Nonmonotonic Reasoning.* Artificial Intelligence 13, 1980

[Meegen 92] Marco van Meegen, Peter Schless:
Programmierkonventionen für C++. Softwaretechnik-Trends,
November 1992, S. 29

[Meier 86] D. Meier, J. Stein, A. Otis, A. Purdy: *Devolopment
of an Object-Oriented DBMS.* OOPSLA '86, S. 472–482

[Meyer 88] Bertrand Meyer: *Object-oriented software construction*. Prentice Hall, Hempstead, 1988

[Meyer 92] Bertrand Meyer: *Eiffel: The Language*. Prentice Hall, Hempstead, 1992

[Meyers 92] Scott Meyers: *Effektiv C++ programmieren*. Addison Wesley, 1992

[Minsky 74] Marvin Minsky: *A Framework for Representing Knowledge*. AI Memo 306, MIT AI Lab, 1974

[Mittendorfer 94] Josef Mittendorfer: *Smalltalk — Systeme im Vergleich*. Objektspektrum, 2/1994 S. 45–49

[Moore 85] Robert C. Moore: *Semantical Considerations on Nonmonotonic Logic* Artificial Intelligence 25, 1985 (Kurzfassung in Proceedings IJCAI 83)

[Oertly 89] F. Oertly, G. Schiller: *Evolutionary Database Design*. 5th Int. Conf. on Data Engineering, 1989, S. 618–624

[Parnas 72] David L. Parnas: *On the Criteria to Be Used in Decomposing Systems into Modules*. Communications of the ACM, Vol. 12, No. 5, Dezember 1972

[Pistor 93] Peter Pistor: *Objektorientierung in SQL3: Stand und Entwicklungstendenzen*. Informatik Spektrum, April 1993, S. 89–94

[Porter 92] Harry H. Porter III: *Separating the subtype hierarchy from the inheritance of implementation*. Journal of Object-Oriented Programming, Februar 1992, S. 20–29

[Quillian 66] M.R. Quillian: *Semantik Memory*. Report AFCRL-66-189, Bolt Beranek and Newman, Cambridge (Massachusetts), 1966

[Reimer 91] Ulrich Reimer: *Einführung in die Wissensrepräsentation*. Teubner, Stuttgart, 1991

[Reiter 80] Raymond Reiter: *A Logic for Default Reasoning*. Artificial Intelligence 13, 1980

[Rosson 93] Mary Beth Rosson, John M. Carrol: *Active Programming Strategies in Reuse.* In [Nierstrasz 93], S. 4–20

[Rumelhart 72] D.E. Rumelhart, P.H. Lindsay, D.A. Norman: *A process model for long-term memory.* In: E. Tulving, W. Donaldson (Hrsg.): *Organisation of Memory.* Academic Press, New York, 1972, S. 197–246

[Sandewall 86] E. Sandewall: *Nonmonotonic Inference Rules for Multiple Inheritence with Exceptions.* Proc. IEEE, Vol. 74, No. 10, 1986, S. 1345–1353

[Schaefer 93] Ralf Schäfer: *Spreading Activation.* Serie KI-Lexikon, KI 4, 1993, S. 63–64

[Sinz 88] E.J. Sinz: *Das Strukturierte Entity-Relationship-Modell.* Angewandte Informatik 30, 5, 1988, S. 191–202

[Smith 77] J.M. Smith, D.C.P. Smith: *Data Abstraktion: Aggregation and Generalisation.* ACM Trans. Database Syst. 2:2, 1977, S. 105–133

[Snyder 87] Alan Snyder: *Inheritance and the Development of Encapsulated Software Components.* In: B. Shriver, P. Wegner: *Research Directions in Object-Oriented Programming.* MIT Press, 1987, S. 165–188

[Sowa 87] J. Sowa: *Semantic Networks.* In: S.C. Shapiro, D. Eckroth (Hrsg.): *Encyclopedia of artificial intelligence.* John Wiley and Sons, 1987, Bd. II, S. 1011–1024

[Stal 93] Michael Stal, Wolfgang Berger: *Wettstreit der Bibliomanen.* iX Multiuser-Multitasking-Magazin, Dezember 1993, S. 66–79

[Stein 94] Wolfgang Stein: *Objektorientierte Analysemethoden. Vergleich, Bewertung, Auswahl.* BI Wissenschaftsverlag, Mannheim, 1994

[Stonebraker 91] M. Stonebraker, G. Kemnitz: *The POSTGRES Next-Generation Database Management System.* Comm. ACM 34 (10), 1991, S. 78–92

[Stroustrup 86] Bjarne Stroustrup: *The C++ Programming Language*. Addison-Wesley Series in Computer Science, Reading (Mass.), 1986

[Stroustrup 92] Bjarne Stroustrup: *Die C++-Programmiersprache*. 2. überarbeitete Auflage, Addison-Wesley Bonn, München, 1986

[Touretzky 84] David S. Touretzky: *Implicit ordering of defaults in inheritance systems*. AAAI 1984, S. 322–325

[Touretzky 86] David S. Touretzky: *The Mathematics of Inheritance Systems*. Pitman, London, 1986

[Touretzky 87a] David S. Touretzky: *Inheritance Hierarchie*. In: S.C. Shapiro, D. Eckroth (Hrsg.): *Encyclopedia of artificial intelligence*. John Wiley and Sons, 1987, Bd. I, S. 422–431

[Touretzky 87b] David S. Touretzky: *A clash of intuitions: The current state of inheritance*. IJCAI, 1987, S. 476–482

[Walter 89] Ingrid Walter: *Datenbankgestützte Repräsentation und Extraktion von Episodenbeschreibungen aus Bildfolgen*. Springer-Verlag, 1989

[Walther 93] Christoph Walther: *Automatisches Beweisen*. in [Goerz 93], S. 205–246

[Weber 93] Reinhold Weber: *SQL-Standards in Vergangenheit, Gegenwart und Zukunft*. Datenbank Rundbrief, Mitteilungsblatt der GI-Fachgruppe Datenbanken, 1993, S. 15–20

[Weinert 92] Annette Weinert: *Programmieren mit ADA und C: Eine beispielorientierte Gegenüberstellung*. Vieweg 1992.

[Wolf 91] Stefan Wolf, Ralf Setzer: *Wissensverarbeitung mit KEE*. Oldenbourg, München, 1991

[Zdonik 89] Zdonik, S.: *Object-Oriented Database Concepts: A Research Perspective*. OOPSLA-89, Tutorial Nr. 7 notes, Oktober 1989, S. 14

Sachwortverzeichnis

Rechnerarchitektur

von John L. Hennessy und David A. Patterson

Aus dem Amerikanischen übersetzt und bearbeitet von Dieter Jungmann.

1994. XXVIII, 746 Seiten. Kartoniert.
ISBN 3-528-05173-6

Das Buch macht den Leser mit den wichtigsten „Werkzeugen" zur Analyse moderner Computersysteme vertraut. Es verdeutlicht, wie sich Technologien mit der Zeit verändern und stellt die wesentlichen Grundlagen heraus, die bei der Entwicklung von Rechnersystemen erforderlich sind. Für den Vergleich und die Analyse von Computersystemen haben die Autoren ein Bewertungsraster erarbeitet, das schlüssige Aussagen über die Leistungsfähigkeit unterschiedlicher Rechnerklassen zuläßt. Hierbei werden insbesondere die wichtigsten Computersysteme einer speziellen Klasse vorgestellt: Für den Großrechnerbereich die IBM 360, für den Bereich der Minicomputer die DEC VAX und für den Bereich der Mikro- bzw. Personalcomputer die 80 x 86-Architektur. Auf dieser Grundlage zeigen die Autoren die Konzepte zukünftiger Technologien wie die der Parallelprozessoren auf.

Das Buch richtet sich an alle diejenigen, die mit der Konzeption und Entwicklung von Hardware, einschließlich Chipkonstruktion und Systementwicklung zu tun haben. Es ist auch für solche Softwareentwickler ausgesprochen wichtig, die Programme für moderne Rechnerkategorien schreiben.

Über die Autoren: John L. Hennessy ist Direktor des Computer Systems Laboratory der Stanford University. Der Schwerpunkt seine Arbeit ist die Entwicklung und optimale Ausnutzung von Multiprozessoren.
David A. Patterson hat für verschiedene Firmen gearbeitet und ist an der University of Berkeley tätig, wo er u.a. die Entwicklung und Implementierung von RISC I leitete. Seit 15 Jahren hält er Vorlesungen über Rechnerarchitektur.
Professor Dieter Jungmann lehrt an der TU Dresden mit Schwerpunkt Rechnerarchitektur und steht mit den Autoren in direktem Kontakt.

Verlag Vieweg · Postfach 58 29 · 65048 Wiesbaden